教师专业发展丛书　丛书主编　蔡笑岳

教师专业发展探新
——若干理论的阐释与辨析

New Exploration of Teacher's Professional Development
—Explanation and Discrimination of Some Correlative Theories

主　编　王卫东

暨南大學出版社
JINAN UNIVERSITY PRESS
中国·广州

图书在版编目（CIP）数据

教师专业发展探新：若干理念的阐释与辨析/王卫东主编．—广州：暨南大学出版社，2007.11
（教师专业发展丛书）
ISBN 978-7-81079-867-9

Ⅰ．教…　Ⅱ．王…　Ⅲ．师资培养—研究　Ⅳ．G451.2

中国版本图书馆 CIP 数据核字（2007）第 067745 号

出版发行：暨南大学出版社

地　址：中国广州暨南大学
电　话：总编室（8620）85221601
营销部（8620）85227972　85220602（邮购）
传　真：（8620）85221583（办公室）　85223774（营销部）
邮　编：510630
网　址：http：//www.jnupress.com　http：//press.jnu.edu.cn

排　版：暨南大学出版社照排中心
印　刷：佛山市浩文彩色印刷有限公司

开　本：787mm×1092mm　1/16
印　张：14
字　数：287 千
版　次：2007 年 11 月第 1 版
印　次：2007 年 11 月第 1 次
印　数：1—3000 册

定　价：28.80 元

目　录

第四章 教师的权利与义务

第五章 教师职业生涯与专业生活

第六章　适应教师专业发展的中国教师教育改革

前言

随着人们对教育重要性认识的深入和教育改革的推进，教师专业发展已成为一个为社会日益重视的问题。

21世纪，教育已被视为应对未来种种挑战，使人类朝着和平、自由和社会正义迈进的一张必不可少的王牌①。人们对高质量的教育充满希望和期待，而高质量的教育依赖于高水平的教师。高水平的教师虽然可以从多种维度去描绘，比如，不仅应该有知识、有学问，而且应该有道德、有理想，还有专业追求；不仅是学位高起点的人，而且是终身学习、不断自我更新的人；不仅是学科的专家，而且是教育的专家，等等，但这些描绘聚焦为一点，就是教师的专业发展。一个高水平的教师应该是具有专业发展意识、专业发展追求、专业发展能力和专业发展行动的人。

教育改革的深入，特别是基础教育新课程改革的实施，对教师的专业发展提出了内在的要求，对教师的教育观念和教育行为提出了全面而深刻的挑战。它要求教师反思、完善甚至转变许多习以为常的教学方式、教学行为及潜伏在其后的教育观念。新课程改革能否达到预期目标，在相当大的程度上取决于能否拥有一支高专业素养的师资队伍，一支拥有新课程理念，并能通过自己的教育教学行为来实现新课程理念的师资队伍。因此，强调并通过多种途径来促进教师的专业发展成为当前推进新课程改革的重要举措。

正是在上述背景下，我们特别关注教师专业的发展。受广州市教育局的委托，我们于2004年承担了全国教育科学“十五”规划教育部重点课题“新课程师资培训策略与有效模式研究与实验”的子课题“沿海经济发达地区中心城市教师专业发展推进策略与模式研究”的研究任务。几年来，我们立足于广州，组织了一支由教育学、心理学研究人员，第一线的中小学教师和各级教育行政人员组成的研究团队；以广州大学教育学院为依托，以广州市一些中小学为实践基地，综合运用文献研究、调查研究、理论研究、行动研究、个案研究等多种研究方法，围绕教师专业的发展进行了广泛且较为深入的理论探讨与实践探索。课题的研究丰富和深化了研究团队对教师专业发展及其推进策略的认识，并有效地促

---

① 联合国教科文组织总部中文科．教育——财富蕴藏其中：国际21世纪教育委员会报告．北京：教育科学出版社，1996.

进了相关学校、相关教师的专业发展。在课题研究的过程中，我们深感仅仅局限于课题研究团队内部的科研活动，难以完成较大范围的提升教师专业发展水平的重任。由此，我们萌发了撰写一套“教师专业发展”丛书的念头，意在面向广大中小学教师，为他们的专业发展提供必需的理论参考和实践指导。

教师的专业发展，特别是在职教师的专业发展，既需要拥有先进的教育教学理念，更需要有与教育改革和发展精神相适应的教育教学行为。教师的专业发展通过教师的专业活动来实现、来体现。鉴于此，本套丛书便主要以教师的专业活动及所涉及的活动领域、环境为选题取向，具体包括教师发展新理念、教师专业发展与教育科研、教师专业发展与学生成长、教师专业发展与课程研发、教师专业发展与教学智慧、教师专业发展与现代教育技术、教师专业发展与学校文化等内容。另外，实践中的教师专业的发展是通过一个个具体的教师来实现的，因此，我们以广州市的一些优秀教师为个案，对他们的成长轨迹进行了探索。

本套丛书力图从中小学教师专业发展的实际需要出发，注重必要的理论引领与生动的案例分析相结合，突出专业性、应用性、操作性、可读性，可为广大中小学教师培训、自学提供借鉴，也可为高校相关专业的学生的学习、研究提供参考。需要说明的是，丛书之间虽有一定的联系，但每册均自成体系。读者可根据自己的兴趣和实际需要有针对性地进行阅读。

本套丛书由广州大学教育学院蔡笑岳教授任主编，各分册则由该册的编写者完成，在丛书的编写过程中，广州大学教育学院的雷晓云博士协助主编做了大量的工作。我们希望，本套丛书能够为广大教师的专业发展提供一定的帮助。由于教师专业发展自身及影响因素的复杂性，加之编写者的水平所限等，丛书中难免有纰漏乃至错误之处，还望广大读者能够谅解，并不吝赐教。

编　委　会

2007 年 3 月于广州

导 论

教师专业发展：尚待深入研究的若干问题

教师专业发展是在整个国际社会近一个半世纪以来人们对职业“专业化”问题的研究推动下彰显出来的教育研究课题。1966 年，联合国教科文组织（UNESCO）和世界劳工组织（ILO）发表《关于教师地位的建议》，其中谈到：“教育工作应被视为一种专业。这种专业要求教师经过严格且持续不断的研究，才能获得并维持专业知识和专门技能，从而提供公共服务；教育工作还要求教师对其教导之学生的教育和福祉具有个人的和共同的责任感。”① 这是对第二次世界大战以后，特别是 20 世纪 60 年代欧美发达国家关于教师职业性质问题讨论的一个谨慎的总结。自 20 世纪 80 年代以后，国际社会的教育进入一个新的发展时期。面对新的社会发展要求，教育改革和教育质量为各个国家所重视，先后掀起了教育改革的高潮。在此过程中，政府领导、社会人士和教育界学者认识到，教育改革的成功与否，关键在于教师的质量，而教师质量的高低与他们的社会地位、专业素质密切相关。于是，“提高教师专业地位”“促进教师专业发展”成为国际社会共同的呼声。

我国及时地顺应了这一改革的浪潮。1993 年我国颁布的《中华人民共和国教师法》明确规定：“教师是履行教育教学职责的专业人员”，第一次从法律角度确认了教师的专业地位。② 1995 年国务院颁布《教师资格条例》，2000 年教育部颁布《教师资格条例实施办法》，教师资格制度在全国开始全面实施。1999 年，我国出版了第一部对职业进行科学分类的权威性文件《中华人民共和国职业

---

① Stinnett, T. (1968). *Professional Problems of Teachers.* The Macmillan Company, pp. 55 – 56. 转引自［美］Bruce Joyce, Beverly Showers. 教师发展——学生成功的基石［M］. 唐悦，周俏纨译. 北京：中国轻工业出版社，2005. Ⅲ.

② 《中华人民共和国教师法》第一章第三条规定：“教师是履行教育教学职责的专业人员，承担教书育人、培养社会主义事业建设者和接班人、提高民族素质的使命。”有人指出，法律上的“教师”主要包括四种对象：第一种，指经费由国家负责、面向社会的各级各类学校和其他教育机构中的教师及教育教学辅助人员；第二种，指由某一行业系统拨付经费的各类学校和其他教育机构中的教师及教育教学辅助人员，如企业、军队所办的学校和教育机构；第三种，指自收自支社会办学和民办公助的教师及教育教学辅助人员；第四种，指直属于某一国家机关、实行行业管理和待遇标准的学校和教育机构，如公安、法院系统的教师及教育教学辅助人员。参见王丽娟. 论教师权利的要素和性质［J］. 教学与管理，2001（11）. 本书中所指的“教师”，除专门标明的之外，主要是指在基础学校工作的教师。

分类大典》，首次将我国的职业归并为八大类，教师属于“专业技术人员”一类。① 同时，在教育理论界也兴起了研究教师专业发展问题的热潮。研究兴起之迅速、发展之迅猛、成果之丰硕，令人咋舌。到 2001 年，叶澜等学者就得出“总体上看，教师专业发展的研究已经走向成熟”② 的结论。

国内外对教师专业发展的研究，主要集中在以下几个方面：

· 教师专业发展及其相关概念的分析
· 教师专业发展的目标
· 教师专业素质的内容及其养成
· 教师角色的定位与变化
· 教师专业发展的过程（阶段）
· 教师专业发展的范式
· 教师专业发展的途径（方式）
· 教师专业发展的保障条件
· 教师专业发展过程中存在的问题及其改进策略
· 教师专业发展与教师教育改革

尽管国内外关于教师专业发展的研究已经相当广泛，而且也取得了不俗的成绩，然而这些成果背后，仍然存留尚待深入探讨的一些理论问题。在收集并阅读我国关于教师专业发展的研究文献之后，我们发现以下一些问题还是较为突出的：

一、教师专业发展及其相关概念的分析

关于教师专业发展，在理论研究中出现了诸如“教师专业发展”“教师专业化”“教师专业化发展”“教师专业成长”等不同的概念，其中又以“教师专业发展”“教师专业化”“教师专业化发展”三个概念出现的频率最高，对于它们的内涵，学者们给出了不同的见解。

关于“教师专业发展”这一概念，国内外学者主要有三种理解：第一种是指教师的专业成长过程；第二种是指促进教师专业成长的过程；第三种兼含以上两种理解，认为教师专业发展是一个过程，是教师内在专业结构不断更新、演进和丰富的过程；教师专业发展也是一种目的，它帮助教师在受尊敬、支持、积极的氛围中促进个人的专业成长；教师专业发展还是一种成人教育，它增进教师对工作和活动的理解，关注教师对理论和实践的持续探究本身，关注教学工作在社会发展和个人生活中的意义。教师专业发展的最终目的，就是要在学校教育过程

---

① 刘微. 我国教师专业化的现状［N］. 中国教育报，2002－01－04.

② 叶澜等. 中国教育学科年度发展报告·2001［M］. 上海：上海世纪出版集团、上海教育出版社，2002. 29.

中使教师和学生都获得成功。①

就“教师专业发展”与“教师专业化”的关系而言，也有三种不同的观点。第一种观点将“教师专业发展”等同于“教师专业化”，认为“教师专业发展就是教师专业化的过程”②。在现实生活中，不少人也的确常常将这两个概念互换使用。第二种观点认为“教师专业化和教师专业发展不是同一概念。教师专业化是指教师职业专业化的过程；教师专业发展则是指教师个体由不熟练、不成熟逐渐成长为成熟的专业性强的专家型教师的过程。即一个是教师职业的专业化，一个是教师个体专业的发展”③。这种观点目前在我国占优势。第三种观点认为，“教师专业化”包含着“教师专业发展”。持这种观点的人根据英国学者霍伊尔（Hoyle，E.）的见解，将专业化划分为两个维度：地位的改善与实践的改进。“前者作为满足一个专业性职业的制度，进而从地位方面要求的过程，将教师职业作为一个专业，在多大程度上获得了作为专业性职业的地位问题。后者作为通过改善实践者的知识和能力来改进所提供服务的质量的过程，关注的是教师在实施教育行为时使用了多少专业知识技术问题；前者尽管因社会而有所不同，但一般包括强化分界、提高学历要求、建立自我管理团体等一些要素，后者的专业化实际上等于专业发展。”④

“教师专业化发展”也是我国学者在探讨教师专业发展问题时常用的一个术语，但是在绝大多数情况下，其内涵等同于教师专业化。很多文章的标题中明确地反映出要研究“教师专业化发展”问题，但文中谈的其实是“教师专业化”⑤。也有人从“教师社会化”的历史演变进程的维度上来使用“教师专业化发展”这一概念⑥，但为数极少。

那么，究竟应该如何正确理解“教师专业发展”“教师专业化”“教师专业化发展”这三个概念的内涵？它们之间的关系又是怎样的？目前，对这些问题的研究尚不多见。

二、教师职业专业性与非专业性的讨论

尽管我国已从法律和政策层面肯定了教师职业是一门专门职业，然而，学术

---

① 瞿葆奎，郑金洲．中国教育研究新进展·2003［M］．上海：华东师范大学出版社，2005. 426～427.

② 吕济峰，王丹．教师专业发展的哲学思考［J］．边疆经济与文化，2005（12）.

③ 刘艳秋．教师专业化理念的建立和发展［J］．赤峰学院学报，2005（6）.

④ 张贵新．对教师专业化理念、现实与未来的探讨［J］．外国教育研究，2002（2）.

⑤ 我们搜集到的有关“教师专业化发展”的文章中，绝大多数都是按“教师专业化发展”等同于“教师专业化”的认识来论述问题的。举例如下：①范东生．论教师的专业化发展——以自己为资源［J］．安徽教育学院学报，2003（5）．②赵朝晖，王照杰．论教师专业化的发展——教师的主体性观照［J］．济南教育学院学报，2004（1）．③陈章顺，骆洪才．教师专业化发展的内涵与对策［J］．湘南学院学报，2004（4）．④徐建华．对教师专业化发展问题的思考［J］．教育探索，2005（1）.

⑥ 杨宝忠．盘点与梳理：教师专业化发展［J］．教育探索，2003（6）.

界对这一问题的讨论并未止于这一层面。教师职业究竟是不是一门专门职业？大家仍然在争论不休。有人认为，根据专业的标准，教师职业是一门专业。“教师专业化表达的最基本的含义就是要把教学视为专业，把教师视为专业人员。”①我国较为流行的官方解释是：“教师专业化是指教师职业具有自己独特的职业要求和职业条件，有专门的培养制度和管理制度。教师专业化的基本含义是：第一，教师专业既包括学科专业性，也包括教育专业性，国家对教师任职既有规定的学历标准，也有必要的教育知识、教育能力和职业道德的要求；第二，国家有教师教育的专门机构、专门教育内容和措施；第三，国家有对教师资格和教师教育机构的认定制度和管理制度；第四，教师专业发展是一个持续不断的过程，教师专业化也是一个发展的概念，既是一种状态，又是一个不断深化的过程。”②

也有人认为，教师职业不是一种专业。如史汀内特等人通过对教学工作的特征与专业标准的吻合程度的分析后认为，教师职业与“以确立的专业”的专业化程度的要求还有一定的差距，是一种“准专业”或“边际专业”③。我国也有学者认为，根据对专业特征的分析，教师职业受外部的干预和监控，未取得广泛高度民主的自主权；在教育期限上，从业人员接受专门培训的时间较短；教师职业向社会提供的服务具有公共性，但不具有鲜明的独特性，也未赢得崇高的社会经济地位；包括我国在内的许多国家的教师教育制度，尚未真正落实教师的“专业性”界定；现实的教师不是作为“专家”而是作为“公仆”存在的。因此，教师还不能成为一个专业，而仅能称为“准专业”或“半专业”④。

就我国而言，已有的研究还比较粗浅。认可教师职业是一门专业和不认可教师职业是一门专业的研究者，都还缺乏足够的话语力量来支持自己和说服对方。因此，关于教师职业专业性问题的讨论，仍是教师专业发展研究系列中尚未得到很好解决的问题。

三、当代教师多元角色及其对教师专业发展的影响的分析

研究教师专业发展，教师角色是一个难以回避的重要问题。在这一问题的研究上，目前大家认可的一个基本观点是：在现代社会和现代教育中，教师的多元角色态势日益突出。

这几年，我国学者分别从社会变革、知识经济、知识转型、教育转型，特别是新一轮基础教育课程改革（本书以下简称为“新课改”或“新课程改革”）等角度探讨了当今社会中教师的多元角色，概括出当前教师的多元角色主要有：终

---

① 申春生．教师专业化的内涵分析［J］．前沿，2003（11）．

② 袁贵仁．加强和改革教师教育大力提高我国教师专业化水平［A］．教育部师范教育司．教师专业化的理论与实践［M］．北京：人民教育出版社，2001.1.

③ 教育部师范教育司．教师专业化的理论与实践［M］．北京：人民教育出版社，2001.19.

④ 瞿葆奎．中国教育研究新进展·2000［M］．上海：华东师范大学出版社，2001.344～345.

身学习的示范者、学生学习的指导者和合作者、学生心理健康的辅导者、校本课程的建构者、教育教学的研究者、教育知识的组织者、职业生涯的自我规划者和开发者、教学过程中的对话者……不一而足。

还有人对制约教师角色的主要因素进行了分析。如有研究者从宏观、中观和微观三个层面对影响教师角色的主要因素进行了分析①。从宏观层面来看，教师的角色定位受社会需要、文化环境、传统习俗、政治、经济和人际关系等因素的影响，而其中社会需要对教师的角色定位起着决定性的作用；从中观层面来看，学校环境对教师角色的形成和发展具有协调作用，学校组织中校长、同事、学生等对教师的角色表现具有重要的影响作用，而且这种影响是直接的、及时的；从微观层面来看，教师自身的素质结构对教师角色的践行水平具有重要的制约作用，是影响教师角色实现程度的内部因素。

我们通过收集文献和分析发现，人们在教师角色的研究方面取得的成果还是颇丰的。然而，有以下问题似应成为今后人们研究的重点：一是影响教师角色变化的因素问题。从目前的研究状况来看，这方面的探索还比较薄弱。二是从社会发展角度探讨教师角色的多元发展问题。现有的研究大多是将教师角色囿于学校教育系统之内，即使从社会视角对教师角色转变进行探讨的文章，也仍多将教师角色的变化仅仅视为其教育角色的转型和多元发展。今后，随着学习型社会的建设，教师应能够在学校之外的社会大系统中发挥更加重要的作用，这就要求我们将研究的目光投向更为广阔的社会生产和生活。三是对当前我国新课改过程中教师多元角色的系统梳理，以及当今教师多元角色对其专业素质提出的新要求的研究。

四、教师专业素质方面的若干问题尚待深入研究

专业素质是专门职业对从业人员应具备的专业精神、专业道德、专业知识和专业能力等的整体要求。在教师专业发展过程中，人们对教师专业素质问题给予了充分的关注和研究，也出现了大批研究成果。通过研读已有研究成果，我们认为，我国关于教师专业素质的研究已经比较成熟和完善，但有些理念性或根本性的理论问题，仍然需要作进一步的探讨。这些问题包括：

(1) 教师道德的定位和层次问题。在我国传统文化的作用下，社会公众一直将教师道德置于神圣化的地位。中国人曾经把教师当做偶像，与天、地、君、亲并列在一起加以崇拜，认为教师是理所当然的“圣人”“君子”。无条件地尊重教师，同时带来的是人们对教师无限度的期待和高要求，从而大大缩小了教师作为普通人的行为空间，将教师地位和职业置于“神圣化”的场域之中。教师一旦出现与人们的理想或期望规格不相符的言行举止，人们就用极其苛刻的态度

① 张爱琴，谢利民. 教师角色定位的本质透视 [J]. 教育评论，2002 (5).

对教师大加指责。无条件的尊师和神圣化的认识，给教师造成了很大的职业压力，这从本质上来说是对教师的不公平和不道德。为此，目前中国教育界的一个重要话题就是要把教师道德从“神圣化”的地位回归到“大众化”的地位，将教师职业“去神圣化”。当然，强调教师道德的“大众化”定位，并不意味着我们不重视教师的职业道德。然而，将教师职业道德从“神圣道德”的地位回归到“大众道德”的意义、举措、条件等问题的研究，目前尚未见到。

关于教师道德方面，还有一个重要的尚未认真解决的理论问题就是教师道德与教师职业道德的区分。长期以来，我们习惯于从职业道德层面来评价教师的所有行为。实际上，这对于教师来说也是不公平的，因为教师从事某种行为的动机或起因并不都是源于教育教学，因此教师的行为并不都是职业行为。在我们看来，教师的道德至少可以分为如下三个层次：

第一层次，教师作为一般意义上的个体，应该具有一般个体的道德品质；

第二层次，教师作为特定国家的公民，应该具有国家公民道德；

第三层次，教师作为专业教学人员，应该具有教师职业道德。

因此，对于教师的某一具体行为，不一定都要从教师职业道德的角度来加以评判，而应该具体问题具体分析。这种做法，有助于教师享受现代社会中每一个人都应该享有的人格平等权；享受他们作为国家公民应该享有的相应权益。然而这一问题目前在我国也还鲜有人进行研究。

（2）关于基础教育学校教师专业知识“专”与“杂”的关系问题。尽管人们在谈到教师专业知识时，要求教师既具有普通文化科学基础知识，又要有所教学科的专门知识，但是这种辩证的要求一直受到“要成为专家型教师”声音的骚扰。作为基础教育学校的教师，究竟有没有必要成为“专家型”教师？应该在多大的程度上成为“专家型”教师？教师是成为“专家”还是成为“杂家”才更有助于发挥基础教育的价值？对于这些问题，恐怕还需要人们再作思考。

（3）今天，“教师要成为研究者”已成为我国教师专业发展的最主要目标之一。然而，对于中小学教师来说，“成为研究者”的合理内涵是什么？他们为什么要“成为研究者”？应该成为什么样的研究者？成为研究者与教书育人之间的关系是什么？成为研究者就一定能够促进学生的全面发展吗？在今天的基础教育状况下，教师有多大的可能成为研究者？成为研究者的保障条件我们都提供给教师了吗？……这些疑团，需要理论工作者一一解开。

五、关于教师权利与义务问题的研究

正确地理解自己的权利和义务，是教师促进自身专业发展的重要的条件之一。然而，我国关于教师权利与义务的研究与教师专业素质、教师角色等问题相比，却明显地薄弱。已有研究主要是从法学的角度梳理了教师的权利与义务的概念、内容、意义、教师权利与义务的关系等问题。也有少数人研究了我国教师正当权利受侵犯的现象和成因，并提出了保障教师权利的对策；还有人从道德层面研究教师的义务，提出了“道德义务”的概念①，指出它是“由一定的道德原则、信念、规范、舆论所支持的义务，或者出于自身的信念，或者出于道德舆论的压力，对他们、对社会所承担的一种道义责任”。“教师对学生、学生家长、学校领导和教师集体所承担的责任、所履行的职责称为教师职业道德义务。教师职业道德义务的核心内容就是要落实或执行教育公正与教育仁慈。”②

然而，总体上说，当前我国关于教师权利和义务问题的研究是远远滞后于教育实践的需要的。这可能会对推行教师专业发展产生一定的不利影响。因此，尤其在以下几个方面应该多下工夫：

第一，教师权利和义务的教育内涵和价值。目前，第一线的教师都能够从法律文本中了解自己的权利和义务，但对其具体的内涵却不一定十分明确。比如，法律条文规定：“教师有从事教育教学工作的权利”，然而这一权利包含的教育学意蕴是什么？教师如何做才叫享受了从事教育教学工作的权利？对这一基本权利的内涵认识模糊，导致当前基础教育领域出现了相当多的问题。因此，关于教师权利与义务的法律内容，应该给予教育学的诠释，并对其实施保障问题作深入分析。

第二，教师权利与教师人格的关系及其教育价值。教师权利和教师人格并存于教师身上，是一体两面的关系。教师人格确认了教师应享受相应权利的主体资格。没有教师人格，就无从谈起教师权利。而教师全面合法地享有自己不可侵犯的权利，又可确保其获得应有的教师人格。只有当一名教师的人格和权益都得到合法、全面的保障时，他才有可能获得应有的社会地位和个人尊严。而具有较高的社会地位和完整的个人尊严的教师，才能培养出人格独立、人品高尚、自尊自强的社会新一代。这样的教育，才是真正的教育。中小学教师权益在基础教育实现其为培养社会年轻一代奠基的价值方面具有基础性和关键性作用。③ 然而，教师权利和教师人格各有什么教育价值？它们之间良好互动的机制是什么？在教师专业发展过程中，有哪些因素制约着教师人格的形成及其作用的发挥？……这些也是有待进一步思考的。

第三，新课改过程中相关教师权利的研究。当前我国正在推行的新课改对教师提出了前所未有的要求，给教师专业发展带来了无限的空间，也给教师带来了极大的职业压力，同时在改革过程中也出现了一些原本不应该出现的侵犯教师正当权利的问题。如新课改过程中，教师的工作强度大幅度提高，在这种情况下，教师应该得到什么样的合理报酬？今天，新课改强调学生的主体地位和个体差

---

① 檀传宝．论教师的义务［J］．教育发展研究，2000（11）；刘凤．关于教师伦理之教师义务的研究［J］．南京邮电学院学报（社会科学版），2002（4）．

② 刘凤．关于教师伦理之教师义务的研究［J］．南京邮电学院学报（社会科学版），2002（4）．

③ 王卫东．当今中小学教师权益问题：基于现实的思考［J］．教育科学研究，2005（2）．

异，那么与学生相比，教师的地位又应该是怎样的？教师如何行事，才能够确保自己享有在教育教学过程中的应有地位及其权利？面对新课改，不少中小学教师出现了亚健康和心理疾患，那么，如何才能保障教师基本的人身安全、身心健康的权利？……这些问题应该引起我们的高度关注和认真研究。

六、教师职业生涯规划与教师专业生活

教师职业生涯规划与教师专业发展可谓“形影相随”。在某种程度上，没有教师职业生涯规划，也就没有教师专业发展。正因为如此，研究教师专业发展，不可能不研究教师职业生涯规划问题。

学者们在研究教师职业生涯规划时，主要探讨了以下问题：①教师职业生涯规划的概念，认为“所谓教师职业生涯规划，是指组织或者个人把个人发展与组织发展相结合，对决定个人职业生涯的个人因素、组织因素和社会因素等进行分析，制订有关个人一生中在事业发展上相应的工作、教育和培训的行动计划，并对每一步骤的时间、顺序和方向作出合理的安排”[①]。②教师职业生涯规划的意义。③教师职业生涯发展的阶段，其中最有影响的当属费斯勒（Ralph Fessler）建构的教师职业生涯周期模型（Teacher Career Cycle Model）。这一模型将教师职业生涯周期分为八个阶段，即职前期→职初期→能力建构期→热情与成长期→职业挫折期→职业稳定期→职业消退期→职业离岗期。[②] ④教师职业生涯发展的影响因素。我国学者将教师职业生涯的影响因素概括为社会、家庭、个人和组织四大方面[③]。费斯勒等人则将影响教师职业生涯发展的主要因素分为个人环境和组织环境两大类，前者包括“家庭支持结构、积极的临界事件、生活危机、个人特征、业余爱好以及教师经历的生活发展阶段”，后者则包括“学校规章制度、行政领导和教学辅导人员的管理风格、社区公众给予的信任度、社区对教育系统的期望、专业组织和专业学会的活动以及学校系统的工会氛围”[④]。⑤教师在不同的职业生涯发展阶段的主要发展任务。我国学者将教师职业生涯发展归纳为职前准备期、上岗适应期、快速成长期、“高原”发展期、平稳发展期、缓慢退缩期，并分别规定了不同阶段的任务。[⑤] ⑥应对职业生涯发展过程中心理困境的调适策略。在教师职业生涯发展中，教师常面临许多心理困境，为此，我国有人提出了若干调适策略：缩小良好愿望与客观现实之间的差距；正确对待工作考核；

---

① 肖晓敏．教师职业生涯的规划与管理——幼儿园管理的新视角［J］．事业发展与管理，2005（6）．

② ［美］费斯勒，克里斯坦森．教师职业生涯周期——教师专业发展指导［M］．董丽敏，高耀明等译．北京：中国轻工业出版社，2005. 40～42.

③ 傅道春．教师的成长与发展［M］．北京：教育科学出版社，2001. 6～8.

④ 同②，37～38.

⑤ 贾荣固．略论教师职业生涯发展［J］．大连教育学院学报，2002（1）．

鼓励创新求变；改善人际关系，促进心理健康；减轻压力，保持心理平衡；了解自我，正视不足；改变不良的工作习惯和态度。①

通过分析上述研究成果，我们发现，现有的研究大多是引介性或移植性的，限于“泛泛而谈”，还有许多细致的研究工作并没有真正展开。从这个意义上说，关于教师职业生涯发展及其相关问题的研究，在我国应该是刚刚起步，还有一些十分重要的问题也应进入我们的研究视野。这些问题主要包括：教师职业生涯规划的特质、教师职业生涯管理、教师专业生活，等等。

七、适应教师专业发展的中国教师教育改革

中国的教师专业化运动，对教师教育提出了严峻的挑战。

自 1897 年揭开了近代中国师范教育的序幕之后，经过百余年的发展，中国的师范教育形成了固定的封闭性模式，即通过专门师范院校对学生进行普通文化科目、专门科目和教育科目、教育实践的混合训练，以达到特定的培养目标。对于中国传统师范教育的特征，有学者概括为以下五个方面②：①封闭性。教师培养封闭在独立设置的师范教育体系内，学制、课程、教材整齐划一。②计划性。中国的师范教育是计划经济的典型产物，严格的计划性导致了师范教育不能敏锐地反映社会对于各种规格、各种类型的新教师的需求，造成了很大的局限性。③垄断性。中国的教师只能由师范院校培养，行业垄断导致了师范院校严重缺乏办学活力和竞争力，造成了低水平、低层次办学的恶性循环。④师范性。过于强调师范教育在培养师资方面的作用，忽视了师范院校的综合性。⑤终结性。中国传统的师范教育一直是以教师的职前培养为中心的一次性的终结性教育，忽视了教师的职后培训和终身教育，职前职后相分离。

中国传统师范教育相对于新的社会发展形势的滞后及改革问题是近年来人们研究的一个热点。人们认识到，新中国成立后的五十多年间，独立设置的师范教育体系支撑了世界上最庞大的教育体系，为提高全民族的受教育年限和国民素质提供了教育人才支持和知识贡献，为教育的改革发展立下了汗马功劳。但是，随着全球范围内关于师资培养问题认识的不断升华，伴之中国教育改革与发展的新需要，传统师范教育的弊端也日益暴露出来。人们对此的研究相当多，有学者将大家的研究进行了归纳，认为这些弊端主要有：①统一由师范院校培养教师的旧格局造成了师范教育的封闭性和教师来源的单一性，不利于竞争；②师范院校专业设置单一，学科建设水平低导致教师的专业水平不高，培养口径过窄导致教师的知识与能力的局限和创新意识的欠缺；③教师职前培养和职后培训长期脱离，教育资源没有得到合理的配置，影响教育需求和供给的协调；④在师范院校内

---

① 林文瑞．教师职业生涯发展中的心理困境之调适［J］．教育评论，2004（5）．

② 张秀阁，吴江．中国教师教育：理念·模式·目标·结构［J］．现代教育科学，2002（1）．

部，教师教育资源没有得到有效整合，且分散在各个学院和系中，这支队伍的建设和培养并未受到真正的重视，各专业学院都从事教师教育，既影响了各专业的建设水平，也影响了教师教育课程的建设；⑤师范特色不鲜明，脱离基础教育发展的需求，教师教育课程比重过低，教育见习、实习等实践环节不能有效地落实，存在重理论、轻应用的问题；⑥教学内容陈旧、教学方法和手段更新缓慢，脱离教师专业发展的需求，在一定程度上影响了教师教育的质量。"这些对传统师范院校教师教育的批评或意见，比较中肯地、实事求是地提出了问题。对这些问题的认识也基本上在专家、师范院校的领导和教育行政部门之间形成了共识。"①

面对传统师范教育的上述弊端，改革势在必行。为此，党中央和国家政府制定了相关的措施，如用"教师教育"替代了长期使用的"师范教育"概念，推行教师教育专业化；完善以现有师范院校为主体、其他高校共同参与、培养培训相衔接的开放的教师教育体系，推行"一体化"教师教育；在中小学教师在职培训方面推行全国教师教育网络联盟计划，等等。新举措的出台，给教师教育改革研究提出了相当艰巨的任务。主要有：

（一）关于"一体化"教师教育的研究

用"一体化"教师教育取代传统的阶段性师范教育，已成为中国教师教育改革与发展的趋势。对于"一体化"教师教育，人们有着不尽相同的理解。有人认为，"一体化"教师教育就是教师教育的职前培养、任职培养和在职培养系统化。"所谓教师教育'一体化'，是指为了提高教师的素质和水平，将整个教师教育的过程分为职前培养、职初培训和职后继续教育三个阶段，并把这三个阶段视为教师终身教育体系中一个互相联系、全面沟通、连续统一的完整系统。"②有人认为，"一体化"的教师教育应该包括两层含义：一是职前培养、入职教育、职后提高的一体化，即学历教育与非学历教育的一体化；二是教学研究与教学实践的一体化，即师范大学与中小学之间结成合作伙伴关系。③ 还有学者对"一体化"教师教育有更为复杂的理解，认为它包括内部一体化与外部一体化两个方面。④ 那么，究竟怎样理解"一体化"教师教育，它的内涵如何清晰地界定？对于这样一个根本性的问题如果不能有一个很好的回答，那么我们就很难将"一体化"教师教育的研究深化，更遑论将它变为有效的实践。

在"一体化"教师教育的实施方面，有学者指出：就目前而言，我们可以

---

① 万明钢．师范院校的转型与教师教育培养模式探索［J］．西北师范大学学报（社会科学版），2004（6）．

② 李建辉．教师教育实行"一体化"模式的探讨［J］．高等师范教育研究，2000（6）．

③ 陈利平，范希运，于明业．论教师教育的一体化［J］．辽宁教育研究，2005（7）．

④ 张贵新，饶从满．关于教师教育一体化的认识与思考［J］．课程·教材·教法，2002（4）．

实施的“一体化”教师教育的具体目标包括[①]：①打破条块分割的师范教育管理体制，理顺各部委与地方对师范院校的领导关系，建立统一协调的领导体制，形成上下结合、内外融通的教师教育网络。②突破教师职前培养与在职培训割裂、本科教育与研究生教育互不衔接、不同教育机构不相往来的教育模式，建立起职前与在职教育、本科与研究生教育相互贯通的教师教育机构体系。③统一规划和设计教师教育内容，即把职前教师培养、新教师入职辅导和在职教师提高这几个阶段的教师教育作为一个完整的过程通盘考虑，确定培养目标，选择教育内容，设置课程结构、培养途径与教学方法等。④在统一规划下，重新调整和组合原来分别承担职前培养和在职培训不同任务、相互分割、互不联系的师资力量，建立一支职前、在职既各有侧重又有合作，相互融通合一的教师教育的师资队伍。然而，对于上述目标应该如何有效地付诸实施？需要哪些保障措施？可能会遇到哪些问题？我们应该如何解决遇到的问题？……诸如此类的问题，就目前研究成果来看，恐怕很难说已有清晰的认识和思考。

（二）关于综合性大学举办教师教育问题的研究

1999年6月，第三次全国教育工作会议颁布的《中共中央国务院关于深化教育改革全面推进素质教育的决定》提出：“调整院校的层次和布局，鼓励综合性高等学校和非师范类高等学校参与培养、培训中小学教师的工作，探索在有条件的综合性高等学校中试办师范学院。”[②] 这一政策的出台，意味着中国正式奏响了中国百年师范教育史上第二次、新中国历史上第一次非师范高校尤其是综合性大学进军师范教育的号角。2003年11月11日至12日，近百所举办教师教育的非师范院校在厦门召开了“全国非师范院校教师教育工作研讨会”，成立了“全国非师范院校教师教育工作协作会”，通过了《非师范院校积极参与教师教育行动宣言》，其中指出：“我国教师教育已经进入了一个从数量满足向质量提高转变的历史新时期。实现这种转变，鼓励师范院校综合化和综合大学参与教师教育，是世界教师教育发展的共同趋势，也是我国经济社会和教育发展的客观要求。”已有的政策和行动，决定了综合性大学举办教师教育成为当前中国教师教育改革的热点。

关于综合性大学举办教师教育的问题，人们讨论得较多的是其必要性、重要性等，这些自不待言。人们也分析了综合性大学举办教师教育的优势，并提出了颇有见地的观点。此外，研究者还分析了综合性大学举办教师教育的模式、管理和可能遇到的问题等。在实践领域，部分综合性大学已探索出举办教师教育的模式，构建了“3+1”模式、“4+2”模式等。关于综合性大学举办教师教育的研

---

① 师范教育一体化课题组．教师教育一体化国际（实践）背景［D］．转引自谢安邦．中国师范教育改革发展的理论问题研究［J］．高等教育研究，2001（4）．

② 中共中央国务院关于深化教育改革全面推进素质教育的决定［EB/OL］．http：//www.moe.edu.cn/．

究，已进行到具体的操作层面。其中面临的主要问题有：综合性大学举办教师教育对已有的教育体制造成的冲击以及后者的应对，带有普适性的综合性大学教师教育模式的建构，已有的综合性大学教师教育的有效性评价及改革，综合性大学举办教师教育的有效性问题，综合性大学中举办教师教育单位的地位、设置、管理问题，综合性大学教师教育的课程设置及不同院（系）之间的合作问题，先进国家和地区综合性大学举办教师教育的举措及其对中国内地的借鉴等。

（三）作为“一体化”教师教育组成部分的校本培训的研究

校本培训在我国的研究已较为深入，但是视校本培训为“一体化”教师教育的重要组成部分，并从这一视角探讨校本培训的内涵、模式等问题的研究还需要进一步开展。

实际上，20世纪70年代中期英、美等国提出“校本培训”，主要就是针对当时这些国家的教师教育中存在的问题而进行改革教师教育的尝试。他们认为，教师的在职培训应该从教师的实际和学校的需要出发，以学校为中心，通过学校与大学和其他培训机构的合作，提高教师教学的质量，促进教师持续的专业发展。由此，我们有理由相信，校本培训已成为教师教育的必要组成部分，缺少校本培训的所谓“一体化”教师教育，实际上是不完整的教师教育。

目前，人们对校本培训的研究还有不少需要深入的地方。如，校本培训的内涵及其在教师教育中的地位，需要人们进一步澄清认识；校本培训对于教师专业发展和教师教育的意义，也要作进一步的梳理；校本培训模式与院校培训模式二者的关系，特别是二者之间的区别和互补，有待我们比较分析；校本培训模式的建构，不仅需要我们从理论上进行探讨，而且需要我们从实践中总结、提炼已有的探索成果，从中探索出其规律性的内容，为不同的中小学有效实施校本培训提供指导和参考。还有，校本培训作为“一体化”教师教育体系中的一个重要组成部分，本身是由多种要素所构成的，其实施也将涉及多种因素和关系，因此，要使其高效、有序地运作，就必须建立一个完善的保障机制，这也是一个亟待解决的问题。

总之，关于教师专业发展的研究，在我国虽然已经成绩斐然，但还有很大的研究空间。这里提出的一些存留的问题，只是择要而论，还有不少问题等着我们去发现和解决，如民办中小学教师专业发展的诸多问题、中小学教师专业发展的保障机制问题、中等职（专）业教育机构和高等教育机构中教师的专业发展问题，等等。这些问题，总会使我们想起屈原的名言：“路漫漫其修远兮，吾将上下而求索”。本书下面展现的，就是我们的一些求索的心得和发现。它们不是关于教师专业发展及其相关问题的全部，更不是关于教师专业发展的“金科玉律”，只是我们尽力尽心地探赜索隐的有限眼光和见解。

更远的路，还在前方！

第一章　教师专业发展及其相关概念的辨析

【内容提要】

本章的研究目的在于厘清关于教师专业发展的三个基本概念，从而揭示教师专业发展的科学内涵。

第一节主要是阐述专业和职业的区别，为后文奠定“话语”基础。

第二节根据已有研究成果，首先对教师工作的专业性及人们对它的质疑进行描述和分析；之后从历史的角度梳理教师职业所经历的主要阶段。由于已有研究成果对国外教师职业的历史发展进行了梳理，所以本研究重点侧重于中国教师专业的历史进程的描述。

第三节是本章的重点。首先对“教师专业发展”“教师专业化”和“教师化专业发展”三个概念进行逻辑学意义上的辨析，明确各自的使用范畴；之后讨论今天人们普遍关注的自主性专业发展和教师合作问题，阐明其内涵、意义、操作程序及保障条件。通过对这些内容的研究，最终形成关于“教师专业发展”的科学、清晰而全面的理念。

第一节　专业与专业化

一、职业与专业的区别

（一）职业的定义与主要特征

1. 职业的定义

职业是随着生产力水平的提高和社会分工的发展而产生和发展的。在原始社会，水平低下的生产力还不足以使人们形成专门的职业，虽然由男子外出作战、打猎、捕鱼，由妇女采集果实、从事原始农业、管理家务，但那只是按照性别、年龄进行的自然分工。在相当长的一个时期内，根本谈不上人类社会职业的存在。只是在原始社会末期，出现了从农业分离出来的手工业，出现了专门经营交换的商业，开始了脑力劳动和体力劳动的分化和对应，人们在社会生活中不得不对社会承担一定的职责，从事专门的业务，并以此区分于其他人，这个时候才出现了职业。随着生产力特别是科学技术的迅猛发展，当今世界出现了农业社会、工业社会和后工业社会（即信息社会）多元并存的局面。人类活动丰富多彩，社会职业的变迁也出现了前所未有的动荡、分化、重组的格局，不但已有的职业在不断变化，而且新的职业种类层出不穷。职业种类发展的数量之多、速度之快，令人眼花缭乱，形成了现代经济生活的一个明显特征。置身于这种错综复杂的职业关系之中，我们清楚地感受到职业发展对我们的影响，使得我们再也不能对它熟视无睹。

目前，人们主要从社会学和经济学等方面对职业内涵进行研究。

社会学家从社会学的角度对职业概念给出了各自的定义。日本学者尾高邦雄认为，职业是某种一定的社会分工或社会角色的持续的实现，因此职业包括工作、工作的场所和地位，并指出："职业是社会与个人、整体与个体的结节点；整体靠个体通过职业活动来实现，个体则通过职业活动对整体的存在和发展作出贡献。"美国学者泰勒（R. W. Tyler）认为，职业的社会学概念可以解释为一套成为模式的、与特殊工作经验有关的人群关系。[①] 美国迈克尔·曼（Michael Man）主编的《国际社会学百科全书》指出："职业乃是作为具有自我利益的职业群体在分工中力图保护和维持其垄断领域而予以运用的工具。"[②] 我国学者陈婴婴认为，职业是"个人进入社会的物质生产或非物质生产过程后获得的一种社会地位，个人通过这一社会位置加入社会资源的生产和分配体系，并建立相应的社会关系"[③]。

社会学的职业含义主要包括如下四方面的内容[④]：

（1）职业是社会分工体系中的一种社会位置。这种位置一般不是继承性的，而是获得性的。

（2）职业是已经成为模式并与专门工作相关的人群关系和社会关系，或者说已成为模式的工作关系的结合，它是从事某种相同工作内容的职业群体。

（3）职业与权利和利益紧密相连。它拥有垄断权和经济收益权。

（4）职业是国家确定和认可的。任何一种职业的产生，必定为社会所承认，为国家的职业管理部门所认可，并具有相应的职业标准。

经济学的职业概念与社会学的存在明显的不同。经济学意义上的职业，与劳动的精细分工紧密相连，劳动者相对稳定地担当某项具体的社会劳动分工，或者较稳定地从事某类专门的社会工作，并从中获取收入，那么这种社会工作便是劳动者的职业。如美国学者阿瑟·萨尔兹撰写的《社会科学百科全书》将"职业"定义为：人们为了获取经常性的收入而从事的经常性的特殊活动。日本劳动问题专家保谷六郎认为，职业是有劳动能力的人为了生活所得而发挥个人能力，对社会作贡献而连续从事的活动。我国学者认为，职业是指人们从事的相对稳定的、

---

① 以上两个定义转引自陈婴婴．职业结构与流动［M］．北京：东方出版社，1995. 64.
② 转引自刘育锋．论职业教育的本质属性［J］．职教论坛．2004（10）.
③ 陈婴婴．职业结构与流动［M］．北京：东方出版社，1995. 66.
④ 张再生．职业的生涯管理［M］．北京：经济管理出版社，2000. 35.

有收入的、专门类别的工作。[1] 还有人认为，职业是一个人的“主要行业”“经常业务”“主要获利事业或维持生活的特别手段”[2]。

经济学的职业概念主要包括以下四方面内容：

（1）职业是社会分工体系中劳动者所获得的一种劳动角色。职业根源于社会分工，它赋予劳动者以不同的工作内容、不同的职责、不同的声誉和社会地位，以及不同的劳动规范和行为模式。

（2）职业是个人在社会所从事的作为主要生活来源的工作，是人谋生的一种手段。劳动者从事某项职业，必定要从中获得经济收入。

（3）职业具有社会性。职业是劳动者所进行的社会生产或社会工作，均为他人所必须，并为国家所认可。

（4）职业具有连续性和稳定性。劳动者连续、不间断地从事某种社会工作，这种工作才能成为劳动者的职业，或者相对稳定地从事某项工作的劳动者，才称其为该职业的劳动者。

综合人们对职业含义的种种理解，我们认为，所谓职业，是指一个人赖以谋生的社会劳动岗位和必须承担的社会角色及其社会责任。职业首先是一种谋生手段，是一种能够提供人们主要生活来源的社会活动；职业还意味着人们在社会生活中，对社会所承担的一定的职责和所从事的专门业务；职业同时提供给人们自我实现的机会，人们通过工作发展个性和才能，达到自我实现的目的。

作为职业，应该满足下列三个条件：

（1）给予就业者合理的报酬，满足就业者的生活需求；

（2）赋予就业者一定的社会角色，使其在履行义务和职责的过程中发展个性和才能；

（3）提供就业者体现个人价值的机会和舞台，使其在工作中赢得尊严、荣誉、声望和影响力，达到自我实现的目的。

2．职业的主要特征

《中华人民共和国职业分类大典》中提出，职业是指从业人员为获取主要生活来源所从事的社会工作类别。职业须具备下列特征：①目的性，即职业活动以获得现金或实物等报酬为目的；②社会性，即职业是从业人员在特定社会生活环境中所从事的一种与其他社会成员相互关联、相互服务的社会活动；③稳定性，即职业在一定的历史时期内形成，并具有较长的生命周期；④经常性，即职业活动必须符合国家法律和社会道德规范；⑤群体性，即职业必须具有一定的从业人数。[3]

---

① 以上三种观点转引自刘育锋．论职业教育的本质属性［J］．职教论坛．2004（10）．

② 任永温．职业教育原理与实际［M］．台北：正中书局，1998.1.

③ 国家职业分类大典和职业资格工作委员会．中华人民共和国职业分类大典［Z］．北京：中国劳动社会保障出版社，1999.2.

借鉴上述对职业特征的概括，结合我们对职业内涵的理解，我们认为，职业有以下五个主要特征：

（1）经济性。职业是一个人谋生的手段，从事一项职业活动应能够带来经济收入。

（2）技术性。从业人员一般要经过专门机构的培训，具有专门的基础知识，并且为社会提供专门的服务。

（3）社会性。职业是随着人类社会进步和劳动分工而产生和发展起来的，它是社会生产力发展和科技进步的结果。同时，从业人员均承担着一定的社会职责和义务，扮演着一定的社会角色。职业位置一般不是继承性的，而是获得性的。在现代社会中，职业是国家确定和认可的。

（4）发展性。职业并不是一成不变的，而是随着社会的发展而变化的，某一时期里，一些旧的职业在消亡，而又出现一些新兴的职业。从业人员为他人和社会提供最基本的服务，并且在工作中不断提高自己的能力以为社会提供更好的服务，促进社会的进步和发展。

（5）连续性。从业人员所从事的职业活动相对稳定，是非中断性的。

（二）专业的定义和主要特征

1. 专业的定义

专业是社会发展到一定阶段，随着社会分工、职业分化而出现的，是社会进步的标志。专业作为一种社会现象，最早出现于中世纪以后的欧洲，最早被认为是专业的职业是医生、律师和牧师，后来，又有一些职业如工程师、会计师、建筑师等被冠以专业的称号。

1933 年，社会学家卡尔·桑德斯（Carr Saunders）和威尔逊（Wilson）在他们的经典研究成果《专业》一书中，首次为专业下了定义，他们认为："所谓专业，是指一群人在从事一种需要专门技术的职业，是一种需要特殊智力来培养和完成的职业，其目的在于提供专门性的服务。"[①] 之后，许多社会学家都尝试着为专业下定义，如布朗德士（Brandeis）将"专业"界定为："专业是一个正式的职业，为了从事这一职业，必要的上岗前的训练是以智能为特质，卷入知识和某些扩充的学问；它们不同于纯粹的技能；专业主要供人从事于为他人服务而不是从业者单纯的谋生工具，因此从业者获得经济回报不是衡量他（她）职业成功的主要标准。"[②] 日本学者石村善助认为，所谓专业职业，是指"通过特殊的教育或训练掌握了已经证实的认识（科学的或高深的知识），具有一定的基础理论的特殊技能，从而按照来自非特定的大多数公民自发表达出来的每个委托者的

---

① 台湾师范教育学会. 教育专业［M］. 台北：台湾师大书苑有限公司，1992.1.

② 赵康. 专业：专业属性及判断成熟专业的六条标准——一个社会学角度的分析［J］. 社会学研究，2000（5）.

具体要求，从事具体的服务工作，借以为全社会利益效力的职业”[1]。社会学者莫里斯·科根（Morris I. Cogan）将大家对专业的概念众说纷纭的现象概括为：“有多少个研究专业这个课题的学者，便有多少个专业的定义。”[2] 也许，明智的做法只能像唐特（R. S. Downie）所指出的那样：“专业的概念不是固定不变的，倘若要给专业寻找定义，那么我们的目标应是对专业群体共同性的宽泛概括，而不是一套严格的充分必要条件。”他将专业群体的共同性概括为：①专业是社会分工与职业发展到一定历史阶段，从众多职业中分化出来而形成的一种特殊职业类型。②在功能上，专业具有重要的社会功能，承担着重要的社会责任，它与人们的社会生活息息相关，与公众的利益密切相连，体现了重要的社会价值。③在职业性质上，专业是一个相当复杂、需要高度心智的创造性劳动，它要求专业人员在拥有扎实的专业知识的基础上，在面对每日各不相同的情景时，能够充分展开智慧活动，对各种新问题、新情况作出准确判断。因而，它与那些“重复”某行业基本操作行为或只凭经验、模仿即可胜任的职业有着截然的区别。④在职业行为上，表现为从业人员面对复杂情况时，在运用专门的技能技巧时，是基于智慧与知识、经深思熟虑与理性分析而作出判断的，而不是仅凭经验或只按他人的交代与安排去从事职业活动的。因而，专业人员具有很强的不可替代性。⑤在职业道德上，表现为专业人员具有为自己所作的判断与行为负责的责任意识，具有以顾客为中心的服务意识。在专业共同体内部，专业人员对自己所从事的工作具有很强的专业认同感。⑥专业拥有本行业的一系列自主权，如从业人员的聘用权、解职权以及与专业业务相关的权力（如医生的处方权）等，并不受专业外因素的控制。⑦专业享有良好的职业声望，拥有很高的社会地位。[3]

简而言之，我们认为，专业就是专门的职业，它是社会分工和职业分化的结果，是社会分化的一种表现形式。

2. 专业的主要特征

唐特提出的“专业的共同性”的概念，引发了学者对专业特征的研究。

国外有些学者从职业特征入手，通过制定专业指标，根据专业指标来评定一个职业是否已成为一门专业及其专业化的程度。1965 年，利伯曼（M. Lieberman）在《教育专业》（*Education as a Profession*）中提出专业应该具有八大特征，其观点受到国际社会的普遍认可。这八大特征是[4]：

---

① ［日］石村善助．现代的专业．转引自［日］筑波大学教育学研究会．现代教育学基础［M］．钟启泉译．上海：上海教育出版社，1986. 441.

② Morris I. Cogan (1953). Toward a Definition of a Profession [J]. *Harvard Educational Review*, Vol. 23, No. 1, 33.

③ R. S. Downie (1990). Professions and Professionalism [J]. *Journal of Philosophy of Education*, Vol. 24, No. 2, 147.

④ 转引自［日］筑波大学教育学研究会．现代教育学基础［M］．钟启泉译．上海：上海教育出版社，1986. 442.

（1）范围明确，垄断地从事社会不可缺少的工作；

（2）运用高度的理智技术；

（3）需要长期的专业教育；

（4）从事者无论个人、集体均具有广泛的自律性；

（5）在专业的自律性范围内，直接负有作出判断、采取行动的责任；

（6）非营利性，以服务为动机；

（7）形成了综合性的自治组织；

（8）拥有应用方式具体化了的伦理纲要。

同年，威斯特比·吉布逊（D. Westby Gibson）在其《教育的社会观》一书中提出了专业的五条标准①：

（1）为社会公众提供重要的服务；

（2）具有系统的科学知识和独特的专门技术；

（3）必须接受过正式的专门训练；

（4）有专业人员制定的进入其工作领域的专业标准；

（5）由从业人员组成专业团体，维护较高的行为标准，遵守其伦理纲领。

我国理论工作者经过比较研究提出，一种职业要被认可为专业，应该具备以下三个方面的基本特征②：

（1）专业具有不可或缺的社会功能；

（2）专业具有完善的理论和成熟的技能；

（3）专业具有高度的专业自主权和权威性的专业组织。

香港学者曾荣光在《教学专业与教师专业化：一个社会学的阐释》一文中指出，一门成熟的专业应符合以下十项指标③：

（1）为社会提供不可或缺的服务；

（2）享有专业服务的专利权；

（3）接受长时间的训练和入职辅导；

（4）具备一套"围内知识"；

（5）有专业自主权；

（6）组成对成员具有制约力的专业团体；

（7）确立一套专业守则；

（8）获得社会和当事人信任；

（9）享有相当的社会地位和专业报酬；

（10）不断地接受在职培训和从事科研活动。

---

① Dorothy Westby Gibson（1965）. *Social Perspectives on Education*［M］. New York，78.

② 教育部师范教育司. 教师专业化的理论与实践（修订版）［M］. 北京：人民教育出版社，2003. 35~37.

③ 曾荣光. 教学专业与教师专业化：一个社会学的阐释［J］. 香港大学中文学报，1984（1）.

经比较上述不同的见解，我们认为，专业至少应具有以下基本特征：

(1) 从业人员应接受长时间的、严格的职前专业学程教育和不间断的职后进修；

(2) 专业人士垄断业内知识，专业具有“排外行性”和不可替代性；

(3) 专业有一个健全的组织，业内人士享有专业自治和自主权；

(4) 专业内有以服务、责任为宗旨的专业伦理；

(5) 专业人士享有较高的专业权威、社会地位和经济报酬。

(三) 职业与专业的主要区别

职业与专业是两个不同的概念，它们有区别也有联系。职业与专业之间的联系表现在：职业与专业都是以社会分工为基础的，而且职业是专业的基础，当某一职业专门化以后，它就逐渐具有了“专业”的意蕴，而被称为专业。其本质区别在于：“职业”的本质在于“重复”某一行业的基本操作行为，并不需要过多的“心智”劳动；而“专业”的本质却在于不断的改进、完善和创造。

职业与专业的主要区别列举如下：

(1) 每一门专业都有科学的知识基础，拥有一套高深、严格的理论，专业人员按照科学的理论和技术行事，非专业人员对专业内的事物了解甚少，在专业范围内有明显的内行和外行之分；而一般职业无须以高深理论为基础，只按例规行事，无内行和外行之别。

(2) 专业人员需要接受长期的专业训练，而且这种训练是在大学里进行的，以是否接受过高等专门教育为标志；而普通职业的从业者无须接受长期的专业训练，主要通过个人体验和个人工作经历积累工作经验。

(3) 专业与职业相比，更多地提供一种特有的、范围明确的、社会不可缺少的服务，在自主的范围内对于自己的专业行为与专业判断负有责任，以高质量的服务获得报酬，并且把服务置于个人利益之上，因而专业人员把工作看做一种事业、一种生活方式，不同的专业人员有不同的生活方式；而普通职业从业者仅把工作当做一种谋生的手段。

(4) 专业把服务和研究融为一体，即专业人员不仅要提供优质的专业服务，还要在服务中不断进行研究和创新，以保证服务品质和水平的不断提高，为此，专业人员在其职业生涯中需要不断学习，不断进修，通过学习研究提高专业水准；而普通的职业仅提供服务，它强调的是继承和重复，从业人员一旦掌握了所从事的职业的技能，即可不断重复，无须再学习创新，也无须进行专门的研究。

(5) 专业人员一般具有较高的职业声望，在社会职业声望的排位中处于高层。

当前人们的认识误区在于：在理论上，对于“专业”特质缺乏认识，常用“职业”一词来代替、解释“专业”一词的含义；在实践中，轻视、漠视“专业”的创造性内涵，以对待“职业”的态度来对待“专业”的发展，把“专业”

当成“职业”来做。

二、专业化

在现代社会中，职业和专业代表着两大类不同的社会从业性质。由于它们之间存在着较大的差别，特别是专业人士的社会地位、声望、经济报酬等远远高于一般职业工作者，所以在特定的社会条件下，就存在着人们从一般职业向专业职业转型的社会流动现象，这就是所谓的专业化。

社会学认为，专业化是指一个职业群体在一定时期内，逐渐符合专业标准，成为专门职业并获得相应的专业地位的过程。专业化包括两个方面的过程，即作为改善地位的专业化与作为发展、扩大专业实践中专业知识和改善其专业技巧的专业化。也就是说，专业化一方面关注从业人员职业行为和服务质量的改进，另一方面关注整个职业社会地位的提升。

1980 年，霍尔（Hall）在对 17 种职业进行研究的基础上，提出了专业化过程的 14 个特点：清楚地定义专业的功能；掌握理论知识；解决问题的能力；实际知识的运用；为维护前途而进行超越专业的自我提高；在基本知识和技能方面的正规教育；对能胜任实践工作的人授予证书或者称号；专业亚文化群的创建；用法律手段强化专业特权；公众承认的独特作用；处理道德问题的道德实践和程序；对不符合标准的行为的惩处；与其他职业的关系；用户服务的关系。①

专业的标准为职业的专门化提供了理想的目标，有效促进了职业在专业知识、操作技能和职业道德标准等方面的发展。然而，现实社会中与这些专业化标准完全相等的职业是不存在的，社会学者埃齐奥尼（Etzioni）等人把那些培训时间较短、社会地位较低、特有的专业知识较少、缺乏专业自主权的没有达到完全专业水准的专业称为“半专业”或“准专业”（semi-profession）。②

第二节　教师职业专业化

一、教师职业专业性与半专业性的讨论

我国著名教育学家顾明远教授认为，专业化与开放性是我国教师教育当前面临的两大问题。社会职业有一条铁的规律，即只有专业化才有社会地位，才能受到社会的尊重。如果一种职业是人人可以担任的，那么其在社会上是没有地位的。教师如果没有社会地位，教师的职业不被社会尊重，那么这个社会的教育大厦就会倒塌，这个社会也不会进步。我国早在 20 世纪 30 年代就对教师职业展开

① 胡森. 国际教育百科全书·第 2 卷［Z］. 贵阳：贵州教育出版社，1991. 393.
② 刘捷. 专业化：挑战 21 世纪的教师［M］. 北京：教育科学出版社，2002. 55.

过讨论，当时有一种很鲜明的观点，“教师不单是一种职业，且是一种专业……性质与医生、律师、工程师相类似”①。但时至今日，国际社会在教师职业是不是一门专业职业这一问题上的看法仍未形成共识，形成了“教师职业半（准）专业性论”和“教师职业专业性论”两个不同的理论派别。

（一）教师职业半（准）专业性论

持“教师职业半（准）专业性论”的人们认为，教师不是一种完全意义上的专业职业，最多只是处于一个准专业或半专业的水平，或者正处在获得专业特征的过程之中。

“教师职业半（准）专业性论”者产生上述认识，其主要依据就是专业的标准。许多研究者参照专业职业的标准来衡量教师的工作及其职业地位时，发现教师缺乏专业的大部分特点。无论是专业技术基础方面，还是专业自主权和责任方面，教师都不能称之为完全的专业职业，至多是个半专业职业。如费希尔（Fischer）认为教育是一种“亚专业水平”或“半专业”的领域，其特点是短期培训、较低的社会地位、知识分化不十分严密、自主性较低等。他在1971年指出，就现状而言，教育还不能称之为一门专业，因为一门职业要成为一门专业的前提条件是，它必须有自己的专业知识体系，并且有权威性的方法来检验知识的正确性。② 罗迪（Rudi Maier）在其经典性著作《学校教师》中指出，教师优先考虑和重视的是个人的经验，很少有证据表明在教师职业里有所谓“共享的关于教学的技术文化”③。教学不是“技术的”，也不是“共享的”，它达不到专业性职业的标准。日本学者认为，“教师仅在非营利服务这一点上符合专业标准，在专业技术和长期训练、特别的才能与素质这一点上，还逊于其他专门职业，教师的工作只能称为‘准专业’”④。我国也有学者根据专业特征分析教师职业之后认为，教师职业受外部的干预和监控，未取得广泛、高度、民主的自主权；在教育期限上，从业人员接受专门培训的时间较短；此外，教师职业向社会提供的服务具有公共性，但不具有鲜明的独特性，也未赢得崇高的社会经济地位。从这个意义上说，我国教师还不能成为一个专业，而仅能称为“准专业”或“半专业”。⑤

欧美教育社会学家和教育学者还往往把教师职业与医生、律师等成熟的专业进行比较，来判断教师职业的专业属性。他们比较后得出的结论就是：与成熟专业相比，教师职业还未完全达到专业的标准，只能视之为一种“半专业”或“准专业”，原因有三：第一，构成教师专业属性的核心学科“教学法”的学术

---

① 朱莹. 教师专业化——未来的呼唤［EB/OL］. http：//www. hrbgnb. com/blog/more. asp name = zhuying&id = 3212.

② 王观凤. 现代中小学教师管理比较研究［J］. 外国教育资料，1999（1）.

③ 张贵新. 对教师专业化的理念、现实与未来的探讨［J］. 外国教育研究，2002（2）.

④ ［日］筑波大学教育学研究会. 现代教育学基础［M］. 钟启泉译. 上海：上海教育出版社，1986. 443.

⑤ 瞿葆奎. 中国教育研究新进展·2000［M］. 上海：华东师范大学出版社，2001. 345.

水平低于其他专业的科学原理与技术；第二，教师的职业范围与其他专业相比并不明确，即学校的教育服务同家庭、社会的教育分工不明确；第三，教师的“自律性”范围有限。① 还有学者指出，“教师工作似乎在四个重要方面落后于如法律和医务等工作：①超出外行人掌握的一套规定的知识和技能体系；②对证书标准的控制和对从教的要求；③选择工作的自主权；④高威望和良好的经济条件”②。

也有学者认为，教师在本质上应该是专业职业，只是从表现上来看，还不能够算专业。如有美国学者指出：“依照目前的表现诊断，教育只能算是半专业。不过，就其贡献及社会功能而言，在本质上，教育应该是一项专业。平心而论，教师一职并未充分发挥其潜能。”③

（二）教师职业专业性论

持“教师职业专业性论”的学者们，也包括部分一线教师认为，教师应该被视为专业人员，其从事的教书育人的职业是一种专业，具有像医生、律师一样的专业不可替代性。④ 教师不仅是知识的传递者，还是心灵火花的点燃者，这并非任何人都能做到的，否则就不会有“名师出高徒”的说法了。退一步说，即使教师仅仅是知识的传递者，也要有本事让学生真正学到知识。进一步说，教会黑猩猩表达简单的语言也可以说是某种知识的传递，但并非任何人都能做到。再退一步说，即使任何人都能做到，也不等于任何人都能做好，从“做到”到“做好”的漫长距离就是专业化的过程。

一些学者还根据“专业”具有的特质来加以验明判断，教师职业是一种专业，它区别于普通职业，具体表现在以下几个方面：①教师职业要求从业者掌握系统的学科专业知识和技能，按照教育科学的规律组织教学；②教师在成为专业人员之前，需要在高等院校接受专门的、长期的专业训练；③教师为受教育者、学校所提供的教育教学贡献是一种对象明确而特殊的服务，具有不可替代性；④教师作为专业人员不仅要以教育教学为主要任务，同时为保证教育教学的质量，教师本人还要不断地、自觉地进行研究，通过研究提高自身的专业水平，教师是一个不断发展中的专业人员。⑤ 总之，从教师职业的社会功能来看，教师从事的是一种履行教育教学工作职责的职业，教师必须具备任教科目的学科专业知识和教育科学的学科知识；从教师的专业技能和专业能力来看，教师必须具备一定的专业知识、教学技能和修养，如教学基本功、教学技巧等；从教师的专业自

---

① 钟启泉．教师专业化：理念、制度、课题［J］．教育研究，2001（12）．

② ［美］阿伦·奥恩斯坦，莱文·丹尼尔．教育基础（第八版）［M］．杨树兵等译．南京：江苏教育出版社，2003. 32.

③ 转引自陈永明．现代教师论［M］．上海：上海教育出版社，1999. 175.

④ 刘万海．教师专业发展：内涵、问题与趋向［J］．教育探索，2003（12）．

⑤ 郑开玲，汤智．教师专业发展：历程、内涵与趋向［J］．教育探索，2005（10）．

主权来看，教师在设计课程、规划教学活动，以及选择教材时，应有充分的自主性，同时具有较强的自我发展意识和责任感。

关于教师职业的专业性质，有些学者甚至找到了法律依据。1993 年 10 月 31 日，第八届全国人民代表大会常务委员会第四次会议通过了《中华人民共和国教师法》，《教师法》第 3 条规定："教师是履行教育教学职责的专业人员。"这便明确赋予了"教师"特定的法律含义，意味着教师职业与医生、律师等职业一样成为一种专门职业，"履行教育教学职责"又把教师同其他专业人员从本质上区分开来，如同律师的专业职责是为社会提供法律服务、医生的专业职责是为病人解除病痛一样，教师职业作为专业，其专业职责就是要进行教育教学。此外，2000 年我国出版的第一部对职业进行科学分类的权威文件《中华人民共和国职业分类大典》，首次将我国职业归并为八大类，教师属于"专业技术人员"一类。

国外一些机构和人士对教师职业的专业性也持肯定观点。1966 年，联合国教科文组织（UNESCO）和世界劳工组织（ILO）发表《关于教师地位的建议》，其中谈到："教育工作应被视为一种专业。这种专业要求教师经过严格且持续不断的研究，才能获得并维持专业知识和专门技能，从而提供公共服务；教育工作还要求教师对其教导之学生的教育和福祉具有个人的和共同的责任感。"① 1996 年第 45 届国际教育大会上强调通过给予教师更多的自主权和责任以提高教师的专业地位，在教师的专业实践中运用新的信息和通信技术，通过个体素质和在职培训提高其专业性，保证教师参与教育变革以及与社会各界保持合作关系，对教师职业的专业性再次给予了肯定。② 埃利奥特（J. Elliott）等认为，教师与医生、律师、神甫职业被并称为"四个伟大的传统专业"③。

（三）本书的分析

讨论教师职业专业性问题，必须考虑两个关系。第一个关系是本质与现象的关系。目前关于专业标准的归纳，大多是学者们根据自己对社会职业现象的观察而得出的，是否深入地考察了观察对象的本质特征，尚待考证。从这个意义上说，仅仅根据专业标准来判断教师职业是否属于专业职业是不充分的。另外，正如美国学者所言，教师职业是否能够被判断为一门专业，还要考察教师工作的潜能是否充分地发挥出来。还有，教师职业有一定的特殊性，教师的劳动成果通过学生的知识、能力、素质、个性、品性等诸方面的提高来体现，某个教师的直接教学效果难以定量确定，不易看到明显的成败效应，这也为我们判定教师职业的

---

① Stinnett，T.（1968）. *Professional Problems of Teachers.* The Macmillan Company，pp. 55－56. 转引自［美］Bruce Joyce，Beverly Showers. 教师发展——学生成功的基石［M］. 唐悦，周俏纨译. 北京：中国轻工业出版社，2005. Ⅲ.

② 转引自全国十二所重点师范大学. 教育学基础［M］. 北京：教育科学出版社，2002. 116～117.

③ 赵康. 专业、专业属性及判断成熟专业的标准［J］. 社会学研究，2005（5）.

专业性带来了一定的困难。基于上述认识，我们认为，考察一门职业是否属于专门职业，关键是看其是否具有可替代性，如果一门职业不具有可替代性，则可以基本上判定其具有专业性。因此，尽管目前教师的职业表现与已确立的专业的各项标准的要求还有一定的差距，处于一种“亚专业水平”，还没有达到完全专业的水准，但从教师职业的本质上说，它应该是一门专业。因为教师是接受社会的委托，专门在教育机构中对年轻一代实施培养工作的人员，教师职业的本体功能——培养人和其基本的社会功能——为社会培养一大批高质量高素质的人才，提高国民的文化素质，都具有无法替代的特点。

第二个关系是现实与未来的关系。考察一门职业是否为专业职业，不能仅仅看这一职业在某一特定的历史条件下的社会表现，以及它是否符合专业的标准，而应该用发展、动态的眼光来认识。今天是专业的职业，明天可能会变成非专业职业，而今天处于非专业地位或半专业地位的职业，明天也可能会转变成专业职业，这要取决于社会的需要以及人们为此创造的条件和付出的努力。如果这一基本的态度都没有的话，则无从谈起专业化问题。因此，对教师职业专业性质的探讨，不应该静止地停留在二元化的“是或不是”的思考角度，而应该视教师职业为一种动态的生长历程。从我国的实际情况来看，教师建立类似国外教师行会、协会等专业团队的意识尚有待强化；另外，受市场经济某些负面因素的影响，教师群体中存在着一定范围和程度上的职业道德模糊、服务与奉献意识不强等问题；还有一些人本身专业知识水平达不到标准，却由于各种原因走进教师队伍，等等。这些现象的存在，影响了人们对教师职业专业性质的认识。然而，我们也必须看到，我国政府已从法律和政策的层面上肯定了教师职业的专业性，也正在创造各种条件大力推进教师专业化进程。社会对教育专业所期望的，就是使教师工作专业化，使教师超越“能干的教书匠”而成为“专业的教育家”。专业化已经成为未来教师发展的努力方向，这将不断提高我国教师队伍的专业化水准。

二、教师职业专业化的简要回顾

教师职业伴随着人类社会的产生而产生，是人类社会古老而永恒的职业活动之一。教师是人类文明的重要传递者和创造者，其社会功能、素质要求、职业劳动特点等均在不断地变化和发展，推动着教师职业从经验化走向专业化。

（一）教师专业化的缘起

在古代社会里，教师是一个相当自由的职业，没有培训和考核的要求，只要有知识和兴趣，任何人都可以开馆办学，教学是一种纯粹的个人行为。那些由政府设立的官学，是以官吏或僧侣为师；至于隐于山野的书院，教学人员主要由一些官场失意的文人组成，学校成为一些官吏的暂居地，成为某种心灵的寄居处。近代以来，这种局面在教师教育机构成立以后逐步得到改变，尤其是在第一次工业革命以后，西方发达国家纷纷实行义务教育，以此应对工业革命对劳动者素质方面提出的新要求。实施义务教育需要有两个最基本的条件，一是要有经费作为保障，二是要有受过专门职业训练的师资作为前提。因为到这个时候，人们已经认识到，仅有知识虽然可以做教师，但如果没有或缺乏职业训练，就会直接影响教育的质量和效果，就难以成为好的教师。在普及教育的过程中产生和发展起来的初等学校，不但需要大批教师，而且要求他们具备一定的知识、教育教学的技能和管理的才干，教育第一次成为公共事务，政府对教师教育的干预也提到了议事日程上。于是，一些国家通过立法或行政手段，创立培养教师的正规机构，规定教师任职资格，规范教育使之走向正规化、制度化，教师仅凭个体经验的随意教育行为开始“解冻”，教师职业由无须专业训练的“自由”的“职业”转变为必须经过一定培训的职业。1685 年，法国天主教人士拉莎尔首创师资培训学校，标志着西方国家教师职业向着规模化和专门化方向发展。系统、正规的师资培训体系的出现，预示着教师专业化的开始，这是世界教育史上的一个重大进步，对提高教学质量、完善教师素质起到了积极的作用。然而，这一时期的教师教育远未包容专业化的全部内涵，更多的是一种职业训练，只能是教师专业化的初始阶段。

（二）教师专业化的主要发展历程

从世界范围看，教师专业化伴随着人们对教育质量的关注而不断得到重视。20 世纪 60 年代，随着教育的大发展，世界各国教师教育的主要矛盾是量的问题，即需要大量的教师；而到了 80 年代，各国对教育质量问题的关注是要求把教师职业作为一个专门的职业来看待。

1955 年召开的世界教师专业组织会议率先研讨了教师专业问题，推动了教师专业组织的形成和发展。1966 年，国际劳工组织和联合国教科文组织提出的《关于教师地位的建议》，则是首次以官方文件形式对教师专业化作出的明确说明。它提出：“应把教育工作视为专门的职业，这种职业要求教师经过严格的、持续的学习，获得并保持专门的知识和特别的技术。”30 年后，这一原则在国际劳工组织和联合国教科文组织的同名文件中得到重申。1986 年，美国的卡内基工作小组、霍姆斯小组相继发表《国家为培养 21 世纪的教师做准备》和《明天的教师》两个重要报告，同时强调以确立教师专业性为教师教育改革和教师职业发展的目标。卡内基基金组织的“美国教师专业标准委员会”还专门编制了明确界定教师职业专业性的文件——《教师专业标准大纲》。日本早在 1971 年就在中央教育审议会通过的《关于今后学校教育的综合扩充与调整的基本措施》中指出，“教师职业本来就需要极高的专门性”，强调应当确认、加强教师的专业化。1997 年日本教员养成审议会第一次报告再次强化了对于教师职业专业性的认识。在英国，随着教师聘任制和教师证书制度的实施，教师专业化进程不断加快，20 世纪 80 年代末建立了旨在促进教师专业化的校本培训模式，1998 年教育与就业部颁布了新的教师教育专业性认可标准——“教师教育课程要求”。我国的香港和台湾分别从80年代后期开始加大教师专业化教育制度的改革力度，教师专业化的观念成为社会的共识。

日本学者今津孝次郎将国际上围绕专业性职业的议论分成三个问题领域：①作为专业性职业的地位问题（教师职业是否是专业性职业）；②专业知识技术问题（教师专业性的内容是什么）；③对顾主的专业实践问题（教师与学生的关系如何）。① 根据这三个领域的分类，对迄今的世界性议论的动向进行整理，我们可得出如下结论：从20世纪60年代到70年代，关于教师作为专业性职业的地位的研究比较盛行；而到了20世纪80年代之后，将教师的专业知识与专业实践的应有状态结合起来，重新探讨专业性的研究成为新的主流。在教师专业化理论与实践中，由强调教师地位到重视教师角色或实践的转变，可看做是教师专业化开始由外在条件的齐备向内在条件的完善转变。这一转变，与“二战”后世界教育发展的大背景和教师需求关系的变化有着密切的关联。大约在战后30年间，教育在许多国家被看做是对人力资本、对科技发展的投资，看做是对进步的投入与追求。教育在这种乐观主义的气氛中进入大扩张时期。由学校扩张与教师不足所带来的卖方市场，再加上教师工会运动的兴盛，教师处于极其强势的地位，教师的工资待遇、工作条件，甚至专业自由方面均得到了很大的改进。然而，1973年的石油危机和凯恩斯经济学的崩溃给许多国家特别是西方发达国家的乐观主义教育观画上了一个句号。教育突然被看做是问题，而不是解决问题的方案。教师需求关系发生了逆转，教师工会的影响力也逐渐弱化，教师的责任和服务质量而不是权利和地位受到了更多的关注。

（三）教师专业化的新进展

进入20世纪80年代以后，科学技术飞速发展，国际经济竞争激烈，各国普遍重视人才培养。自此至今，在世界范围内掀起了新一轮的教育改革浪潮。在教育改革浪潮的推动下，教师专业化有了实质性的进展，教师个体专业化水平成为教师专业化运动的重心。主要表现在：

（1）师资人才高学历化，教师资格制度化。目前世界上许多发达国家的中小学教师的学历都有提高的趋势，大都提高到大学毕业以上程度，具有学士以上学位，一部分研究生也补充到中小学师资队伍中。同时，教师培养机构分别培养各级教师，学历程度无差异，只是所学课程不同，以提高教师的专业化水平。教师资格标准是对教师专业素质的全面要求。当前许多国家实施教师资格证书制度，教师资格证书与学历证书并行，互不代替。通过制定教师职业要求的高标准，加快教师专业化进程。

（2）教师培养培训一体化。当今世界各国一方面延长中小学教师职前教育

---

① 张贵新. 对教师专业化的理念、现实与未来的探讨［J］. 外国教育研究，2002（2）.

专业学习年限，另一方面大力推广教师在职进修工作，通过立法保障教师继续教育，完善培训体制，并采用多样化的培训方式，实施灵活而系统的课程安排，从而保证教师的专业水平持续有效的提高。教师成长向培养培训一体化方向发展，但不是任何机构都有条件和资格培养教师，因而，美、日、英和波兰等国专门制定了教师教育的机构认定制度，我国的台湾地区也于1997年对教师教育机构进行了明确的法律认定。

（3）教师培养终身化。随着终身教育理念的渗透，人们普遍认为教师教育应通盘考虑教师的专业发展，打破职前和职后相互独立的局面，实施一体化教育，使教师终身都能受到连贯的、一致的教育，强调教师应树立终身学习的意识，主动吸取新知识，不断提高自身专业素养。尽管各国对教师素质要求各不相同，但普遍重视知识更新和开拓创新能力。目前，日本着重强调教师要由“单一型”向“复合型”发展。俄罗斯也要求教师的劳动有创造性，成为适应时代要求的多面手。

（4）教师发展专门化。即通过建立专业发展学校（Professional Development School，PDS），提升教师品质。教师专业发展学校是美国大学的教育学院与地方的公立中小学或学区合作成立的一种师资培训学校，其目的在于改善教师教育的职前培训计划，给在职教师提供专业训练和职业发展的机会，提高教师素质，创新教师专业化机制，进而改善整个教育质量。PDS最早是1986年由霍姆斯小组提出的，在美国出现以来，因其鲜明特色和显著成效而备受世人瞩目。

三、中国教师职业性质的演变

中国教师职业性质的变化，大致经历了以下三个阶段：

（一）兼职教师阶段

在远古时代，人类为了自身的生存和社会的延续与发展，必须通过教育向年轻一代传授劳动知识技能和社会生活经验，并进行道德教育和宗教教育。这时的教育活动由全体劳动者参加，并在劳动和生活中进行，家庭中的父母兄长和氏族部落的首领、长者均负有将生产劳动和社会生活经验传授给子女及其他幼小社会成员的责任。“长者为师”“学者为师”“能者为师”“养老与育幼相结合、师长合一”，甚至“以吏为师”“以僧为师”的职业状态成为当时教师工作的一个典型特征，教师工作被认为是“一种手把手的技艺传授，带有临时性和即时性的意味，并不包含普遍的知识价值”，因此，教师无须经过专门的职业训练。这一时期被称为“教师的无专业化概念时期”。

这种状况在中国长期的古代社会制度下基本上得到了保留。我国西周时实行“政教合一、官师一体”的文教政策，由于“学在官府”，政府官员是学校当然的教师，官学中设有专职教育的官师氏，有大师、小师，择优聘请。战国时，“齐桓公立稷下之宫，设大夫之号，招致贤人而尊宠之”。秦朝接受法家的思想，实施"以吏为师""以法为教"的文教政策，把政教合一、官师一体的体制推向了极端。汉代以后，中央及地方官学中有博士、祭酒、助教、直讲、典学，对这些人的任用注意德才兼备，由征召、荐举、选试、诸科始进，或由他官迁升，他们享有优厚的待遇，免费住宿，常有劳赐，并为之制定了统一的衣冠，从而形成了我国严于择师及尊师重道的优良传统。唐代以后，除有祭酒、司业、博士、助教外，还有学正、学录、监丞、典簿、典籍、掌馔等，这些人具有两种身份，一方面是学校的教师，另一方面是政府的官员，而他们教职的大小，又以他们在政府所任职位的高低为标准。例如，唐代博士自正五品至九品，助教自从六品至九品，等等。除官学外，春秋战国后，私学兴起。他们有的一边从政，一边教学；有的当过官学的教官；有的因为仕途不得意，辞官还乡任教；有的无心仕进，退而家居，讲学授业；更有清贫知识分子充任乡间塾师，一边耕田，一边教书。所以说，中国古代的教师大都不是以教学为主业，是"副业"教师而不是职业教师，这一时期的教师职业呈现出以下特点：

（1）教师的职责具有明显的政治化和伦理化的倾向。在漫长的奴隶社会和封建社会里，尽管有了学校，但学校还没有从官府和教会中完全分离出来；尽管已经有了教师这个职业，但还没有成为一种专门的职业。由于学校教育目的单一（培养官吏、僧侣等统治人才），学校教育对象比较狭窄（只为少数统治阶级子女开设），学校教育内容也比较有限（主要是灌输一些政治、伦理、宗教观念），教师本身主要由士大夫、宗教神职人员担任，他们主要的职责是"传道、授业、解惑"，政治要求和道德要求很高，所谓"道之所存，师之所存也"。

古代这种具有明显的政治化和伦理化倾向的"师道观"，在教育史上产生过积极的影响。它强化了教师社会地位的崇高性，有利于形成重教敬学的社会风尚；它强化了教师施教内容的神圣性，有利于人类文化的传承；它强化了教师道德人格的典范性，有利于提高教师为人师表的水准和要求。但这种师道观与朝廷、教会对政府官吏和僧侣的要求无大差别，侧重于恪守封建礼教法规和宗教教条，提高教师的社会地位也是为了强化"道"——封建社会的政治、宗教制度和道德规范的无上权威，要求和选任教师的标准，看似德才兼备、道业兼重、德艺双馨，实际上是重德轻才、重德轻艺、偏重"行修"，对教师教学专业性要求不高。

（2）教学还没有被视为一种专门化的职业，给予专业化的教师教育训练。古代社会的生产力发展水平和人们的生活水平非常低下，教育在生产劳动和生活的过程中通过口耳相传而进行，家庭中的长者、部落中的首领均可成为教育者，教师职业并没有从社会分工中分离出来，没有被视为一种专门化的职业或给予专业化的训练，对教师的需求不论在数量上还是在质量上都很低，更没有严格的教师职业规范。教师的工作多凭个人经验，随意性很大，很少有科学的理论依据，教学的质量、效率都很低。人们普遍认为，只要识字者就可以做教师，不需要通过专门的师资培训机构来学习科学的知识和教学的技艺，教师不论是在社会上还是在官办、私立学校中，多是长者为师、能者为师、学者为师、以吏为师、以僧为师，形成了古代教师职业非专业化的特点。

(3) 没有培养教师的专门机构。在漫长的古代社会里，教师的职业知识和能力，主要是通过经验—模仿，即有一定文化知识的人在教育实践中模仿和学习前辈（师傅）的经验而习得，口耳相传的“艺徒式”教师培养模式在历史上沿用了相当长的时间。例如，儒家思想统治中国两千余年，教育上以儒家经典为主要考试内容的科举取士制度前后共实行了一千三百余年，学校逐渐变成了科举的附庸。千百年中，读书人之所学与教师之所教局限于几个经典和辞章华丽的诗赋，都离不开“格物、致知、诚意、正心、修身、齐家、治国、平天下”这些内容。教学重灌输、背诵和记忆而不求义理，教育教学方法呆板、落后、陈旧，不允许自由发挥与创新。熟读经书者在教育实践中模仿和学习前辈（师傅）的经验，能将自己的所学所思传授于人；“出学”为官者在教育实践中模仿和学习前辈（师傅）的经验，能胜任“官学”教师之职；饱读诗书未为官者在教育实践中模仿和学习前辈（师傅）的经验，也能成为一方学者大师，吸引人前往拜师；至于学识较低的秀才在教育实践中模仿和学习前辈（师傅）的经验，也可开馆授徒，“授之书而习其句读”。因而，在古代还不至于非有培养教师的教育机构不可，也没有进行专业化训练的师范教育或教师教育。

(4) 教育科学尚未产生。我国古代教育家孔子、墨子、孟子、荀子、董仲舒、韩愈、朱熹等在教育教学过程中总结和探索出许多宝贵的教育教学的理论、原则与方法，对如何从师，如何育人，如何把学术研究与自身修养相结合，如何把自学与指导相结合，如何把教学与教育相结合，如何把学校教育与社会、家庭教育相结合等，作过深刻的阐述，为广大教师的教育教学实践提供了借鉴和参考。此外，一些古代文化经典本身也包含丰富的教育理论知识，如《论语》《学记》等，论述了教育的目的、作用、任务、制度、内容、原则和方法，堪称古代的“教育学”，它们给人们的教育教学活动提供了有益的启示和指导。但是，这些都只是教育经验的总结，人们还没有把教育问题和各种教育思想作为研究对象进行研究，也没有提出关于教育问题和教育思想的系统理论，也就是说教育科学尚未产生。不仅如此，古代的教育知识一直是和哲学、政治、伦理的知识混杂在一起，分散在有关哲学或政治学、伦理学的著作中，并带有经验描述的性质，远未达到科学化的程度。

（二）专职教师阶段

从不严格的意义上讲，我国春秋战国时期的孔子和墨子开了中国私人讲学的先河，他们是中国最早的专职教师。但严格地说，中国专职教师的产生是伴随着现代意义上的学校在中国的移植而产生的。洋务运动和维新运动时期，为了培养大量急需的外交、军事、技术方面的人才，清政府先后设立了一些语言学堂、军事学堂、技术学堂和普通学堂等新式学堂，1904 年正式颁行的癸卯学制系统地设置了中国近现代意义上的学校（小学堂、中学堂、高等学堂、大学堂、大学院等）。癸卯学制的制定者还认为，教育是国家发展的根本，师范教育是国家谋求进取的基础之基础。因此，学制明确规定："各地应按实力兴办师范学堂，并实行官费教育制度，以尽可能多地鼓励并招收有志于教育事业的学子。"① 学制将师范教育规定为初级师范学堂和优级师范学堂，自此中国有了专门培养师资的教育机构。1902 年，中国清政府在北京创办京师大学堂师范馆，拉开了我国培养专职教师的近代高等师范教育之序幕。伴随着师范教育理论与实践的产生、丰富与发展，教师职业逐渐趋于独立，成为一种专门的、科学的职业。这一阶段师范教育发展之迅速，专职教师地位之高，在世界上都是少有的。民国时期，中国现代意义上的师范教育有了较好的发展，教师也具有较高的社会、经济、政治地位。新中国成立后，我国的教育得到了大发展，师范教育也得到了长足的发展，中国专职教师队伍建设随之跨入一个新的历史时期。

综观这一时期教师职业的变迁，可以发现以下四个特点：

（1）教师职业逐渐脱离经验化、随意化，走向科学化。尽管当时教师的教育教学工作还主要是凭借个人经验与才智，然而，专门的师资培训机构的出现，标志着教师职业经验化、随意化的"解冻"。在师范教育的制度化、系统化过程中，师范院校同时对教师进行学科专业的教育和教育专业的教育，这不仅是为了加深教师的学科和教育专业知识，增进教师的教育专业知识和技能，也是为了扩大、充实普通文化知识，使教师成为思想开阔、知识丰富、有较高文化修养的人，从而有利于教师借此不断吸收、更新知识，具有较快适应新兴学科及综合性学科教学的能力。

（2）教育的科学性、学术性不强。在这一阶段，教育知识开始由一些零散的经验上升到系统的理论，但是，这些理论主要从哲学层面思考，提出一些教学的原则与方法，而少有教育的实践、实验作依据，人们对于这些感悟到的抽象的理论的理解，出入是很大的，因此这些原则的应用明显受到限制。所以，到 20 世纪前半期，对教师进行教育专业的培训仍然显得薄弱，重视教师学术能力的培养，而忽视教师"教育专业"的训练，教育学科是否属于科学的领域，教育理论的学术性、科学性，仍在被人们所怀疑。

（3）教师职业的专业化水平不高。在这个阶段，师范教育以独立建制为主体，定向培养师资，师范教育开始将群众性学校与学术性学校合并，由招收小学、初中毕业生改为招收高中毕业生，并开始强调教育理论的传授与教育实践相结合。但从整体上看，教师的培养方式主要还是采用班级授课制，并且较不重视教育专业的训练，导致教师的专业化程度不够高。

---

① 柳海民. 现代教育原理［M］. 北京：人民教育出版社，2006. 413.

（4）对教师的在职培训缺乏足够的认识。教师的职前培养受到了充分的重视，但对教师的在职培训缺乏足够的认识，亦无相应的途径和措施。

（三）专业教师阶段

新中国成立以来，尤其是改革开放以来，随着教师队伍的不断发展以及社会发展对教师质量要求的不断提高，我们对于教师职业专业性的认识也正在逐步深入。早在1986年，国家教委就曾下发《关于中小学教师考核合格证书试行办法》，要求中小学教师必须获得“教材教法考试合格证书”和“专业合格证书”。虽然当时工作的重点是要解决教师的学历合格问题，但是这一文件的许多具体规定实际上已经开始确认教师工作在学科专业和教育专业两个方面的专业性。

我国对教师专业性的认可始于1993年10月颁布（1994年1月实施）的《中华人民共和国教师法》，它把“教师”明确定义为“履行教育教学职责的专业人员”，既然教师是一种专业人员，则教师职业必然是一种专业。1995年颁布的《中华人民共和国教育法》确定：“国家实行教师资格、职务、聘任制度，通过考核、奖励、培养和培训，提高教师素质，加强教师队伍建设。”稍后由国务院颁布的《教师资格条例》明确规定：“中国公民在各级各类学校和其他教育机构中专门从事教育教学工作，应当依法取得教师资格。”“不具备教师法规定的教师资格学历的公民，申请获得教师资格，应当通过国家举办的或者认可的教师资格考试。”2000年又颁布了《教师资格条例实施办法》，更加具体、明确地规定了教师资格证书的操作办法。同年，我国出版的第一部对职业进行科学分类的权威性文献《中华人民共和国职业分类大典》，首次将我国职业归并为八个大类，其中教师属“专业技术人员”一类，定义为“从事各级各类教育教学工作的专业人员”，下分高等教育教师、中等职业教育教师、中学教师、小学教师、幼儿教师、特殊教育教师、其他教学人员等小类。2001年4月1日起，国家首次开展全面实施教师资格认定工作，进入实际操作阶段。这些法规与其他相关政策的相继出台，标志着我国对教师职业专业性认识和实践在不断深化。

在我国，虽然师范教育改革及教师权益地位的保障随着社会经济与教育事业的发展日渐显示其应有的重要性，教师职业的专业性已被逐渐认可，但教师职业的专业化程度不够高，往往被一些专家、学者称之为“准专业”或“半专业”。其原因是：我国师范教育体制与制度尚未完善与健全；教师的学历标准或实际执教水平总体偏低；国家虽已建立教师资格证书制，但尚未真正实施；教师的工资与地位仍相对偏低；由于总体文化普及率不高及师资不足，致使教师职业未充分体现其“不可替代性”；受传统观念影响，社会与公众对教师职业的专业性的认识还比较模糊，甚至连教师自身对所任职业也缺乏应有的专业意识。如《中国教育报》1999年9月11日刊登的一篇教育调查报告中，有一问卷调查题为“你认为在中小学当教师是一项职业、专业、事业?”调查对象为上海、湖南、宁夏的中小学教师共572人，调查统计结果认为“教师是一项专业”的仅占3.1%。为此，我们应进一步深化教育教学改革，提高师范教育专业化水平，努力提高教师专业化程度，同时，国家和社会也应该引起重视，采取有效措施，保障教师职业的专业地位和权益。

综观这一时期教师职业专业化的变迁，可以发现以下五个特点：

（1）与国际社会的发展趋势相适应，中国师资正在呈现高学历化，教师的专业发展制度已经成为大学教育制度的一个重要组成部分。我国教师培养制度的发展经历了一个从分级分层培养到最终在大学确立教师教育地位的过程，中小学教师的学历层次得到了提高。最初建立的是培养小学教师的中等师范教育，其后出现了培养中学教师的高等师范教育，再后高等师范教育在培养中学教师的同时又取代了中等师范教育培养小学教师，中小学教师的学历都提高到大学毕业以上程度，具有学士以上学位。大学在教师专业发展中所起的作用将越来越大。

（2）师资培养培训模式多样化，教师专业的学术性与师范性逐步找到了良性整合的空间。学术性与师范性不是彼此对立的，而是教师专业教育一个问题的两个方面，是相互依存、相互渗透、相互促进、相得益彰的关系。教师教育的过程不同于一般教育的过程，它不仅受个体发展规律的制约，要求教育者要遵循这一规律，而且要使受教育者也要懂得和掌握这一规律，学会如何遵循它，以做好未来的教育教学工作。一个合格的教师不仅要具有广博的文化科学知识和精深的专业理论基础，体现出较高的学术水平，而且还要掌握教育科学，懂得教育规律，具备较高的教育教学能力，从而体现出较强的师范性。

（3）师资培养体系一体化，教师专业成长越来越受重视。在我国，除了努力延长中小学教师职前教育专业学习与训练的年限外，还大力推广教师在职进修工作，教师的专业生长与发展愈来愈受重视。

（4）师资任用证书化，教师专业工作者的社会形象日益凸显。从历史和发展的角度看，在社会发展水平比较低以及整个教育发展水平也不高的情况下，特别是在教师职业的专业化水平不高的情况下，由于构成教师资格的各种专门知识、理论和能力缺乏充分的分化，因此，在相当长的历史时期内，教师教育一直包含在一般的学历教育中，或者说，教师教育被一般的学历教育所取代。然而，随着社会和教育的不断发展，特别是教师职业本身的专业性越来越突出，以及在这个基础上出现的教师职业知识、理论和专门化能力的不断分化，教师的教育和培养已经逐渐从一般的学历教育中分化出来了。教师资格证书与学历证书并行，互不替代，凡欲从事教学工作的人，除应具备相应的学历证书外，还要取得教师资格证书。教师证书不仅对从事教学工作的人提供了资格保障，同时，对在任教师颁发不同种类的教师证书，可为教师的专业发展创造机会并将激励建设性的专业发展活动。

（5）教师教育机构和课程认定化、教师教育专业化为教师专业化保驾护航。我国教师职业的培养机构、培养内容、培养模式、培养体系、培养制度越来越专业化，其宗旨是：制定全国统一的教师教育认可标准；检查教师教育的课程和教学计划，认可和鉴定教师教育机构；改进教师教育教学计划，提高教师教育机构的专业化水平；传递信息，促进教师之间的流通；激励学校之间的竞争。

第三节　教师专业发展与相关概念的辨析

一、教师专业发展概述

（一）教师专业发展的概念

1. 已有研究状况概述

尽管国外关于教师专业发展的研究比较早，相对来说也较为成熟，但是研究者对“教师专业发展”的界定并不一致，仍然是众说纷纭。如霍伊尔认为，“教师专业发展是指在教学职业生涯的每一阶段教师掌握良好专业实践所必备的知识和技能的过程”。而富兰（Fullan，M.）和哈格里夫斯（Hargreaves，A.）指出，教师专业发展既指通过在职教师教育或教师培训而获得的特定方面的发展，也指教师在目标意识、教学技能和与同事合作能力等方面的全面进步。我国学者将国外主要的观点梳理后概括认为，“教师专业发展”这一概念归纳起来有两种基本观点：一是指教师的专业成长过程；二是指促进教师专业成长的过程（即教师教育）。[①]

国内学者对“教师专业发展”的界定，也没有统一的说法。叶澜等学者认为：“教师专业发展就是教师的专业成长或教师内在专业结构不断更新、演进和丰富的过程。”[②] 而宋广文等人提出了教师本位的教师专业发展观。“教师本位的教师专业发展是针对忽视教师自我的被动专业发展提出的，它强调的是教师专业发展对教师人格完善、自我价值实现的重要性和教师主体在教师专业发展中的重要角色与价值。”概言之，它强调的是教师个体内在专业特性的提升。因此，“教师专业发展是指教师个体的专业知识、专业技能、专业情意、专业自主、专业价值观、专业发展意识等方面由低到高，逐渐符合教师专业人员标准的过程”[③]。

对于国内学者的观点，有人概括地指出：“对于教师专业发展，国内有两种理解或在两个层面上加以使用，即‘教师专业’的发展与教师的‘专业发展’。前者指教师职业与教师教育形态的历史演变，后者则强调教师由非专业人员转变为专业人员的过程。两种不同的理解体现了两种不同的思路和研究视角：前者侧重外在的、涉及制度和体系的、旨在推进教师成长和职业成熟的教育与培训发展

---

① 蒋竞莹．教师专业化及教师专业发展综述［J］．教育探索，2004（4）．

② 叶澜等．教师角色与教师发展新探［M］．北京：教育科学出版社，2001. 226.

③ 宋广文，魏淑华．论教师专业发展［J］．教育研究，2005（7）．

研究；后者侧重理论的、立足教师内在专业素质结构及职业专门化规范和意识的养成与完善的研究。从已有的研究视角及研究成果来看，大部分集中在后者，也就是说，我国学术界把教师专业发展这一概念更多地理解为教师专业素质及专业化程度的提高。”①

还有人对国内外的研究进行了综合、归纳，认为在新的形势下，应对教师的专业发展进行重新认识。教师专业发展是一个动态的、不断流变和革新的过程，就国内外有关的研究来看，主要有三种理解：第一种是指教师的专业成长过程；第二种是指促进教师专业成长的过程；第三种兼含以上两种理解。第三种理解，即教师专业发展是一个过程，是教师内在专业结构不断更新、演进和丰富的过程；教师专业发展也是一种目的，它帮助教师在受尊敬、支持、积极的氛围中促进个人的专业成长；教师专业发展还是一种成人教育，增进教师对工作和活动的理解。它关注教师对理论和实践的持续探究本身，关注教学工作在社会发展和个人生活中的意义。教师专业发展的目的，就是要在学校教育过程中使教师和学生都获得成功。②

2. 本书的定义

我们认为，教师专业发展是一个以教师个体在专业领域内的自我发展为核心，以教师个体的经验反思为媒介，不断习得教育专业知识技能，实施专业自主，表现专业道德，并逐步提高自身从教素质，成为一个良好的教育专业工作者的专业成长过程。

对这一定义，我们可以从以下三个方面来理解：

（1）教师专业发展是教师成长的结果，也指教师成长的过程，即教师的专业素质与能力不断发展和成熟的过程。这一过程从时间的历程来看，它持续教师整个职业生涯，但它并不仅仅是一个时间的延续过程，伴随着这一历程的是教师专业内涵的持续改变，这使得教师专业发展处于非线性的动态过程中，它包括多个不同的阶段，各阶段教师专业发展的侧重点、目标和速度各异。

（2）教师专业发展的内容突出体现在专业理念、专业道德、专业知识、专业能力四个方面。教师的专业理念是教师对教育、学生以及学习等问题的基本看法。教师专业理念的发展主要是指教师适应社会发展和教育改革的需要，不断更新教育观念，树立正确的人才观、课程观、学生观、教师观。专业道德的发展主要是指教师要爱国敬业、热爱学生、为人师表、教书育人，具有健康心态和团队精神，勇于改革创新、严谨笃学、与时俱进。专业知识的发展主要是指教师所具有的学科知识、心理学和教育学知识的不断丰富与完善，以及教师教学经验的不断积累。专业能力的发展主要是指教师的教育科研能力、语言表达能力、教育预

① 季诚钧，陈于清. 我国教师专业发展研究综述［J］. 课程·教材·教法，2004（12）.

② 瞿葆奎，郑金洲. 中国教育研究新进展·2003［M］. 上海：华东师范大学出版社，2005. 426～427.

见能力、组织管理能力、学科教学能力、批判性反思与自我发展能力不断增强。

(3) 教师专业发展既有与其他专业人员共性的发展规律，也有教师职业的个性发展特征。教师的专业发展表现出一种较为强烈的自主意识，要求教师订立适合于自己的学习目标，选择自己需要的学习内容，努力成为自身专业发展的主人。教师的专业发展强调并尊重个人的已有经验，把一般的教育教学理论知识与教师个人的实践性知识加以整合，并融入具体的应用场景和个人的个性特征。

教师专业发展具有以下主要特征：

首先，教师专业发展具有主体自主性。教师是专业发展的主体，没有教师的主动参与和自主发展，就没有教师专业发展。教师职业的特殊性决定了教师的专业发展带有明显的个人特征，是一个与主体性密切相关的复杂过程，有赖于教师以自身的经验和智慧为专业资源，在日常的专业实践中学习、探究，形成自己的实践智慧。教师只有具有了主体自主性，专业发展才能得以实现。因此，自主发展是教师专业发展的本质所在。① 叶澜等学者指出："教师具有较强的自我专业发展意识和动力，自觉承担专业发展的主要责任，激励自我更新，通过自我反思、自我专业结构剖析、自我专业发展设计与计划的拟订、自我专业发展计划实施和自我专业发展方向调控等，实现自我专业发展和自我更新的目的。"② 他们强调了教师自我发展意识在专业发展中的重要性，由此带来教师专业发展立足点的转变以及独有的特征——"将自己的专业发展过程作为反思的对象，强调教师不仅是专业发展的对象，更是自身专业发展的主人，目标直接指向教师专业发展"③。教师专业发展的这种主体自主性，使教师通过不断的学习、实践、反思、探索，教育教学能力不断得到提高，并自觉承担专业发展的主要责任，不断向更高层次的方向发展。

其次，教师专业发展具有阶段性。作为一个过程，教师专业发展包括多个不同的阶段，并且不同的阶段有不同的发展速度和侧重点。一般来说，教师专业发展可分为四个阶段：一是教师从事教育工作前，接受教育和学习的职业准备期。二是教师走上工作岗位，由没有实践体验到初步适应教育、教学工作，具备最基本、最起码的教育教学能力和其他素质的职业适应期。三是教师继续在实践中锻炼自己的教育教学能力和素质并达到熟练程度的职业发展期。四是教师开始进入探索和创新并形成自己独到见解和教学风格的职业创造期。经过这四个阶段的发展，可以在较大程度上实现教师专业发展的基本目标——成为专业的教育人员或专家型教师。

最后，教师专业发展具有终身性。在教师专业发展中，教师被视为一个持续

① 桂建生. 中小学教师专业发展的必然选择：自主发展和专业对话 [J]. 当代教育论坛，2003 (12).

② 叶澜等. 教师角色与教师发展新探 [M]. 北京：教育科学出版社，2001. 267.

③ 同②，272～274.

发展的、需要通过不断学习与探究而逐渐达至成熟的专业人员，这体现了教师专业发展的终身性特征。它不仅表现在时间的延续上，更表现在专业内涵的不断拓展上。一名教师接受职前完整的师范教育，并取得教师资格证书，这仅仅意味着教师专业发展的开端。教师仍然需要持续学习、持续发展。通过一生持续的学习、思考、实践，在整个职业生涯中不断获得自身的发展与完善，最终成为一个成熟的专业人员。

（二）教师专业发展的意义

教师专业发展是现代教育改革和发展的需要，是社会对教师“量”的急需逐渐提高到对教师“质”的需求的反映。教师专业发展具有多方面的意义。

1. 教师专业发展是社会进步的标志，是现代教育与传统教育的重要区别

传统社会是以农业文明为特征的自给自足、发展缓慢的社会，传统教育是经验性的教育，缺乏教育科学、心理科学的基础，缺乏理性的社会保障和管理制度，对教师的专业发展没有也不可能提出全面认识和更为具体的要求。现代社会是以现代工业为基础的科学化、民主化、革命化的社会，现代教育是一种具有科学性、民主性、发展性的教育，现代教育所要传授的知识、技能空前扩展，科学技术与生产力的迅速发展对人才培育的质量和效率提出了越来越高的要求，与此同时，教育科学、心理科学研究取得了长足的进步，现代社会对人的发展的认识不断深化。在这一背景下，现代教育对教师工作质量和效率的要求空前提高。20世纪以后，发达国家和地区的教师教育先后经历了从中等教育水平的师范学校教育到高等教育程度的师范学院教育，从师范学院的独立培养到综合性大学的本科教育加大学后专门的教育课程训练的转变，并逐步形成了教育学士、教育硕士、教育博士的教师教育体制。教师专业发展已成为现代社会与教育发展的共同特征。

2. 教师专业发展是实施科教兴国战略的需要

教师专业发展是现代教育发展的要求和必然趋势，不断提高我国教师专业发展水平也是实施科教兴国战略、实现中华民族伟大复兴事业的现实需要。“科教兴国”是我们科学分析和总结世界近代以来特别是当代经济、社会、科技发展趋势和经验，并充分估计未来科学技术特别是高科技发展对综合国力、社会经济结构、人民生活和现代化进程的巨大影响，根据我国国情，为实现社会主义现代化建设三步走的宏伟目标而提出的发展战略。在科教兴国的治国方略中，明确指出教育是兴国的奠基工程，而教师专业发展是科教兴国的实力软件之一，是实施科教兴国战略的重要保证。新世纪以经济实力、科技实力、国防实力和民族凝聚力为基础的综合国力将越来越集中体现为拥有高新技术人才和创新性人才的数量和质量，加快人才培养是增强我国综合国力、应对国际竞争的决定性因素。而创新人才的培养必须依靠经过专门化训练并具有专门能力的教师来完成，教师专业发展所追求的目标，就是使教师具备这种专业优势，在社会教育领域发挥不可替代

的作用，为科教兴国战略的实施奉献才智。

3. 教师专业发展引领教师教育变革，加速教师教育法制化进程

为配合教师专业发展，我国制定了一系列保障教师专业发展得以实现的法规。除了上文已经提到的《中华人民共和国教师法》《中华人民共和国教育法》以及《教师资格条例》《教师资格条例实施办法》等法律法规之外，2001 年，教育部还明确规定要全面实施教师资格制度，引进竞争机制，完善教师聘任制，破除教师职业“终身制”和“身份制”，建立与市场经济相适应的“能进能出、能上能下”的用人机制。教师专业发展的法律意义之一便在于它从法律形式上杜绝了教师资格认定的无序状态，确立了一系列针对教师的资格、文化素质、心理素质、个性修养等一系列的规定性，使教师这一行业的运作向法制化迈进了一大步。教师专业发展的另一层法律意义还在于，通过教师专业发展程度对教师资格予以确认，保障了真正具备教师资格的人员的合法权益，同时还有利于形成一种全民监督机制，把一大批具有真才实学并具备良好专业知识和高尚师德的人员补充到教师队伍中去，保证教师这一行业的先进性和纯洁性。

教师专业发展和教师资格认定的法制化，一方面在更大程度上保障教师的质量和教师的教学活动科学化、民主化，推动教师专业的发展；另一方面教师专业发展加速了教育法制化的进程，二者是相互促进的关系。我们相信，将来为了保证教师资格制度的规范性，相关的法律建设会得到进一步加强和完善。

4. 教师专业发展促进教师个人成长

教师专业发展对于教师个人来说意味着素质的全面提升和个人潜能的充分发挥。首先，教师专业发展意味着教师要有合理的文化素质结构、高尚的职业情感和品格特征以及良好的教师职业行为规范。这包括教师要拥有比较全面精深的所教学科的知识以及一些相关的技能，如善解人意、宽容大度、乐观向上的个人品格，符合教师职业道德的行为规范，等等。其次，教师专业发展意味着教师不仅要系统地掌握所教学科的基础理论和知识结构，而且要有特殊的教学技能和能力。如将所教学科的知识体系和技能体系分解为最小的知识单元和最小的技能单元，在此基础上进一步将它们加工为符合不同学生认知风格、情感需要和个性特点的知识，根据学生的不同特点进行个别化教学。再次，教师专业发展意味着教师不仅应具有良好的职业道德、学科知识、教育教学能力，还要成为研究者，对自己的工作具有反思态度和积极探索的能力。教师的专业化发展与教师职业的研究性密切相关，“教师即研究者”已经成为教师专业发展运动中一个重要的观念。如果仅仅从知识的传递出发去理解教育，教师只能是一个教书匠的角色，如果从每个学生的成长出发，那么教师的工作就总是在实现着文化的融合、精神的建构，永远充满着研究和创造的性质。教师是教育研究的主体，他们的研究意识、主体意识就是教师专业发展的重要支撑。

（三）教师专业发展的主要类型

教师专业发展可分为自主性教师专业发展和合作性教师专业发展两大类型。

1. 自主性教师专业发展

自主性教师专业发展是指教师具有自我发展的意识和动力，自觉承担专业发展的主要责任，通过不断的学习、实践、反思、探索，使自己的教育教学能力不断提高，并不断向更高层次的方向发展。

专业与职业最明显的区别就是工作的自主权，“教师的发展不是被动、被迫、被卷入的，而是自觉主动地改造，构建自我与世界、他人、自身内部的精神世界的过程”①。简而言之，教师发展的本质是自主发展，是教师作为主体自觉、主动、能动、可持续的建构过程。教师要进行专业发展，离不开“自主”，这是由教师的职业特殊性决定的。因为教师的专业发展带有明显的个人特征，它不是一个把现成的教育知识或教育理论学会之后用于教学实践的简单过程，而是一个与主体性密切相关的复杂过程：先从认知过程开始，再实践，同时进行反思，每一个步骤，都受个性因素（教师的价值取向、思想观念、情感倾向、心理需要、理论知识、实践性知识等）的影响。教师的专业发展是一个将一般理论个性化，与具体的应用场景相适应，并与个性因素相融合的过程，也是共性的教育教学“理论”与教师个人的“实践性知识”的整合过程。在这个过程中，教师的自主意识和个人能力是极为重要的两个因素，因此，教师专业发展必须强调“自主性”，自主发展是教师专业发展的本质所在。

自主性教师专业发展强调对教师个体自主发展权利的尊重，对教师个体教育实践知识与智慧的认同，突出表现了教师在教育教学活动、教改探索、科学研究以及促进学生发展的各个方面，不甘于机械单调的重复，不断学习、研究、创造，不断自我完善、自我超越，提升个人的自我价值，满足自我的高层次需要。

实现自主性教师专业发展，主要有以下几种途径：

（1）进行基于实践的自主反思。教师获得专业发展的途径有很多种，系统完备的职前师范教育、统筹规划的继续教育工程、行之有效的教研活动、结合实践的校本培训等，都在教师专业发展的不同时期，围绕教师专业发展的不同侧面，发挥了积极的作用。但是，从教师专业发展主观能动作用的发挥来看，基于实践的自主反思是教师获得专业发展的主要途径和基本措施。

教师的反思是指教师在教育教学中，批判地考察自我的主体行为表现及其行为依据，通过回顾、诊断、自我监控等方式，或给予肯定的支持与强化，或给予否定的思索与修正，从而不断提高教学效能的过程。反思的本质是一种理论与实践的对话，是两者之间相互沟通的桥梁，是理想自我与现实自我在心灵上的沟通，反思有利于教师经验量的积累、质的提高和准备性的增强。

（2）重视自我规划，学会自我评价。自我规划是指教师围绕着专业化对自己提出的新要求和学校发展的具体要求，通过对自己过去专业发展过程的意识以

① 姜勇．论教师专业发展的后现代转向［J］．比较教育研究，2005（5）．

及对自己现在专业发展状态和水平的意识，进一步对自己未来的专业发展进行规划和设计。这种规划是一种个人化的、有针对性的规划，比如教师根据自己在教育教学过程中存在的不足和欠缺，制定相应的发展目标，这可能是学历进修和文凭达标，也可能是多媒体的使用技术和课件制作，或者是教育科研论文的发表，等等。尤其是当教育生涯达到一定的阶段时，自身环境和专业结构不能再带来任何满足感和成就感时，教师就必须为自己制定一个规划，设想一下自己四五年后的情形，以及规划一下实现这些发展的途径，为自己业务发展的具体方面作出安排，寻找一些重要的、有利于发展的时机。

教师的专业发展离不开教师的自我评价。教师自我评价是指教师依据评价原则，对照评价内容，主动对自己的工作表现作出评价，并确定教师个人的发展需求，制定发展目标。它是一个连续不断的激发内在动因的过程，是促进教师专业发展的有效途径。在自我评价的过程中，教师可以进一步明确自己的职责范围，评价本人目标的达到程度、教学技能的改进程度以及知识的增长程度等，通过自我评价来实现对自我完善的不懈追求；在自我评价的过程中，教师可以借助教学录像、教学日志、专家测试量表和教师自制量表等工具，建立自我剖析档案或制定自我专业发展剖析图，了解自己是怎样选择教学内容、如何组织教学及具有何种教学风格，了解自己专业发展的情况及问题所在，了解自己的情感和价值观。当然，教师自我评价时会不由自主地参照外界的评价结果和周围人物来衡量自己，所以要避免过低、过高或不完全的自我评价。教师对自己的教学工作进行定性和定量的判断，综合各种信息，准确地对自己进行整体评价，在此基础上，确定近期或远期的专业发展目标。

(3) 鼓励自我超越，促进专业成长。自我超越是个人成长的学习修炼，能够不断厘清并加深个人的真实愿望，集中精力，培养耐心，客观地观察现实，学习如何增强个人的能力，实现自己选择的目标。这是一个终身学习的修炼过程。教师是学习者，教师专业成长是一个长期的发展过程，教师在其职业生涯中自始至终都要有机会定期更新和补充他们的知识、技能和能力。教师不仅要有知识、有学问，而且要有专业追求。教师专业发展不仅要求教师更深刻、更灵活地理解学科知识，还要求教师掌握和获得新的课程资源、教育教学技能等。随着社会发展进程的加快，教师要通过不断的学习来更新观念、充实知识、掌握方法，在客观审视现实的同时不断超越自我，促进自身专业发展。

2. 合作性教师专业发展

合作性教师专业发展是指教师通过彼此合作，平等互助，资源共享，互相商讨，达到集思广益、共同提高的发展目的。

教师的专业发展依赖于他所处的教学环境，受同事的影响，通过合作，不同教育能力和不同知识结构的教师可以互补，有效地改善个体的学习能力与学习方法，从而提高教育教学效率。很久以来，教师的工作方式一直处于孤立的、封闭的状态，教师之间彼此是保守、互不相干、互相防范的，即使教学中出现了问题和困难，也从不交流或合作，整个教学过程基本上是“自给自足”式的，教师之间缺乏合作交流的气氛。随着科学文化和教育理论的发展，不同学科的相互融合及其与现代信息技术的整合，教师工作逐渐演变成为相互关联和相互衔接的过程，合作显得尤为重要。教师彼此之间相互学习和交流，共享资源和成果，共同解决难题，能带来教师行为或绩效的显著改善。在专业成长的历程中，每一个教师的专业发展与提高，不仅仅是教师个人的教学反思，在很大程度上需要教师群体的相互借鉴与合作以及相互的反思和促进，教师要实现专业发展就必须加强合作。

合作性教师专业发展的主要举措有：

（1）牢固树立合作意识。这是教师专业的必然要求和时代的必然使命。“团结协作”是我国教师的职业道德规范之一。教师职业中一个突出的特点是教师劳动的集体性。教育是一种培养人的活动，而人的培养过程是极为复杂和漫长的，培养人这一目标的实现，单凭教师的个体劳动是不能达到的，需要集体的共同努力。在这种活动过程中，教师群体有共同的需要和目标，显示出共同的价值取向、行为倾向和心理状态，教师之间需要通过相互支持来达到共同目标。在经济一体化与专业分工日趋精细的大趋势之下，合作意识与合作能力已成为人们生存发展的重要品质，“与人合作”是一种智慧的集合、力量的加强和心灵的碰撞。在教师之间努力营造共同学习、共同探究的良好氛围，鼓励师生在学习中合作、在合作中生存、在合作中创新、在创新中发展。

（2）构建合作的教师文化。学会合作是现代教师必备的基本素质，因此，要建立合作的教师文化，让教师在一个互信、互谅的环境中共同探求改变思维和习惯的方法，推动教师的专业发展。加拿大学者哈格里夫斯认为在学校中存在四种教师文化：一是个人主义文化，在这种文化中，教师之间相互隔离，教师的主要精力用于处理自己课堂里的事务；二是分化的文化，教师工作处于相互分立、有时为争取权力和资源而相互竞争的群组之中；三是合作的文化，基于教师之间的开放、互信和支持；四是硬造的合作，教师被要求按照行政人员的意图与兴趣进行“合作”。[①] 在这四种教师文化中，合作的文化对于教师专业发展是最为理想的一种文化。

（3）探索有效的合作途径。合作包括教师之间的合作、师生之间的合作以及教师与家长、社会的合作。教师之间的合作形式有集体备课、互动研讨等。集体备课是学校中教师合作最常见的方式。通过集体备课可以使教师取长补短，整合团体智慧，形成高质量、高水平的教案。为了防止集体备课流于形式，学校应要求教师做到以下几点：教师要在个人自备的基础上参加集体说课，在集体说课

---

① 转引自张爱红．合作学习与教师专业发展［J］．山西教育，2004（8）．

过程中交换各自的观点、困惑和建议，倾听别人的看法和思想，在议课中形成比较完善的教学思路；要与同事合作，共同探讨集体说课中出现的问题，设计科学的教学策略和教学方法；要对集体说课后所形成的参考教案进行个性化修改，形成符合自己和本班学生实际的教案。互动研讨是一种合作性的教研形式。通过互动研讨可以加强教师间的交往、沟通与合作，实现教学经验的共享和教师素质的共同提高。开展互动研讨活动，如组织教师参加集体性听课活动，在集体讨论中把自己听课的收获、感悟和困惑都说出来，就大家共同关注的问题与其他教师一起探求解决的方案，教师在研讨中听取别人的看法和想法，分享别人的经验，分析别人的成功和不足之处，以取长补短。我们还应该重视教师与学生之间的合作。提倡师生间的合作，教师首先要有与学生合作的观念，要培养倾听的意识和习惯，有倾听才有沟通，还要学会宽容，尽可能地珍视个性和尊重多样性，要视教学为师生之间平等互动、共同成长的过程。除了上述学校内合作之外，我们也可以开展与学校外的合作，如加强与家长的联系与合作。教师要尊重学生家长，虚心倾听学生家长的教育意见，要与学生家长保持经常的、密切的联系，在教育要求和方法上与家长保持一致，提倡家长参与教师评价。这在增强对教师教育教学活动监控的同时，也有助于教师反思习惯的形成、反思能力的提高。还可以建立教师发展学校，大学与中小学结成平等共生的合作伙伴关系，联手解决教育实际问题，为教师的专业发展提供一个长期的、稳定的、高质量的、实践与研究并存的实体。

二、教师专业发展、教师专业与教师专业化发展

为了更好地实施教师专业发展，促进教师专业水平的提升，我们还必须比较和分析教师专业发展及其相关概念。

（一）教师专业化与教师专业发展

1. “教师专业化”的定义

什么是教师专业化？其本质内涵和标准是什么？对此，不同的学者有不同的看法。

有人认为，既然根据“专业”的标准，教师职业是一门专业，因此“教师专业化表达的最基本的含义就是要把教学视为专业，把教师视为专业人员”①。很明显，这是从社会学的角度来强调教师职业从普通职业向专业职业的转型。但也有人从教师个人的角度来看待教师职业专业化问题，认为教师职业专业化是指“个人成为教学职业的成员并且在教学中具有越来越成熟的作用这样一个转变过

① 申春生. 教师专业化的内涵分析［J］. 前沿，2003（11）.

程”①。今天，人们更多是将上述两种观点兼顾起来，以综合的眼光来看待教师专业化。如我国有人对教师专业化的内涵进行了详细的梳理之后认为，至少应从两个角度来界定教师专业化。一个角度是从专业出发，另一个角度是从个人入手。前者又可以分成静态和动态两种考察方式。从静态的角度看，教师专业化是指教师职业真正成为一个专业、教师成为专业人员并得到社会承认这一发展结果，其指标是：①专业技能；②专业训练；③专业组织；④专业理论；⑤专业自主；⑥专业服务；⑦专业成长。从动态的角度来说，教师专业化是指教师在严格的训练和自身主动学习的基础上，逐渐成长为一名专业人员的发展过程。从个人角度看，教师专业化是指个人成为教师职业的成员，并且在教学中具有越来越成熟的作用这样一个转变过程。② 我国较为流行的官方对“教师专业化”的解释也体现了综合理解的思想，认为：“教师专业化是指教师职业具有自己独特的职业要求和职业条件，有专门的培养制度和管理制度。教师专业化的基本含义是：第一，教师专业既包括学科专业性，也包括教育专业性，国家对教师任职既有规定的学历标准，也有必要的教育知识、教育能力和职业道德的要求；第二，国家有教师教育的专门机构、专门教育内容和措施；第三，国家有对教师资格和教师教育机构的认定制度和管理制度；第四，教师专业发展是一个持续不断的过程，教师专业化也是一个发展的概念，既是一种状态，又是一个不断深化的过程。”③

既然认可教师职业是一门专业，那么探讨教师职业的专业标准便成为研究教师专业化的必然内容。英国教育家霍伊尔对教师专业的标准提出了六条要求：①履行重要的社会服务；②系统的知识训练；③需要持之以恒的理论与实践训练；④度的自主性；⑤经常性的在职进修；⑥团体的伦理规范。④ 美国“全美教师专业基准委员会”（National Board for Professional Teaching Standards）的《教师专业标准大纲》（1989）认定的教师专业基准是：第一，教师接受社会的委托负责教育学生，照料他们的学习。具体内容包括：①认识学生的个别差异并采取相应的措施；②理解学生的发展与学习的方法；③公平对待学生；④教师的使命不停留于学生认知能力的发展。第二，教师了解学科内容与学科的教学方法。具体内容包括：①理解学科的知识是如何创造、如何组织、如何同其他领域的知识整合的；②能够运用专业知识把学科内容传递给学生；③形成获得知识的多种途径。第三，教师负有管理学生的学习并提出建议的责任。具体内容包括：①探讨适于目标的多种方法；②注意集体化情境中的个别化学习；③鼓励学生的学习；

---

① 参见邓金．培格曼最新国际教师百科全书［Z］．教育与科普研究所编译．北京：学苑出版社，1989. 542.

② 任伟伟．教师专业化的理性思考［J］．教书育人，2003（4）.

③ 袁贵仁．加强和改革教师教育　大力提高我国教师专业化水平［A］．教育部师范教育司．教师专业化的理论与实践［M］．北京：人民教育出版社，2001. 1.

④ 王晓宇．试论英国教师专业发展理念的形成［J］．外国中小学教育，2005（6）.

④定期评价学生的进步；⑤重视第一位目标。第四，教师系统地反思自身的实践并从自身的经验中学到知识。具体内容包括：①验证自身的判断；②不断作出困难的选择；③征求他人的建议以改善自身的实践；④参与教育研究，丰富学识。第五，教师是学习共同体的成员。具体内容包括：①同其他专家合作提高学校的教育效果；②同家长合作推进教育工作；③运用社区的资源与人才。这一标准被认为是"目前最明确地正式表达了教师专业化的基准"①。我国学者在教师专业化标准方面的研究成果尚未见到，只是有人概括了国外学者的研究成果后归纳出教师专业化特征的一些主要方面：强调长时间的系统培训，掌握专门的知识和技能；拥有自己的专业伦理；强调工作的智力性实践和在实践中不断学习的需要；重视专业团体对工作质量和不断学习的监控；强调严格控制入职标准等。②

此外，还有人探讨了教师专业化的发展阶段，认为教师专业化的发展经历了两个发展阶段：一是"组织发展"阶段，关注教师整体素质的提升，以此提高教学工作质量，出现了谋求整个专业社会地位提升的"工会主义"取向和强调教师入职的高标准的"专业主义"取向；二是"专业发展"阶段，出现了教师专业发展强调教师既要有知识、技能、价值观等，又要有学科知识、教育知识，还要注重实践，通过多种形式的"反思"，加强教师对其自身实践的认识，并在此基础上提升教育实践。③

我们认为，教师专业化是指教师在整个专业生涯中，通过终身专业训练，习得教育专业知识技能，实施专业自主，逐步提高自身专业素质，成为一个良好的教育专业工作者的专业成长过程。教师专业化包括教师群体专业化和教师个体专业化两方面的含义。教师群体专业化是指教师职业在自身的发展过程中，逐渐符合专业标准，成为一门专门职业，以及群体成员的社会地位、经济待遇和专业自主权等方面得到整体提升的过程。教师个体专业化是指教师个体在整个职业生涯中，不断学习专业理论知识，进行专业技能训练以及不断提升专业素养，促进专业发展，由非专业人员变为专业人员的过程，即教师由一般的职业从业人员成长为专业人员的过程。教师专业化是教师群体专业化和教师个体专业化相互作用的结果，教师专业化是教师群体专业化发展的必然结果，教师个体专业化是教师专业化的基础和源泉，是教师专业化的根本方向。

2. 教师专业化与教师专业发展的比较

从有关研究文献来看，关于"教师专业发展"与"教师专业化"的关系存在着三种不同的观点。第一种观点认为，"教师专业发展"等同于"教师专业化"，"教师专业发展就是教师专业化的过程"④。实际上，我国不少人在研究教

① ［日］佐藤学. 课程与教师［M］. 钟启泉译. 北京：教育科学出版社. 2003. 245～246.

② 熊焰. "教师专业化"运动及其述评［J］. 广东教育学院学报，2005（6）.

③ 转引自蒋竞莹. 教师专业化及教师专业发展综述［J］. 教育探索，2004（4）.

④ 吕济峰，王丹. 教师专业发展的哲学思考［J］. 边疆经济与文化，2005（12）.

师专业发展时，常常将这两个概念互换使用。第二种观点认为，“教师专业发展”不等同于“教师专业化”。“教师专业化和教师专业发展不是同一概念。教师专业化是指教师职业专业化的过程；教师专业发展则是指教师个体由不熟练、不成熟逐渐成长为成熟的、专业性强的专家型教师的过程。即一个是教师职业的专业化，一个是教师个体专业的发展。”① 这种观点目前在我国占优势。第三种观点则认为，“教师专业化”包含着“教师专业发展”。持这种观点的人根据英国学者霍伊尔的观点，将专业化划分为两个维度：地位的改善与实践的改进。“前者作为满足一个专业性职业的制度，进而从地位方面要求的过程，将教师职业作为一个专业，在多大程度上获得了作为专业性职业的地位问题。后者作为通过改善实践者的知识和能力来提高所提供服务的质量的过程，关注的是教师在实施教育行为时使用了多少专业知识技术问题；前者尽管因社会而有所不同，但一般包括强化分界、提高学历要求、建立自我管理团体等一些要素，后者的专业化实际上等于专业发展。”②

就宽泛的意义而言，“教师专业化”和“教师专业发展”这两个概念的内涵是一致的，均用以指加强教师专业性的过程。而从严格意义上说，二者不是同一概念。教师专业化是指教师职业专业化的过程，主要强调教师群体的、外在的专业性提升；教师专业发展则是指教师个体由不熟练、不成熟逐渐成长为成熟的专业性强的专家型教师的过程，主要强调教师个体的、内在的专业性的提高。即一个是教师职业的专业化，一个是教师个体专业的发展。除此之外，这两个概念还有一个区别，即教师专业化体现的是一种教育思想或思潮，一种教育制度，以及一种教育改革运动；而教师专业发展包含的是一个教师的成长过程，是一个具体的实践过程。

尽管“教师专业化”和“教师专业发展”的含义是有区别的，但二者也是相辅相成的。教师专业化制度的建立及教师专业化运动的发展为教师专业发展提供了保证，只有教师职业更加专门化，才能使教师专业发展得到更大更好的提高；而教师专业水平的提高，也会更有力地支持和推进教师专业化。

（二）教师专业发展与教师专业化发展

1．教师专业化发展

“教师专业化发展”也是我国学者在探讨教师专业化问题时常用的一个术语，但是在绝大多数情况下，其内涵等同于教师专业化。很多文章的标题中明确

---

① 刘艳秋．教师专业化理念的建立和发展［J］．赤峰学院学报，2005（6）．

② 张贵新．对教师专业化的理念、现实与未来的探讨［J］．外国教育研究，2002（2）．

地反映出要研究“教师专业化发展”问题，但文中谈的是“教师专业化”。[①] 教师专业化发展是指教师职业在自身的发展过程中，逐渐符合专业标准，成为一门专门职业。教师职业不是天生就是专业，教师职业从经验化、随意化到专业化经历了一个历史发展过程。[②] 也有学者认为，目前国内外学者就教师专业化发展取得的共识是：教师专业化发展就是教师教育一体化，即教师职前教育和职后教育一体化发展。教师职前教育在大学完成，主要是对“准教师”进行基础知识、学科知识、教育专业知识的教育，使他们掌握教育教学和教育科研的基本知识和方法。教师专业化发展强调教师作为一个发展中的专业人员，其发展是长期的、持续性的甚至是终身的，职后教育对于教师更新知识结构，提高教师教学技能和教学科研方法有着重要意义。[③] 教师专业化发展的具体内容是：专业理想的建立、专业知识的拓展、专业能力的发展和专业自我的形成。[④] 只有少数人是从“教师社会化”的历史演变进程的时间维度上来使用“教师专业化发展”这一概念的。[⑤]

在我们看来，“教师专业化发展”与“教师专业化”“教师专业发展”一样，都表征着教师逐步提高学历层次、学术水平、教育教学能力以及职业道德水准，从而不断达到专业化的标准，确立教师的专业地位的意思。但是，既然三个概念都存在，那么还是要给“教师专业化发展”一个较为明晰的、狭义的界定。从这个意义上说，我们更倾向于将“教师专业化发展”理解为教师专业化的发展，用于指称教师专业化运动的发展变化过程以及其所达到的状况。

2．教师专业化发展与教师专业发展的比较

教师专业化发展与教师专业发展是一对既有区别又有联系的概念。二者的区别在于：教师专业化发展强调教师从非专业到专业的转化过程，同时，它还可表征自20世纪中叶以来国际社会教师专业化运动的发展变化过程，是一个社会学和历史学的范畴；教师专业发展则在认可教师是一种专业的前提下，强调教师必须像医生与律师等那样继续提高专业水平，是一个教育学的范畴。二者的联系在于：教师专业发展是教师专业化发展的核心内容；教师专业发展的状况，反映了教师专业化发展的状况，而教师专业化发展的水平，也制约着教师专业发展的水平。

---

① 我们搜集到的有关“教师专业化发展”的文章中，绝大多数都是按“教师专业化发展”等于“教师专业化”的认识来论述问题的。举例如下：①范东生．论教师的专业化发展——以自己为资源［J］．安徽教育学院学报，2003（5）．②赵朝晖，王照杰．论教师专业化的发展——教师的主体性观照［J］．济南教育学院学报，2004（1）．③陈章顺，骆洪才．教师专业化发展的内涵与对策［J］．湘南学院学报，2004（4）．④徐建华．对教师专业化发展问题的思考［J］．教育探索，2005（1）．

② 刘敏．教师专业化发展及其实现措施［J］．教书育人，2006（7）．

③ 刘立明．教师专业化发展与教师教育职后培训［J］．湖北大学成人教育学院学报，2006（4）．

④ 全国十二所重点师范大学．教育学基础［M］．北京：教育科学出版社，2002.118．

⑤ 杨宝忠．盘点与梳理：教师专业化发展［J］．教育探索，2003（6）．

总之，“教师专业发展”“教师专业化”“教师专业化发展”是三个内涵不尽相同的概念。“教师专业发展”侧重于表征教师个体在专业理念、专业理想、专业知识、专业能力、专业情意等方面的成长与成熟，从而达到专业标准的过程和状况；“教师专业化”重在从社会的角度表征教师职业从普通职业向专门职业转型的过程，从而使教师职业达到专业的地位并获得相应的社会声望；而“教师专业化发展”更多用于指称教师专业化运动的发展变化过程及其达到的水平和状况。

【本章小结】

1. 职业和专业是现代社会分工的产物，二者之间既有区别，又有联系。专业化是指一个职业群体在一定时期内，逐渐符合专业标准，成为专门职业并获得相应的专业地位的过程。它一方面关注从业人员职业行为和服务质量的改进，另一方面关注整个职业社会地位的提升。

2. 目前，关于教师职业是否为一门专业还在讨论之中。尽管教师职业迄今尚未完全达到专业标准的要求，但教师职业的不可替代性，决定了它在本质上是一门专业，教师专业化是教师职业的最终发展方向。在思考教师职业专业性时，要考虑本质与现象、现在与未来的关系问题，学会用发展的眼光看本质。

3. 教师专业化运动源于现代社会生产力和现代教育发展的客观要求，首次出现在20世纪60年代，而于20世纪80年代首先在美国掀起教师专业化运动的高潮。今天，教师专业化有了新的进展，主要体现在：师资人才高学历化，教师资格制度化，教师培养培训一体化，教师培养终身化和教师发展专门化。

4. 中国教师经历了兼职教师、专职教师和专业教师三个主要发展阶段，每个阶段都有自己的特点。中国教师专业化理念的兴起和教师专业化运动的推进，与国际社会潮流是相适应的。中国已在法律和政策层面肯定了教师的专业地位，专业化也是中国教师建设的发展方向。

5. 教师专业发展是一个以教师个体在专业领域内的自我发展为核心，以教师个体的经验反思为媒介，不断习得教育专业知识技能，实施专业自主，表现专业道德，并逐步提高自身从教素质，成为一个良好的教育专业工作者的专业成长过程。教师专业发展具有多方面的意义，教师专业发展的主要类型有自主性教师专业发展和合作性教师专业发展。

6. “教师专业发展”“教师专业化”“教师专业化发展”是三个内涵不尽相同的概念。“教师专业发展”侧重于表征教师个体的成长与成熟，从而达到专业标准的过程和状况；“教师专业化”重在从社会的角度表征教师职业从普通职业向专门职业转型的过程；而“教师专业化发展”更多用于指称教师专业化运动的发展变化过程及其达到的水平和状况。

第二章　教师多元角色的新态势

【内容提要】

本章旨在明确当今教师应该承担的多元角色，分析教师的多元角色对于教师专业发展的要求，教师多元角色带来的角色冲突以及教师应有的应对策略。

第一节从概念的表述入手，阐述教师角色的教育价值，说明教师在今天社会生活和教育生活中的角色已经从一元走向多元；之后分析教师角色的主要制约因素，通过相关文献梳理出教师在当今应该承担的多元角色。第二节则重点阐述教师承担的多元角色对教师专业素质提出的新要求，以及它所带来的教师角色冲突和教师应有的应对策略。

本章的重点一是关于教师多元角色的梳理；二是教师多元角色对其专业素质的新要求。

第一节　当今教师多元角色的分析

一、教师角色的概念

（一）教师角色的定义

1. 角色

“角色”原本是戏剧中的名词，指戏剧舞台上演员扮演的剧中人物。20 世纪 20 年代，美国社会心理学家米德（Mead G. H.，1863—1931）首先将角色概念引入社会心理学理论中，用“社会角色”这一概念来说明在人们交往中可以预见的互动行为模式以及个人与社会的关系。他认为角色是在互动的过程中形成的，角色表演并没有预定的剧本，文化只能为角色表演规定大致的范围。[①] 也有人认为是美国人类学家拉尔夫·林顿（Ralph Linton，1893—1953）最先使用角色这个概念。林顿认为，地位是权利和义务的一种直接的集合，角色则是体现地位的动态方面，即角色是围绕地位而产生的权利、义务、行为规范和行为模式，是人们对处在一定地位上的人的行为期待。[②] 第二次世界大战之后，许多重要社会学家都对角色理论的发展作出了贡献。

---

① 郑杭生．社会学概论新修［M］．北京：中国人民大学出版社，2003．106～107．

② ［英］迈克尔·曼．国际社会学百科全书［Z］．袁亚愚等译．成都：四川人民出版社，1989．581～582．

今天，一般认为角色是“处于一定社会地位的个体或群体，在实现与这种地位相连的权利与义务时，表现出符合社会期望的行为与态度”①。

一个个体在社会生活中可能扮演着多种角色。这些与某一身份相联系的角色的集合就叫做一个角色集。例如，教师们被期待着给他们的学生讲授学科知识。同时，他们还被要求与家长们进行沟通，组织学生的课外活动，在会议上发表意见，以及参加各种专题讨论会等等。并不是所有的这些角色都与教师有着直接的联系，但他们都是对任何拥有教师这一身份的个人的角色期待。

2. 教师角色

对于什么是教师角色，不同的研究者给出了不同的答案。瑞典教育学家胡森（T. Husen）主编的《简明教育百科全书》中，对“教师角色”所代表的含义作了三种解释：①教师角色就是教师行为；②教师角色就是教师的社会地位；③教师角色就是对教师的期望。② 而我国教育学家顾明远主编的《教育大辞典》中对“教师角色”的界定为：教师与其社会地位、身份相联系的被期望行为。主要包括两个方面：一是教师的实际角色行为；二是教师角色的期望，包括“他人对自己的期望”“自己对自己的期望”以及“自己对他人的期望”。③ 我国还有人研究指出：“教师角色即代表教师个体在社会群体中的地位与身份，包含着社会所期望于教师个人表现的行为模式，它既包括社会、他人对教师的行为期待，也包括教师对自己应有行为的认识。”④

从以上观点可以看出，人们对“教师角色”的理解，大多以社会学意义上的角色概念为基础，强调的是教师的地位、行为以及期望等。我们由此可以简单地将“教师角色”界定为：教师在学校教育中，为实现与其身份、地位相对应的权利和义务时，所表现出来的符合社会期望的态度和行为模式的总和。

（二）教师角色的基本特征

目前，我国关于教师角色特征的研究成果尚不多见。傅道春等人认为，教师角色具有自主性、个体创造性、人格化、多样性与发展性等特征⑤；姜俊红指出，教师具有创造性、指导性、研究性、权威性和交往性等角色特征⑥。结合已有研究成果以及目前教师专业发展的新形势，我们认为，教师角色的基本特征有：

1. 自主性

教师是接受社会委托，专门在学校和其他教育机构中对学生施加特殊影响，

① 顾明远. 教育大辞典·增订合编本（上）[Z]. 上海：上海教育出版社，1998. 843.

② 中央教育科学研究所比较教育研究室编译. 简明国际教育百科全书·教学 [Z]. 北京：教育科学出版社，1990. 282.

③ 同①，702.

④ 冷宇. 新课程改革视野下教师角色的转型与建构 [D]. 天津师范大学硕士学位论文，2005.

⑤ 傅道春. 教师的成长与发展 [M]. 北京：教育科学出版社，2001. 122～123.

⑥ 姜俊红. 教师的角色特征和素质结构 [J]. 石家庄师范专科学校学报，2001（2）.

以提升学生的素质，促进学生成长的专业人员。在教育教程中，教师掌握着教育目的和教育内容，调控着教育环境和教育过程，根据具体情况选择恰当的教育方法，以求高效地实现教育目的。而这一切都体现出教师在教育过程中的主体地位和自主特征。在《教师法》等法律法规中明确规定的教师的正当权利，在很多方面也是以教师角色的自主性为前提的。教师角色的自主性特征为教师发挥个人的主动性和创造性提供了较大的空间，同时也要求教师要具有较强的自觉性和主动性。

2. 创造性

教师的教育对象是具有主观能动性的人，教育环境和教育过程都是十分复杂的，这些情况决定了教育过程是一个探索未知、战胜困难、超越现实的创造过程。教师的创造性首先表现在教师在教育过程中要根据每一个学生的特殊情况，根据个性发展的要求与特点，实施因材施教和个别教学；其次表现在教师要创造性地灵活处理教学内容、选择和运用教育方法；再次表现在教育过程中要具有并能够运用教育智慧，有效处理教育教学过程中出现的各种意想不到的问题；最后，教师的创造性还表现在教师能够不断地超越自我，在教师专业发展过程中不断提高自己的专业素质，提升自己的教育水平，创造出自己独特的教育风格。

3. 专业性

教师专业化的发展趋势，决定了教师职业是一门专业，因而也决定了教师角色的专业性。教师角色的专业性特征要求教师不断地调整和修改自己的态度、价值、信念、知识技能和行为方式，通过各种有效途径提升自己，以达到教师专业标准的要求。

4. 权威性

教师权威是指在师生交往中教师对学生的控制与影响能力。教师的角色权威性包括强制性权威和自然性权威。强制性权威是由教师的地位和工作特点决定的，它本身不对学生产生激励作用，学生只是被动地服从，不能违背，否则就会受到批评甚至惩罚。只使用这种权威，师生间容易产生心理距离，但它是教师权威性不可缺少的部分。自然性权威是由教师良好的品格、渊博的知识、丰富的情感、创新能力和本身的行为等决定的，它比强制性权威更具影响力和感染力。

传统教育中教师角色的权威性以外部的强制性权威为主，而随着社会民主进程的加快、知识的增长及素质教育的深化发展，教师权威一度遭到消解和质疑。但由于社会对教师的角色期待、教师的角色榜样作用、教学效果的获得等都需要教师权威的影响力，因此，教师角色的权威性是教育的内在属性之一，它永远不会消解，但是教师角色的权威性是可以改变的。今天，我们就要强调淡化教师的强制性权威，强化教师自然性权威的塑造，这更有利于教师教育学生，引导学生积极向上、不断进步。

5. 示范性

教师劳动与其他劳动有所不同的地方在于：一般的劳动都借助于特定的工具，工具和劳动者是分开的，而教师的劳动虽然也借助于一些与自身分离的工具，但教师自身也是一种十分重要的劳动工具，即教师自己的思想、学识、能力、人格、言行等，都是重要的教育手段。教师劳动工具的主体性决定了教师劳动具有示范性的特点，而这一特点也决定了教师角色的示范性。日常生活中我们赋予教师的“楷模”“榜样”“引路人”等角色，都反映了教师角色的示范性。

教师角色的示范性，要求教师要不断关注自己的风度仪表、言谈举止、知识修养、思想品德等。从这个意义上说，教师专业发展对于保持并强化教师角色的示范性特征是具有重要作用的。

6. 多样性

学校的教育活动是多种多样的，而社会对教师的期望也是多样性的，这就决定了教师扮演的角色不是单一的，而是多样的，一位教师就是一个角色集。关于这一点，人们有较为丰富的研究。有人认为，从教师职业的独特性方面来看，教师的基本角色包括“社会的代言人”“文化的传播者”“学生成长的引路人”“教育活动的主持人”和“专业发展的自我促进者”①；有人探讨了教师的基本角色，认为教师不仅要充当“教员”的角色，而且要是“领导者”“心理保健者”“为人的榜样”“青少年的朋友”②；还有人认为，社会对教师角色的期待与要求随着时代发展、社会变迁而变化。随着当代哲学主题的巨大转向、现代教育观念的根本转换以及教育技术手段的突飞猛进，当今时代呼唤教师成为“精神世界的理解者”“生命灵魂的唤醒者”“生活世界的沟通者”“知识建构的示范者”“学生学习的促助者”“教学策略的反思者”“教育问题的研究者”和“持续发展的终身学习者”③。在中国推行新课改的今天，教师角色更呈现出多样性的特征，如有的研究指出，新课程将改变教师的角色和教学方式，让教师从学生学习的管理者、传授者和主导者转变为学生学习的组织者、参与者、帮助者和引导者，从课程的实施者和执行者成长为课程的研究者、开发者、决策者，在课程改革中不断实现专业发展。④

二、影响教师角色的主要因素

如同关于教师角色特征的研究一样，人们对影响教师角色的因素的研究迄今

---

① 柳海民．现代教育原理［M］．北京：人民教育出版社，2006. 201～205.

② 傅道春．教师的成长与发展［M］．北京：教育科学出版社，2001. 123～127.

③ 杨跃．教师角色新解［J］．南京邮电学院学报（社会科学版），2002（1）.

④ 参见贺斌．教师怎样与新课程同行——谈教师的角色转变及学会新的专业技能［J］．教育理论与实践，2002（5）；刘丽群．论课程改革中的教师角色期待［J］．全球教育展望，2003（1）；张秀琴，杨柳青．基础教育课程改革中教师角色的转变［J］．教育理论与实践，2003（2）；王润梅，杨文义．课程改革：教师课程观念的更新和角色的转变［J］．教育理论与实践，2003（6）.

还比较薄弱。张爱琴等对影响教师角色定位的因素从宏观、中观和微观三个层面进行了分析，指出：从宏观层面来看，教师的角色定位受社会需要、文化环境、传统习俗、政治、经济和人际关系等因素的影响，其中社会需要对教师的角色定位起着决定性的作用；从中观层面来看，学校环境对教师角色的形成和发展具有协调作用，学校组织中校长、同事、学生等对教师的角色表现具有重要的影响作用，而且这种影响是直接的、及时的；从微观层面来看，教师自身的素质结构对教师角色践行水平具有重要的制约作用，是制约教师角色实现程度的内部因素。① 刘兴民把影响教师角色形成与发展的因素归纳为四个方面：社会经济因素、学校工作机制、课堂教学情景以及教师的自我更新行为。② 王冬梅则专门对新课程改革背景下影响教师角色转变的因素进行了研究，结果表明以下几种因素对教师角色转变的影响比较大，它们是：教师的心理认知与参与意愿、教师的知识与能力、时间与经费、制度与模式。③

综合以上学者所述以及我们的思考，我们认为教师角色的影响因素主要有四种，即社会发展状况、学生的需求、学校的教育环境以及教师自身的素质。

（一）社会发展状况对教师角色的影响

现代社会是一个多元化的、开放的社会，信息化成为社会发展的重要特征，它必然对教师扮演的角色提出新的要求。

传统的教育是以“知识”为核心展开的，教师角色的扮演主要围绕知识来展开，教师的职责就是将知识传授给学生。随着社会的发展，知识更新加快，每个人只有不断学习才能满足社会发展的需要，终身学习的理念因此日益普及和推广。对于今天的学生来说，学会学习比掌握教科书上的知识显得更为重要。相应地，教师在传递知识的同时，更要重视促进学生的发展，让学生获得学习新知识、探索新知识的能力，使他们在离开学校和教师之后仍然能够学习新知识、掌握新本领。这就要求教师不仅要成为知识的传授者，而且要成为学生学习的引路人、辅导者。

现代教育过程也是教师继续学习的过程。当今社会，政治、经济、科技、文化、法律、道德、宗教等一切都已经发生巨大变化，在阶段性的制度化教育体制中学习到的知识和技能已滞后于这些新的、变化了的社会生活和学校教育。因此，教师要不断地学习，接受新的知识技能与思想观念，然后将其引入课堂教学之中，实现教育内容现代化，增强教学内容的时代性。这一状况，要求教师必须成为终身学习者。

（二）学生的需求对教师角色的影响

在强调民主、平等的今天，教育活动是教师和学生之间平等交流的过程。从

---

① 张爱琴，谢利民．教师角色定位的本质透视［J］．教育评论，2002（5）．

② 刘兴民．基础教育课程改革下的教师角色转换［D］．曲阜师范大学硕士学位论文，2004．

③ 王冬梅．论新课程背景下教师角色的转变［D］．华中师范大学硕士学位论文，2004．

学生需求的角度看，教育的过程应该是以教师的教与学生的学为中心的师生交往过程。这必然会引起传统的教师角色发生一些变化。

首先，在现代教学过程中，教学已不再是学生获取知识的唯一途径，教师的教育知识权威的角色也在日益衰减。在传统的教育教学过程中，学生获取知识的来源是较为单一的，因而大大强化了教师的知识权威角色。进入信息时代之后，学生获取知识和接受教育的渠道变得丰富起来，各种信息媒体和网络开始对学生产生越来越大的影响。学生对教师的需求也发生了较大的变化，对教师在教学中的知识权威地位提出了挑战。教师必须在观念上接受这种变化，然后对学生加以引导，指导他们学会正确地判断和分析大量的信息和知识，成为学生学习知识的组织者和促进者。

其次，现代教育的过程也是教师和学生共同学习的过程，在这一过程中，灌输式和说教式的教育方式很难引起学生的学习兴趣，他们更愿意接受类似于朋友的相对平等的交流方式，将教学过程看做师生互相交往、共同发展的互动过程。这要求教师要参与到学生的学习活动中，真实地感受学生的所作所为、所思所想，进而对学生的学习给予指导，与学生进行平等的交流和对话，成为学生的对话者、交流者和合作者。

（三）学校的教育环境对教师角色的影响

随着社会的发展，学校的教育环境也发生了很大的变化，直接影响着教师角色的变化。

首先，现代教育突破了传统教育观念中的时空限制，教育的时间、地点和方式等都呈现出开放、多元的特点，远程教育、网络教学、多媒体教学等成为当今教育的重要方式，构成了教育教学不可缺少的环节。这种变化除了对教师的教学方式方法提出新要求之外，同时也对教师有了新的期望和要求。这就要求教师适应这种变化，突破传统的教员角色，努力树立教育信息化潮流下新的教育者形象。

其次，现代教育过程中的管理模式发生了变化，原有的集权式管理已经不能适应现代学校的发展要求。新的教育管理观要求教师和学生都参与到学校管理过程中来，教师也担当起管理者的角色。在我国，新课改还要求教师成为学校课程的领导者。另外，教师还要营造一种接纳性的、支持性的、宽容的课堂氛围，创建能引导学生主动参与的教育环境，要让学生参与制定制度，参与管理过程，养成应有的责任心和使命感，并成为对自己负责的人。

再次，新课改还要求教师成为研究者和校本课程建构者。我国新课改成功与否，关键在于课程的实施者——教师。传统的课程计划执行者的角色已使教师无法适应新课程改革的需要，他们必须参与到课程的研究中去，不断反思自己的教学实践，不断地关注和研究中国乃至整个国际社会的教育变化。当然，教师成为研究者，是要求教师为了改善自己的教育和教学工作而去研究教育问题，而不是为了研究而研究，不是为了宏观的理论建构。此外，新课改突破了传统的中央集权式的课程管理模式，实施国家、地方、学校三级课程管理新模式，学校成为课程领导者，并承担起校本课程开发的任务，相应地，教师也要承担起校本课程开发者的角色。

（四）教师自身的素质对教师角色的影响

教师的自身素质直接影响教育的质量，它对教师的教学实践具有重要的制约作用，直接影响教师角色的实现程度。

首先，教师的自身素质直接影响教育教学活动的开展。在当今社会，学校教育资源更具开放性和多样性，教育的内容异常丰富，教育教学手段也随着科技的突飞猛进而迅速发展。教师若不能适应形势的变化，提高自己的教育专业素质，就无法担当应该承担的角色。例如，信息技术已经逐步在学校普及，教师必须具备一定的信息素养，能够清楚地意识到何时需要信息，并能确定、评价、有效利用信息以及利用各种形式交流信息的能力。教师若是缺乏较好的信息素养，便难以承担起学生的信息资源查询者和教育资源开发者等角色，直接导致信息化教学的失败。

其次，教师的自身素质影响学生的全面发展。全面发展是21世纪对人才的要求，学生不但要具备扎实的知识、较强的实践能力，同时还要具备健全的人格、健康的心理和文明的行为。教师角色的示范性，决定了教师在人格、心理健康、文明行为等方面的素质对学生具有不可替代和不可低估的作用。教师要想在这些方面给学生提供足够的影响和帮助，那么就必须至少在这些方面具备较好的素质。比如，当学生有心理或生活上的疑惑和困难时，他们通常愿意向值得信赖的教师咨询。教师要想很好地面对这种情境，首先必须自己心理健康，同时具备一定的青少年心理知识，还应该做到和蔼可亲，平易近人，能够为学生解决心理问题，成为学生心理健康的示范者、辅导者和帮助者。

总之，教师角色对教师素质提出要求，教师素质要适应教师角色的变化；同时，教师素质又反过来影响教师角色的实现程度及其变化。

三、当今教师的多元角色

（一）当今教师角色的多元定位

传统教育中，教育被视为一种“工具”，教师也被视为一种“工具”。教师扮演的角色常常是唯一的，即知识的传授者。因为“在工具主义的理念下，教育是通过文化的传承来培养所需要的社会成员，而教师成了知识的代言人，他在教学中处于中心地位，直接以文化权威的身份出现。教师的基本职责主要限于监督学生、传授知识，故形成了教师知识传授者的角色”①。关于传统教育的教师角

① 张卫东. 论当代教师角色的多元化［J］. 临沂师范学院学报，2003（4）.

色，卡尔·罗杰斯（Rogers C. R.，1902—1987）作了很好的总结：①教师是唯一的知识拥有者，学生是期望的接受器。②教师是知识进入接受器的手段，测验和考试测量学生获得的知识的多少。③教师单独拥有权力，学生服从。④课堂中权威所制定的规则就是接受。⑤学生缺乏信心，在没有教师的控制和监督下，不能指望他们满意地学习。⑥学生在恐惧状态中很好地接受控制。⑦民主被灌输给学生，但在课堂中并不实践，学生在建构他们的个人目标时不起作用。⑧在教学中，完整的生活主体的建构受到忽视，唯一关注的是智的方面，情感的发展不被视为必需的学习领域。[①]

很明显，上述结论都是在教育知识传承的范围内得出的，而实际上，从社会大系统的角度来看，教师的角色定位应该是多元的而不是单一的，在现代社会中更是如此。这是因为：

从“教师”的角度看，“教师”一词有双重含义，既是指一种社会职业角色，又是指这一角色的担任者。作为社会职业角色，它是“人们终身或者较长时间所从事的，并以此为主要生活资料来源的教育教学活动”[②]，实质上是一种客观的社会规定，是非个人化的；作为角色担任者，则是有个性的具体的人，他总是同时承担着众多的社会角色[③]。“教师作为复杂社会的一员，和其他社会个体一样，在不同场合拥有不同的身份，扮演不同的社会角色，享受不同的权利，履行不同的义务，发挥不同的作用。就学校教育领域而言，我们可以将其角色理解为：教师在学校教育中，为实现与其身份地位相对应的权利和义务时，所表现出来的符合社会期望的态度与行为模式的总和。”[④]

从“定位”的角度看，有学者研究指出：定位其本质上是一个动态过程，而不是一个静止的状态。教师的角色定位同样也是一个动态的过程，是一个对教师角色的发展取向和目标进行指导的过程，是教师角色不断整合、完善的过程，是教师在教育教学活动中通过与学生以及同事的交往不断地理解、体验、感悟、创新的过程。这一过程不但要考虑社会对教师的职业要求、学生发展对教师的要求，还必须考虑教师的特性及教师自身的发展需求。[⑤]

从制约教师角色定位的主要因素来看，“教师角色的定位主要是由教师职业劳动的特色决定的，但同时它又受社会政治、经济、文化以及公众对教师期望的影响和制约。因而，教师的角色是多元的，并且必然随着社会的进步展现出富有时代特色的新的角色特征”[⑥]。

---

① 张卫东. 论当代教师角色的多元化［J］. 临沂师范学院学报，2003（4）.

② 胡德海. 人生与教师修养［M］. 上海：上海教育出版社，1996. 254.

③ 赵立伯. 教师论［M］. 北京：教育科学出版社，1992. 30，31 ~ 32.

④ 张爱琴，谢利民. 教师角色定位的本质透视［J］. 教育评论，2002（5）.

⑤ 同④.

⑥ 汤晓，房有恒. 21 世纪教师的角色定位［J］. 中国成人教育，2004（6）.

（二）当今教师扮演的主要角色

近年来，伴随着对教师角色研究的深入，学者们对于教师到底承担着哪些角色也进行了具体的分析。根据对我们所收集到的文献的分析和整理，国内外关于教师多元角色的具体内涵的研究大致如表 2－1 所示。

表 2－1　国内外教师多元角色具体内涵的研究表

角色种类 / 文献代码	知识体系的建构者	学生学习指导者和促进者	教育研究者	课程的研制者	教育的组织者和管理者	教育协作者	对话者	信息资源的查询者和设计者	文化创造者	人际关系艺术家	终身学习者	学生的心理保健员	学生未来生活的参谋顾问	所有学生的关怀者	多元文化的理解者	多元文化教育环境的创造者	本土知识的专家	行动研究者	政治角色	法律角色
1	✓			✓				✓		✓			✓							
2		✓	✓			✓		✓			✓	✓								
3	✓			✓				✓		✓		✓	✓							
4								✓												
5		✓								✓										
6		✓	✓	✓						✓			✓							
7		✓						✓			✓									
8	✓	✓																		
9		✓		✓		✓					✓									
10														✓	✓	✓	✓	✓		
11		✓	✓	✓		✓						✓								
12		✓		✓			✓													
13		✓		✓			✓				✓	✓								
14		✓	✓	✓					✓		✓									
15		✓	✓		✓		✓					✓							✓	✓

文献代码：

1. 朱跃龙. 网络时代呼唤教师角色的转变［J］. 肇庆学院学报，2003（2）.

2. 钟铧. 信息时代教师角色的定位［J］. 德州学院学报，2001（1）.

3. 张有录，谢志春. 信息时代教师角色的重塑［J］. 河西学院学报，2002（4）.

4. 张文兰. 建构主义学习环境下教师角色的再定位［J］. 电化教育研究，1999（4）.

5. 邵焕容. 21 世纪教师角色的重新定位［J］. 临沂师范学院学报，2003（8）.

6. 黄雅丽. 终身学习社会背景下教师的角色定位［J］. 福建师范大学学报，2003（5）.

7. 仇绍平，于芳. 终身学习的发展与教师的角色转换［J］. 当代教育论坛，2003（3）.

8. 秦托秀. 对学习化社会教师角色转换的思考［J］. 山西教育，2003（11）.

9. 赵丹. 多元智能视野中的教师角色［J］. 教书育人，2002（22）.

10. 章光洁. 多元文化社会中的教师角色及其对教师教育的启示［J］. 西南师范大学学报（人文社科版），2002（11）.

11. 刘兴民. 基础教育课程改革下的教师角色转换［D］. 曲阜师范大学硕士学位论文，2004.

12. 王冬梅. 论新课程背景下教师角色的转变［D］. 华中师范大学硕士学位论文，2004.

13. 冷宇. 新课程改革视野下教师角色的转型与建构［D］. 天津师范大学硕士学位论

文，2005.
14. 黄甫全. 新课程中的教师角色与教师培训［M］. 北京：人民教育出版社，2003.
15. ［美］麦金太尔，奥黑尔. 教师角色［M］. 丁怡，马玲等译. 北京：中国轻工业出版社，2002.

从表2－1可以看出，虽然教师多元角色的具体内涵众说纷纭，然而，得到学者们较多认同的教师角色主要有六个，它们分别是：学生学习的指导者和促进者、课程的研制者、教育研究者、信息资源的查询者和设计者、终身学习者、学生的心理保健员。下面对这六个主要的教师角色作一简要分析。

1. 学生学习的指导者和促进者

现代教育环境下，学生的学习方式正在由传统的接受式学习向研究性学习转变，这就必然要求教师从知识传授者的角色转变为学生学习的指导者和促进者。这是教师角色转变过程中的一个飞跃。过去，教师作为传统的知识传授者，是知识的唯一拥有者，学生是知识的接受者。今天，人类进入了信息网络时代，学生很容易从多种渠道获得信息和知识。教师不再是单纯的知识传授者，而成了学生学习的促进者。具体而言，教师在促进学生学习方面的角色行为主要有：①帮助学生确定适当的学习目标，并确认和协调达到目标的最佳途径；②帮助学生养成良好的学习习惯，掌握学习策略；③创设丰富的教学环境，激发学生的学习动机，充分调动学生的学习积极性；④为学生的学习提供服务；⑤营造接纳性的、宽容的课堂气氛；⑥和学生一道探索真理，能够承认自己的错误和过失。

知识经济时代，科学技术进步和知识增长的速度越来越快，学生在学校学习期间所学习的知识几年以后甚至毕业时就已过时。人们已经不可能在一次性的教育中掌握一生所需的全部知识，而只能在终身不断的学习中掌握。这就需要学生不仅要在学校接受教育的过程中掌握更多的知识，而且要掌握一套适应知识经济时代特点的、不断更新自己知识结构的学习手段，也就是要有较强的学习能力。所以，教师还应促进学生自学能力的形成。

2. 课程的研制者

长期以来，我国教师是课程计划的执行者。新课改要求的是动态生成的开放课程、围绕学生生活建构的课程。这样的课程就不只是“文本课程”，即教学计划、教学大纲、教科书等文件，更是“体验课程”，即被教师和学生实实在在体验到的课程。也就是说，课程不再只是特定知识的载体，而是教师和学生共同探求新知的过程。教师与课程有机地结合在一起，成为课程的开发者、设计者和执行者，教学也不仅仅是忠实地执行课程计划，而是课程内容持续生成与转化、课程意义不断建构与提升的过程。在这种新的课程理念下，教师具有更多的创造空间。

变革赋予了教师“课程教学的研究者和开发者”的角色，教师在课程研制过程中需要担负重要的任务：首先，教育行政部门颁布的课程计划、课程标准和审定的教学材料属于宏观的和抽象的，还不能直接进入课堂实施，教师必须将其微观化和具体化；其次，学校现在也承担着一定的课程开发的任务，而教师是校本课程开发的主要承担者；再次，教师还承担着评价课程的任务，教学计划是否科学、可靠，是否满足了课程目标的要求，是否能使学习者感兴趣和满足学习者需要等，也是教师作为课程研制者必须要做的工作。

3．教育研究者

教师成为研究者，意味着教师在教育实践中遇到新情况、新问题后，不再将问题交给其他的专业理论研究者去研究，而要在自己的教育教学实践中进行主动的研究，寻求答案。

教师的教育研究可以使课程、教学与教师真正融为一体。我国新的课程改革要求调整课程功能，优化课程结构，更新课程内容，改变教学方式，变换课程管理模式等。它不仅改变学生的学习生活，也将改变教师的专业生活。新课程实施中，教师要对新课程充分理解、接受、认同，不断检验和完善，这些都需要教师进行主动的研究活动，尤其是校本课程的开发，更要依赖教师的研究才能落到实处。教师的教育研究还可以促进教师专业发展，促使教师素质的自我更新和提升，增强教师职业的乐趣和价值感、尊严感，使教师真正成为有思想、有能力、有智力、有悟性的教育实践主体。教师工作在教学第一线，可以获得第一手鲜活的资料，因而教师的教育研究主要是在教育教学实践层面上展开的，可以丰富、充实教育学的内容。总之，教师进行教育研究无论是在教育理论知识体系的构建方面，还是在解决实际的教育教学问题从而推动教育实践的发展方面，都有其不可替代的价值。

4．信息资源的查询者和设计者

教学资源包括教师、学生、教学内容、教学媒体等要素，是一个复杂的系统。要提高教学效率和效果，就必须依据教学设计原理对教学过程和教学资源进行科学的设计。在多媒体计算机和网络通信的信息化教育环境中，教师应该能够运用现代化手段为学生创设学习情境，由单纯的知识传授者转变为教学信息的制作者、加工者和处理者。为了支持学习者的主动探索和完成所学知识的意义建构，教师在学习者的学习过程中要为其提供各种学习资源，即进行信息资源的设计，这就要求教师要有较高的信息素养能力，掌握多媒体技术，开发和利用先进的教学资源，并将之融于教学活动中，为学习者创设最佳的学习环境和提供丰富的教学资源。最后，教师还要参与多媒体与网络课件的设计和制作，包括编写网络与多媒体课件脚本，协助教育技术人员制作网络与多媒体课件，浏览、下载网上教学信息等，以支持学生自主学习。

5．终身学习者

终身教育理论自从20世纪60年代由法国成人教育家保罗·郎格朗（Paul Lengrand）提出以来，经过世界各国政府与人们的共同努力，已经成为世界人民的共识，发展为一种重要的现代教育理念。这一理念要求每一个社会成员都应成为终身学习者，教育者也不例外。因为知识的增长是无止境的，而且其增长速度远远快于知识被系统整理和吸收的速度，教育者不可能总是以知识的拥有者自居。教育者要保持知识的领先，就要终身不断地学习，接受继续教育，丰富自己的知识储备。另外，身教重于言教。教育者只有先当好学生，才能当好先生。倘若教师认为学习无关紧要，自己从来不想下工夫学习，便无法成为学生学习的榜样。在终身学习体系中，自学成为学习的主要形式，自我教育成为教育的主要途径。受教育的人不能只充当消极的知识接受者，而必须成为教育自己的人。从这个意义上讲，未来的教育者包括受教育者本人。只有当受教育者把自己扩大为教育者，一方面自我教育，一方面进行互相教育，教育才会成为一种学习者乐于接受的活动，这也是未来学习能否高质量发展的重要前提，而教师终身学习者的角色，可以帮助学生树立终身教育的观念，更好地学会学习。

6. 学生的心理保健员

随着社会的发展，生活、学习节奏的加快，竞争加剧以及网络的负面影响，学生心理问题的发生率越来越高，也越来越趋于低龄化，心理问题已成为影响学生成长的主要因素之一。青少年时期是一个人心理发展的关键阶段，学生存在心理问题，不仅影响到他们正常的学习，也会给家长带来痛苦，增加社会的不稳定因素。为此，教师应当充当起学生心理健康的维护者，为那些有心理困扰的学生提供及时有效的指导和帮助，将可能发生的意外事件消灭于萌芽状态。

教师要想成为学生心理健康的维护者，首先，教师要具有对学生进行心理健康教育的意识，并将这种意识融入到自己日常的教育教学活动中去，为教育教学创设良好的心理氛围，使学生能够在自我激励、自我约束的环境下充分表现自我。为学生提供理解和宽容的气氛、维护其自尊心、减轻学生对学习和考试的过度焦虑或紧张、帮助学生获得心理的需要、给学生以情感和心理方面的支持等。其次，教师要具备心理保健方面的相关知识和技能，帮助有困难的学生摆脱困扰，健康成长。

第二节　教师的多元角色与教师专业发展

一、多元角色对教师素质的新要求

当今教师的多元角色对教师专业素质提出了相应的要求，这里根据上节梳理出来的教师的六种角色，分别探讨教师承担这些角色应该具备的主要素质。

（一）教师作为学生学习的指导者和促进者应有的主要素质

教师作为学生学习的指导者和促进者，促进以学习能力为重心的学生个体和谐、健康发展，并把教学的重心放在如何促进学生学上，从而真正实现“教是为了不教”。为此，教师应该具备以下素质：

1. 语言表达能力

任何时代、任何社会，教师职业都离不开语言表达。为人师者，没有高超的语言表达能力，是很难完成教育任务的。语言表达能力包括口头语言表达能力和书面语言表达能力两个方面。作为学生学习的指导者和促进者，教师在口头语言表达方面必须要口齿清楚、发音准确、音量适中、感情丰富、抑扬顿挫、流利大方，能够准确地表达自己的思想。在书面语言表达方面更要能够“下笔千言”，逻辑层次合理明确，还要做到言简意赅、文字通顺等，教师可通过常思常写的方式不断加强这方面的修养。

2. 掌握丰富、整合的学科知识

教师要对学生的学习进行指导，当然自己要具有丰富、精深的学科知识。整合的学科知识，首先指教师要掌握不同学科的有机整合的知识。教师不能只懂得自己所教授学科的知识，还要懂得与所教学科相关的学科知识，并且了解这些学科知识之间的内在联系。其次，教师的知识应该是结构化、情境化的，也就是说这些知识既能够反映学科知识的内在逻辑又能够与教师自身的经验紧密联系，而不是机械记忆的结果。再次，教师还要懂得学科知识的来源、获得途径、方法等。

3. 组织和调动学生学习的能力

教师角色由单纯的知识传授者向学生学习的指导者和促进者转变，其中一个重大的本质变化就是学生的学习由原来的被动接受变为自主学习。那么，教师必须能够在教学过程当中，创造一切条件，激励和引导学生主动参与到教学活动中来，引导学生进行自主学习，培养学生自主学习的能力。教师要能够把学生的智力和非智力因素都调动起来。非智力因素包括人的情感、动机、兴趣、意志等。现代心理学研究表明，这些非智力因素在一个人的成长过程中起着至关重要的作用。教师应该懂得采用创设问题情境、利用学习成果的反馈、开展竞赛、正确评价等方法活跃学生的非智力因素。例如，教师可以“围绕那些能够挑战学生的初始假设的问题，进行课堂教学的设计，才能够在根本上激发学生的兴趣”①。此外，教师还应该懂得在教学过程中营造宽容的文化氛围，鼓励学生探索。

4. 课堂教学能力

教师作为学生学习的指导者和促进者，其关键的环节仍然是进行课堂教学，课堂永远是教师活动的主要舞台。教师的课堂教学能力是在课堂教学中教师为促使学生有效学习的多种行为方式的组合。这种能力是整个教学能力的核心。课堂教学当中教师的行为方式是复杂的，因此课堂教学能力是多样的，如课堂导入能

---

① Brook, Jacqueine Grennun and Martin Brooks, (1993), *In Search of Understanding—The Case for Constructivist Classrooms.* ASCD: Alexandira.

力、讲授能力、演示能力、提问技巧、组织讨论技巧、小结能力等。

5. 组织学科课外活动的能力

学科课外活动是指“学校在教学大纲以外针对各门学科特点有目的、有计划、有组织开展的多种多样的教学实践活动”①。在基础教育提倡发展学生各方面素质的今天，学科课外活动以其灵活性、开放性、兴趣性、综合性、实践性等特点，对学生的教育起到了课堂教学所不能代替的独特作用。教师应该掌握学科课外活动方案的设计和实施的方法、程序和要求，有效地指导和组织学生完成学科课外活动的任务。

6. 学习评价能力

教师作为学生学习的指导者和促进者，在对学生学习进行评价方面，不能只关注学生的知识和技能的获得情况，更应关注学生学习的过程、方法，熟悉学生的一般特征、学习的准备情况、学生已经达到的水平以及学习风格。教师需要通过各种途径——观察、交谈、讨论、调查问卷、考试、学生成长记录袋等方式来对学生的情况进行全面的、发展性的评价，得出比较贴切的评价结果。在此基础上，教师才可以适时调整教学方案，并且为每个学生的学习提出适当的指导意见，采取不同的指导方法。

（二）教师作为课程研制者应有的主要素质

随着课程改革的深入，人们逐步认识到教师在课程研制中的重要作用，赋予教师“课程研制者”的角色，这一角色要求教师应有的专业素质主要有：

1. 较好的课程理论修养

作为课程研制者的教师，必须掌握课程理论方面的相关知识，这是进行课程研制的基础。相关的理论知识包括：课程基本理论、课程研制的相关理论、课程设计的理论、课程实施与评价的理论等。此外，教师还应该具备较为扎实的教育学、心理学的理论知识。

2. 课程设计能力

在这方面，教师要熟知课程研究的模式和程序，能够运用课程研制的技术，还要根据地方和学生的具体情况，富有针对性地设计课程内容和课程实施方法，并使用合适的教学媒体，用最适宜的方式将课程内容呈现出来。另外，教师进行课程设计时，还应该能够突破课堂的限制，将课堂教学与日常生活广泛联系起来，从而实现有限的课程内容与无限的现实生活的融合。

3. 课程评价能力

教师要经常性地把课程目标与课程实施的效果进行比较，从中找出二者的差距以及造成这些差距的原因，并在此基础上提出课程修改和完善的意见。在这方面，还要求教师能够对自己的课程进行反思，发现其中的不足及需改进之处。

---

① 朱新春. 教学工作技能训练［M］. 北京：人民教育出版社，2001. 291.

（三）教师作为教育研究者应有的主要素质

今天，教师面对的是一个发展变化速度十分快的世界，其中存在着许多未知领域，这就要求教师成为一个社会文化和教育的研究者，通过研究，发现和解决问题，从而推进自己的教育教学工作。教师成为教育研究者应具备以下主要素质：

1. 问题研究意识

任何研究都是从发现问题开始的，没有问题，研究便无从进行。教师在平常的教育教学实践活动中，必须有意识地培养自己对社会和教育问题的敏感性，培养自己的问题意识。善于发现问题的教师要能够在自己的日常生活中，由生活细节引发对相关问题的思考。另外，教师还应认识到，自己处在教育教学的第一线，掌握着丰富的教育研究的素材，与专门的教育理论研究者相比，自己有着独特的优势，这样能够培养教师对教育科研的信心。

2. 教育理论修养

教育科研要以教育科学理论为指导，这就对教师的教育理论素养提出了较高的要求。我国的中学教师，虽然大多数是从师范院校毕业的，都学过普通教育学、普通心理学和学科教学法等教育理论类课程，但整体的教育理论素养和水平普遍不高。这使他们在从事教育科研时常常感到力不从心，很大程度上阻碍了他们进行教育科研。倡导和要求中小学教师从事教育科研，就必须提升他们的教育理论素养。

3. 教育科学研究方法

教师从事教育研究，必须通过有效的途径进行。教育研究的方法很多，而教师从事研究，可供选择的方法有正统的“学科规训”、新兴的“质的研究”、国外引进的“行动研究”以及“建构性试验”等。[①] 教师对这些方法的内涵、特色、具体操作方法等都应熟悉、了解，并能够恰当选择和运用。

4. 探索精神

当今世界教育的变化很大：受教育者的自主性增强、教育内容变化加快、教育技术更加先进、教学形式更加多样……这些变化使教育领域产生了新情况和新问题，这就要求教师在发现问题之后，能够进行深入探究，解决问题，并以研究成果改进教育实践。因而，探索精神是从事教育研究所必须的。

5. 创新思维能力

面临新情况与新问题，如果原有的知识无法解决这些问题，则必须运用已有的知识进行知识的重组和加工，从中找到解决问题的方法，这就是创新思维。教育研究的过程中会遇到很多原来没有遇见过的新问题，因而教师必须具有创新思

---

① 柳夕浪. 教师参与教育研究：理念、方式和局限［J］. 华东师范大学学报（教育科学版），2002（2）.

维能力才能保证教育研究的顺利进行。

（四）教师作为信息资源的查询者和设计者应有的主要素质

教师作为信息资源的查询者和设计者应具备的素质主要有：

1．信息意识

信息意识简单地说，指人捕捉、发现、分析、判断、吸收和利用信息的欲望及自觉程度，是人们对不同信息需求的反映。它指示获取和利用信息的方向，影响获取和利用信息的行为。良好的信息意识是获取和利用信息的前提基础。只有具有良好的信息意识，教师才会主动地从大量的信息资源中感知、发现、获取和利用各种有关信息。良好的信息意识是教师能够成为信息资源的查询者和设计者的基础。

2．信息处理与应用能力

信息处理与应用能力主要指利用恰当的手段进行信息获取、加工处理、呈现交流的技能。在信息收集、处理和利用的所有阶段，批判性地处理信息是非常重要的，作为信息资源的查询者和设计者必须为学生严格把好关。在接受信息之前，认真思考信息的有效性、信息陈述的准确性，能够识别信息推理中的逻辑矛盾或谬论，识别信息中有根据或无根据的论断，确定论点的充分性。教师具备这种能力，才能够在信息爆炸的时代，有效地对信息进行筛选和辨别。应用信息的能力也称为现代信息社会的读写能力，可见其重要程度。

3．信息技术与课程整合的能力

信息技术与课程整合的本质在于“在先进的教育思想、理论的指导下，把以计算机及网络为核心的信息技术作为促进学生自主学习的认知工具与情感激励工具、丰富教学环境的创设工具，并将这些工具全面地应用到学科教学过程中，使各种教学资源、各个教学要素和教学环节，经过整理、组合，相互融合，在整体优化的基础上产生最优化的教育效果，从而促进传统教学方式的根本变革，实现培养学生创新精神与实践能力的素质教育目标”①。这种整合的关键在于教师，没有教师的积极参与，信息技术与课程的整合将无从谈起。为此，教师要懂得信息技术与课程整合的目标、内容、原则以及相应的技术。

（五）教师作为终身学习者应有的主要素质

教师作为终身学习者应具备以下素质：

1．终身学习的意识

终身学习是以“自我引导”为主的行为，是个人不断发展自我、完善自我的过程，只有树立了终身学习的观念，才能够主动地进行自我更新，随时随地地学习，通过学习实现个人的不断发展。教师只有从自己的生命体验中领悟到终身学习的价值，树立终身学习的观念，才能从根本上成为终身学习的典范，进而在

---

① 陈永明等．教师教育研究［M］．上海：华东师范大学出版社，2003. 416.

自己的教育教学实践中培养学生终身学习的兴趣，以及强烈的求知欲望。

2．学习能力

终身学习建立在获得知识、更新知识、应用知识三者的基础上，它强调的是自学能力。教师成为终身学习的典范，不仅要求教师接受正规的师范教育、在职教育，还要求教师在自己的教育教学过程中，主动、自觉地更新已有的知识体系，这对教师的自学能力提出了较高的要求。

3．职业发展规划能力

教师应该能够在飞速发展的社会环境中，有意识地不断更新自己的知识体系和能力结构，不断地学习各种最新的教育理论，保证自己职业能力的适应性。根据自己的实际情况，制订出每一阶段的职业发展规划，大阶段里面再分小阶段。这样，教师就会时时刻刻都在有目标地生活和工作，那么他就必然会不断地学习，从而成为真正意义上的终身学习者。

（六）教师作为学生的心理保健员应有的主要素质

教师作为学生的心理保健员，主要是保证学生心理健康成长，这个角色的实现要求教师具备以下素质：

1．健康的心理

“根据联合国世界卫生组织（WHO）的定义，心理健康不仅指没有心理疾病或变态，不仅指个体社会生活适应良好，还指人格的完善和心理潜能的充分发挥，亦即在一定的客观条件下将个人心境发挥成最佳状态。目前在我国，心理健康既指心理健康状态，也指维持心理健康，预防心理障碍或行为问题，进而全面提高人的心理素质的过程。”① 一个心理健康的教师往往具有正确的自我认识、良好的心境、适度的情感反应、和谐的人际关系、健全的意志品质、健康完整的人格、良好的社会适应能力等特点。心理健康，是教师成为学生的心理保健员的前提。保持良好的心理状态才能够帮助和引导学生，并在无形中影响学生，使学生具有满意愉快的良好情绪状态。

2．相关的理论知识

教师应该有较好的心理学理论知识，还要有心理健康教育、心理咨询、心理辅导等方面的专业知识。

3．心理保健方面的专门技能

教师作为学生的心理保健员，一方面要通过心理健康教育使学生掌握心理自我调节的方法，能够及时调整自己的心态，保持正常、稳定的情绪；另一方面要对有心理问题的学生进行适当的心理辅导和咨询，帮助学生获得正当的心理需要。为此，教师要能够熟练掌握和运用心理健康教育、心理咨询、心理辅导等方面的技能和技巧。

---

① 俞国良，曾盼盼．论教师心理健康及其促进［J］．北京师范大学学报（人文社科版），2001（1）．

此外，教师还必须具有相关的技能和技巧。例如，交流技巧可以引导学生说出心里的想法和问题，借此了解学生的心理变化，掌握学生的心理状况，特别是可以关注那些心理波动较大、情绪不稳定的学生，从而有针对性地对学生进行心理辅导。再如，教师应该有较好的理解能力，能够理解学生的语言、行为、思想，这样才能深入学生的内心世界，了解他们的心理状态，明了那些不能被其他人理解的问题。

以上梳理、分析的适应多元角色的各项教师专业素质内容中，既有作为教师应有的基本专业素质，如语言表达能力、课堂教学能力等，也有新时代背景下对教师提出的新的、更高的要求，如研究能力、沟通能力、学习能力、信息技术的应用能力等。下面从教师的专业理念与道德、专业知识、专业能力三个方面将教师上述素质作一归纳。

在专业理念和道德方面，教师应该有问题研究意识、探索精神、终身学习的意识、信息意识、健康的心理等。

在专业知识方面，教师应该有整合的学科知识、课程理论知识、教育理论和心理学的修养、教育科学研究方法、心理健康教育、心理咨询、心理辅导等方面的知识。

在专业能力方面，教师应该有良好的语言表达能力、教学设计能力、课堂教学能力、组织课外活动的能力、学习和课程评价能力、创新思维能力、教育科研能力、心理保健能力、沟通能力、理解能力、学习能力、职业发展规划能力、信息处理能力、信息技术与课程整合的能力，等等。

二、当今教师多元角色冲突及其应对

（一）教师的多元角色与角色冲突

角色冲突是社会心理学角色理论中的一个重要概念。所谓角色冲突是指个体不能满足多种角色要求或期待而造成的内心或情感的矛盾与冲突。角色冲突可以分为角色间冲突和角色内冲突。[①] 角色间冲突是指个体必须同时扮演不同的角色，但由于缺乏充足的时间和精力，无法满足这些角色提出的期望而产生的冲突；角色内冲突是指两个或两个以上的角色伙伴对同一个角色抱有矛盾的角色期望所引起的冲突。[②]

既然每个人都扮演着许多不同的角色，那么当这些角色的要求出现对立时，置身于其中的个体就处于一种角色冲突的状态。[③] 根据社会学的这一基本判断，我们认为，当今社会中教师扮演着多元角色，因而在教师身上也会存在一定的角

① 参见朱智贤．心理学大辞典［Z］．北京：北京师范大学出版社，1989. 348～351.

② 王俊明．近年来国内关于教师角色冲突的研究综述［J］．教师教育研究，2005（3）.

③ 参见［美］戴维·波普诺．社会学［M］．李强等译．北京：中国人民大学出版社，1999. 97～99.

色冲突。例如，要想做一位成功的教师，必须要对学生关爱有加且充分信任，而与此同时，又必须对学生严格要求，适当地建立自己的威信。前者要求教师言行和蔼，与学生平等交往，而后者要求其言行要相对严厉，有时甚至要强硬。这样，“平等对话者”与“教育中的权威”这两种角色就产生了冲突。

教师的角色冲突对教师个人发展和教学工作会产生直接的影响。“适当的冲突有助于教师适应角色的要求，促进教师学习，冲突的解决使教师体会到成功的乐趣。但是，冲突可能影响教师的身心健康和工作积极性，影响教师职业的稳定，诱发部分教师的角色转变行为。”① 可见，从教师专业发展的角度来看，重视并处理好教师角色冲突问题具有十分重要的意义。

（二）教师角色冲突的主要表现及其成因

1．教师角色冲突的主要表现

教师角色冲突是社会学、教育学和心理学等多个学科长期以来十分关注的重要课题，已有较丰富的研究成果。

十年前，就有学者探讨了社会转型时期教师角色的冲突问题，将教师角色冲突的表现分为以下几种类型：①在教师角色追求的目标上，有表现型角色与功利型角色的冲突。前者以追求对社会制度、社会秩序、社会主导价值观念与共同行为规范的表现为目标；后者以追求个人功效、实际利益为目标。②在教师角色规范的程度上，有规定型角色与开放型角色的冲突。规定型角色是指社会对角色的权利、义务、思想、言行，甚至仪表、服饰等都有明确的规定，充当这类角色的人要受到角色规范的严格制约；充当开放型角色则没有严格的角色规范要求，角色承担者可以根据自己对角色的理解而自由活动。③在角色行为的态度上，有执著型角色与自由型角色的冲突。执著型角色是指角色承担者在深刻认识角色社会价值的基础上，从行为上表现出对该角色的无比热爱、执著追求、态度坚定、无怨无悔。自由型角色是指角色承担者注重个人自由发展的价值，在行为上表现出对理想职业的不断追求，流动次数较多。④在教师角色适应的倾向上，有社会中心型角色与学生中心型角色的冲突。社会对教师的期望主要体现在国家制定的教育目的、培养目标与各级政府制订的教育发展规划，以及社会各部门、各行业对人才需求的计划上。学生对教师的期望主要体现在学生及家长从学生个人的前途出发而提出的对受教育的层次、类型、专业、课程等方面的期望之中。当二者不能兼顾时，便会产生角色冲突。⑤在教师角色功能的形态上，有专一型角色与复合型角色的冲突。专一型角色是指角色功能较为单一，仅局限于一所学校内部和特定的专业范围；复合型角色功能则具有多层次、多序列的特征，除在学校内完成特定的角色功能外，还要在社区，乃至大社会中承担一定的角色。这二者之间也会经常发生冲突。⑥在教师角色情感的反映上，有自尊型角色与自卑型角色的

---

① 宋辉等．教师角色冲突的作用与危害［J］．社会科学论坛，2002（7）．

冲突。自尊型角色在角色情感上的最大特征是具有强烈的自尊心和职业荣誉感；自卑型角色则相反，常常产生职业的屈尊感和失落感。教师作为知识分子的组成部分，在这一方面的冲突也是经常发生的。①

近年来，又有人探讨了基础教育改革时期教师角色的冲突问题，将教师角色冲突的表现概括为：不同角色期待引发的角色冲突、"完人"与"自然人"的角色冲突、角色转变引发的角色冲突、高的职业评价与低的社会地位引发的角色冲突、角色职责要求与个人事业成就引发的角色冲突。② 在角色转变引发的角色冲突方面，目前最主要的就是新一轮基础教育课程改革对教师提出的与传统教育教学角色不同的新角色而导致教师的角色冲突，主要表现在教师在接受新课程的过程中，存在着心理的角色冲突，如自我否定的痛苦感；新型师生关系引发的不适应感；教师的知识技能的缺失；教师工作负担重，课程资源缺乏；培训内容与形式缺乏实用性；评价制度与方法滞后等。③ 在新课程环境下，教师要经历一个角色从冲突到再适应的过程。

此外，还有人探讨了教师的课堂角色冲突问题，认为教师课堂角色冲突主要有以下几种表现：①训诫与理解的冲突。教师的领导者与同情者、顺应者的角色冲突，使教师常常处于两难的境地。②领导与失范的冲突。教师作为管理者与自己管理知识能力水平的冲突，教师发现自己缺乏角色的知识。③负责与自由的冲突。即教师作为课堂纪律维持者与作为受学生欢迎的朋友之间的冲突。④多疑与友好的冲突。即教师的社会代理人角色与作为父母代理人角色的冲突。④

2. 教师角色冲突的原因

引发教师角色冲突的原因是复杂的，主要有以下几个层面的因素。

（1）社会层面的原因。

当今社会正处于价值多元化时代，教师在解决社会问题、增进不同社会文化价值之间的相互尊重和理解等方面发挥着越来越重要的作用。关于这一点，联合国教科文组织早在十年前就明确指出："教师作为变革的因素，在促进相互理解和宽容方面，其作用的重要性从未像今日这样不容置疑。这一作用在21世纪将更具决定意义。"⑤ 教师在当今社会中的重要作用，使得社会对其的期望也日益多样。"从传递文化的角度讲，教师既是旧文化的维护者，又是新文化的启蒙者；从施行教化的角度讲，教师既要扮演学者，又要扮演圣者；从培养人才的角度讲，教师既是知识的传授者、道德的示范者，又是学生集体的领导者与心理困扰

---

① 董泽芳. 社会转型期的教师角色冲突 [J]. 华中师范大学学报（哲社版），1996（6）.
② 黄妍，钟佑洁. 基础教育改革时期的教师角色冲突 [J]. 教学研究，2004（5）.
③ 曾宁波. 教师对新课程改革方案可接受性问题的研究 [J]. 中国教育学刊，2003（9）.
④ 王俊明. 近年来国内关于教师角色冲突的研究综述 [J]. 教师教育研究，2005（3）.
⑤ 联合国教科文组织总部中文科. 教育——财富蕴藏其中：国际21世纪教育委员会报告 [M]. 北京：教育科学出版社，1996.

的治疗者；从教师自身来讲，既是社会化的承担者，又是社会化的承受者，既是特殊的社会成员，又是普通的社会成员。”① 各种高的社会期望交织在一起，常常使教师无所适从，最终引发角色冲突。此外，教育与社会需求的脱节、教师职业声望与教师实际待遇的反差等也会引发教师的角色冲突。

（2）教育环境的原因。

为了适应发展迅速的社会形势，当前教育环境的变化也十分快，教育改革几乎成为目前各个国家和地区的头等大事之一。新的教育理念、理论、内容、模式、政策与已有的教育制度之间形成的冲突和矛盾，使得今天的教育环境异常复杂，而工作和生活于其中的教师所承担的心理压力可以说是史无前例的。新旧要求的不同，都会造成教师的角色冲突。就我国而言，当前正在推行的新一轮基础教育课程改革，要求教师承担的角色不仅是多元的，而且还有一部分是前所未有的，教师如果不能及时改变自己的角色观念并调整角色行为，便无法适应新的多元的角色要求，因此不可避免地出现角色冲突。另外，教育主管部门或学校制定的不符合教育规律和客观实际的规章制度等都可成为导致教师角色冲突的因素。

（3）教师自身的原因。

“教师只有在具有所需的知识和技能、个人素质、职业前景和工作动力的情况下，才能满足人们对他们的期望。”② 如果教师不具备应有的知识、技能、工作动力等，则难以承担其应该承担的多元角色。教师角色认识有误、角色体验不良、角色扮演技巧失当等都会造成角色冲突。另外，教师的心理状况也是导致教师角色冲突的一个十分重要的因素。我国有人研究表明，实施新的课程计划，意味着课程实践要发生一系列变化，变化可能导致教师出现情绪反应，引起教师的心理障碍，造成冲突。具体表现在：①心理惰性。长期以来，我国实行的是大一统的课程、教材制度，教师课程意识非常淡薄。这种历史上的课程政策导致了教师的心理惰性。新课程标准的实施，充分体现了教师的主体地位和主体性作用的发挥，这种新的主体或主角身份与传统的课程观念之间发生了冲突。②逆反心理。面对新课程，很多教师觉得很不习惯，往往表现出盲目的、刻板的逆反心理。③观望心理。有些教师对课程改革持漠不关心的态度，把自己置于改革潮流之外，缺乏改革的参与意识。面对新的课程改革，盲目应付，缺乏主动性、创造性，由此影响课程实施的效果。③ 这些不良的心理，难以保证教师积极地投入到新课改过程之中并主动地适应新课改对教师角色提出的新的多元要求，因而也容易导致教师的角色冲突。

---

① 董泽芳．社会转型期的教师角色冲突［J］．华中师范大学学报（哲社版），1996（6）．

② 联合国教科文组织总部中文科．教育——财富蕴藏其中：国际21世纪教育委员会报告［M］．北京：教育科学出版社，1996．135．

③ 王德华，肖玉梅．从冲突到适应——谈新课程理念下教师的角色转换［J］．体育世界（学术版），2006（1）．

（4）教师教育的原因。

教师教育的质量，直接影响着教师的素质和专业发展程度，也就影响着教师在当今社会中多元角色作用的发挥程度。然而，目前的教师教育的确难以完全承担起培养具有多元作用的教师的任务。在职前教育阶段，理论与现实的脱节，使得不少师范生虽然掌握了大量的教育理论和专业知识，却难以在现实的教育实践中成为称职的教师；而教师的在职培训也并不令人满意。有研究者指出："当前教师培训的效果不佳，不少教师所学的教育理论知识只是停留在口头和理解上，并没有内化为教师的职业知识经验，对教师的教学实践没有发挥应有的作用。出现两条腿走路的现象，理论与实践的脱节，也是教师冲突的一个因素。"① 在我国，真正意义上的教师专业教育还没有比较完善的体系，短期培训、通识培训的教师培训形式在训练教师的科研意识和科研能力、培养教师的职业态度、教师角色的自我认知、适应与调整等方面存在着明显的缺陷，这些都不能够使教师很好地承担今天应该承担的多元角色，并且不能使每一个角色都发挥较为充分的教育价值，因此容易导致教师角色的冲突。

（三）教师应对角色冲突的主要措施

长期的角色冲突会影响教师工作的积极性，影响教师的身心健康，不利于教师高效地完成教学任务，因此，当出现教师角色冲突现象时，需要研究缓解和解决的举措。

目前，我国关于解决教师角色冲突策略的研究大多将目光集中在社会、学校和教师自身这三个层面。在社会层面上，提倡要为教师创造良好的社会文化环境，切实提高教师的社会地位和经济待遇，树立正确的教师观，大力倡行尊师重教的社会风尚，另外，对教师的期望要适度。在学校层面上，要充分尊重教师的劳动价值，正确对待教师的劳动量，在学校内树立尊重教师的校风，建立科学合理的规章制度，有效降低教师的工作负荷，建立良好的学校内部的人际关系，对教师加强角色教育。还有人针对新课改中教师的角色冲突问题提出了若干解决策略：课程改革的程度要符合教师的成长规律；增强教师的心理适应性；开展有组织的专题研究；采用反思教研方式，提高教师的自我发展能力。②

这里，我们重点阐述教师应对自身角色冲突的若干措施。应该强调指出的是，下述内容实际上也是教师专业发展的重要组成部分。

1. 更新教育观念

教育观念是教师在教育教学活动中对学生的主体认识以及对自己教学能力的认识，它直接影响教师的社会知觉、判断等心理过程，从而引发其相应的教育、教学行为。教育观念是教师素质中起导向作用的组成部分，教师教育观念系统的

① 毛晋平. 从所倡导的理论到所使用的理论［J］. 高等师范教育研究，2003（1）.
② 曾宁波. 教师对新课程改革方案可接受性问题的研究［J］. 中国教育学刊，2003（9）.

转变是教师精神变革中内在而具有前提意义的条件。新课改过程中，教师多元角色的新态势需要教师切实更新教育观念，以新的观念统领自己的角色行为。

教师的教育观念是一个复杂的系统，其更新也是一个复杂的过程。下面仅就较为重要的学生观、课程观、教学观、教师观等作一简要的说明。

在学生观方面，传统教育中，学生被认为是非常无知的，教师将知识灌输给学生就可以了。学生成了装载知识的容器，在教育教学过程中完全处于被动接受的地位。现代的教师必须更新自己的学生观，要将学生看做发展中的个体，相信学生具有发展的潜能。并且，不能将学生的发展仅仅局限于知识的积累，而应该用“全人发展观”指导自己更新学生观。总而言之，教师在学生观方面应有的认识主要有：①学生是正在生成和发展的人，是独立的主体的人；②学生是生活在社会中的人，是人类社会关系中的人；③学生是文化的人、是知识的建构者；④学生是需要受到成人关爱和教育的人。

在课程观方面，教师要打破“课程就是给定的知识”“课程就是学校的各门学科”等观念，用动态、综合的观点来认识新的课程，形成以下观念：①生成的课程观，即课程是学生在生活体验中生成的，不是给定的制度化的教育要素；②整合的课程观，即课程是综合的，不是单一分化的内容体系；③实践的课程观，即课程是开放的，不是封闭的活动体系。

在教学观方面，我国传统的教学比较注重教师的教，而忽视了学生的学。因此，课堂往往成为教师“唱独角戏”的地方，课堂教学中“一言堂”的现象比较严重，“教与学的关系不是教师与学生的平等关系，而是指导与被指导、命令与服从的关系”①。新课改遵循现代教学理念，指出教学从本质上说是一种沟通与对话的活动，“教与学的关系表现为特定客观条件下教育者与受教育者的行为关系……是教育者与受教育者在社会交往中形成的一种特有的社会现象，是一种沟通与合作的现象”②。如果说传统的课堂教学中教师过于注重教的内容和进度的话，新课改要求教师在课堂教学中关注教学情境的创设、教学活动的组织、学生参与的调动，使课堂成为师生交往的场所，课堂教学成为师生交往的活动。在新课程背景下，教师应有的教学观主要包括：①教学是教师和学生共同构成的双边活动过程，而不是教师一个人完成的活动；②教学是以知识的授受为中介，全面促进学生身心健康成长的过程；③教学是儿童主动学习的过程；④教学是教师创设有利于学生学习，并观察、指导、帮助学生学习和学会学习的过程；⑤教学是师生交流、对话、合作学习的过程。

除了更新教师自己的学生观、课程观、教学观之外，教师对自己的认识和看法也要有所更新。主要包括：①教师是人类文化的研究者、传播者和创造者；

---

① 钟启泉等. 为了中华民族的复兴，为了每位学生的发展［M］. 上海：华东师范大学出版社，2001. 218.

② 同①，207.

②教师是学校的经营者和管理者；③教师是课程的构建者和领导者、教育资源的开发者和利用者；④教师是学生学习的组织者、引导者和合作者；⑤教师是学生发展的示范者和评价者。

2. 加强师德修养

现在，越来越多的人认为，“教师道德是教师角色冲突的融合因素”①。因为调节教师角色冲突的过程在一定意义上讲，是教师正确认识和处理教师个人与社会、与教育劳动、与教育对象的关系的过程，也是教师道德意识的调节过程。教师的角色冲突，虽然在表面上呈现为教师在扮演不同角色时引起的冲突，但实质上不外是教师与社会、教师与教育劳动、教师与同事、教师与学生等一系列关系的折射。而教师道德的各种规范和原则是统一教师角色行为的基本准则，教师不管扮演何种角色都必须符合教师道德的基本要求，因而，加强教师的道德修养，对于正确认识和有效解决教师的角色冲突，是有积极意义的。

3. 注重教师合作

教师合作包括三个方面的元素，即教师合作组织中的成员有一个共同的目标；围绕着这一共同目标，教师们分工、合作、互相帮助，共同努力来完成这一目标；在达到目标的活动中，教师个体在原有基础上都获得专业成长。② 我国传统的教育教学实践中，教师共同讨论、合作完成教育教学任务的机会是比较少的，教学过程经常是孤军奋战，缺乏团队的支持与分享。这种状况也容易导致在教师身上产生角色冲突的情况。今天，教师的多元角色态势要求教师之间要保持互动、合作的关系，引发了教师行为方式的变化，并在一定程度上改变了教学的组织形式和专业分工，而这些改变对于缓解和解决教师角色冲突也是一种有效的途径。

教师的合作主要体现在：①不同学科领域教师之间的合作。多年来，学校教学一直是分科进行的。教师的角色一旦被确定，不少教师便画地为牢，把自己禁锢在学科壁垒之中，不再涉猎其他学科的知识。这种单一的知识结构，远远不能适应教师角色多元化的需要。因而，教师之间需要进行跨学科的交流合作，拓宽知识面。不同学科领域教师之间的合作，另一个重要的意义就在于，人由于学习不同学科的缘故，往往会形成不同的思维方式，于是，不同学科领域的教师进行合作，可以活跃思维，有助于发展教师的思维能力。这一点从根本上更加有利于教师适应角色多元的要求以及自身的专业发展。这种合作有利于解决教师教学方面的角色冲突。②班主任与任课教师之间的合作。班主任对于班级学生的学习情况、学生的个性特征有比较全面的了解，而任课教师可能对学生学习所教学科的情况更为清楚。二者若能实现合作，既可以促进任课教师有针对性地进行有效教

---

① 孙海涌. 试论教师的角色冲突与道德调节［J］. 镇江师专学报（社会科学版），2000（2）.

② 赵群英. 教师合作学习的理性认识与实践策略［J］. 教育科学论坛，2004（3）.

学，又有利于班主任全面掌握学生的具体学习情况，从而对其进行适当的引导和教育。这一合作有利于解决教师作为教育者和管理者方面产生的角色冲突。③不同年级教师之间的合作。这些教师的合作，主要是互通信息，加强教学的连贯性，从而减少学生因为升级带来的不适感，使学生在新的学年能够很快进入状态。同样，教师也会比较容易进入状态，对于多元角色的要求也不会感到很吃力。试想，一个带高三年级的教师，从未跟低年级教师沟通、合作过，仅仅通过学习手册来认识学生，肯定会在教学、管理，以及对学生进行思想教育等方面感到有困难。因为他根本就没有真正了解过学生，何以能够胜任学生学习的指导者、学生的心理保健员角色的任务？④经验丰富的教师与新任教师之间的合作。经验丰富的教师在教学技能、课堂的组织管理方面往往强于新任教师，但是，新任教师的思维也许更加活跃，信息资源更为丰富，所以二者也需要取长补短。

4. 进行角色学习和训练

为形成角色技巧，解决角色紧张和角色冲突，达到符合角色规范和满足角色期望的要求，人们可以进行角色学习和角色训练。角色学习，是指个人了解和掌握角色的行为规范、权利和义务、态度和情感、必要的知识和技能的过程。它是一种社会学习，主要包括两方面：一是在特定的社会规范下的学习，主要学习角色的责任与权利；二是在与他人交互反应中的学习，主要是学习、模仿角色的态度和情绪反应。角色训练，则是指培养一个人具备那些按照角色期望来行动的能力的过程。一般是模拟现实社会中某些问题的情境，让一个人扮演各种不同的角色，站在他人的立场上分析问题、处理问题，通过及时的反馈，了解别人的需求和感受，使自己能更好地担当起应当承担的角色，表现出与角色相适宜的行为。[①] 教师要想很好地适应今天社会和教育赋予的多元角色，角色学习和训练也是必不可少的。通过角色学习和训练，可以提高自己的角色认知水平，合理调整自己的角色行为，培养角色精神，有效抵制非本质角色行为的诱惑，增强角色适应能力。

【本章小结】

1. 教师角色是指教师在学校教育中，为实现与其身份、地位相对应的权利和义务时，所表现出来的符合社会期望的态度和行为模式的总和，它具有自主性、创造性、专业性、权威性、示范性和多样性。

2. 影响教师角色的主要因素有四种，即社会发展状况、学生的需求、学校的教育环境以及教师自身的素质。

3. 教师的角色定位应该是多元的而不是单一的，在现代社会中教师角色更

---

① 顾明远. 教育大词典［Z］. 上海：上海教育出版社，1987. 843.

是呈现出多元态势。学者们较多认同的教师角色主要有六个，它们分别是：学生学习的指导者和促进者、课程的研制者、教育研究者、信息资源的查询者和设计者、终身学习者、学生的心理保健员。

4. 当今教师的多元角色对教师专业素质提出了相应的要求，探明有关内容，对于教师专业发展来说意义重大。当今教师承担的六种主要角色要求教师在专业理念和道德方面，应该有问题研究意识、探索精神、终身学习的意识、信息意识、健康的心理等；在专业知识方面，应该有整合的学科知识、课程理论知识、教育理论和心理学的修养、教育科学研究方法、心理健康教育、心理咨询、心理辅导等方面的知识；在专业能力方面，应该有良好的语言表达能力、教学设计能力、课堂教学能力、组织课外活动的能力、学习和课程评价能力、创新思维能力、教育科研能力、心理保健能力、沟通能力、理解能力、学习能力、职业发展规划能力、信息处理能力、信息技术与课程整合的能力，等等。

5. 当今社会中教师扮演着多元角色，因而在教师身上存在着一定的角色冲突。从教师专业发展的角度来看，重视并处理好教师角色冲突问题具有十分重要的意义。尽管教师角色冲突的表现是形形色色的，但是其致因归纳起来主要是社会、教育环境、教师自身和教师教育四个方面。

6. 解决教师的角色冲突，可从社会、学校和教师自身三个层面上来考虑。从教师自身的角度来说，教师应对自身角色冲突的主要举措包括：更新教育观念、加强师德修养、注重教师合作、进行角色学习和训练等。这些举措实际上也是教师专业发展的重要组成部分。

第三章　教师专业素质的若干新思考

【内容提要】

本章的研究目的不在于系统地建构教师专业素质结构，而在于就教师专业素质中若干重要的理论进行辨析和阐释，以试图改变人们长期以来形成的关于教师的一些片面甚至是错误的认识，帮助人们形成新的科学的教师理念。

第一节在简要梳理教师职业道德基本理论的基础上，讨论了教师道德从“神圣化”到“大众化”的转变，并就“蜡烛说”过时论进行了简要的分析和澄清。

第二节主要是对教师专业知识的“专”与“杂”进行了讨论。首先对教师知识分类的研究成果进行梳理，在此基础上，重点讨论了中小学教师专业发展中知识的“专”与“杂”的关系，并就如何处理二者的关系作了分析。

第三节主要是就教师成为“研究者”的原因、内涵、价值、保障条件等作了分析。

第一节　从“神圣化”的教师道德到“大众化”的教师道德

“教学首先是一种道德的和伦理的专业，新的专业精神需要重申以此作为指导原则”；“在新的教学道德规范中，专业化和专业精神将围绕教学和学生学习的道德定义而达到统一”①。离开了教师道德问题，关于教师专业发展的任何探讨都将失去意义。

国内外对于教师道德的研究已经相当成熟，但是有一些问题至今没有得到真正的解决。本节试图说明的问题是：第一，教师道德与教师职业（专业）道德之间是有区别的，应该对教师道德进行分层研究，建构教师道德体系；第二，中国文化传统下的教师道德被置于“神圣化”的地位，这一地位既不能帮助教师更好地从事教育工作，又不能给教师带来与其他社会成员平等的社会、经济地位。在今天这样一个崇尚人格平等、民主法制的现代社会，教师道德应该实现从“神圣化”向“大众化”的转型；第三，在强调教师专业发展的今天，有人认为

① 艾佛·F. 古德森. 教学中的职业精神，恪守原则的职业教师［J］. 教育展望（中文版），2001(2).

过去我们提倡的“蜡烛说”已经过时了，这种观点也是值得商榷的。

一、教师职业道德及其作用

（一）教师职业道德的概念

教师职业道德是教师在从事教育劳动过程中形成的较为稳定的道德观念和行为规范，它是调节教师与他人、教师与集体、教师与社会相互关系的行为准则，是一定社会或阶级对教师职业行为的基本要求的概括，也是教师个人在道义上的思想、感情、态度、行为和作风的特殊表现，是教师从事教育劳动应遵循的行为规范和必备的思想品德。① 教师道德包括社会道德和个人道德两个方面的含义。从社会道德方面讲，教师的职业道德是同教师的职业活动紧密联系着的，具有教师职业道德的特征；从个人道德角度讲，教师道德是教师在履行自己的职责过程中的道德行为规范以及教师作为一般行为个体所具有的公民道德。教师的职业道德是从教师的职业劳动和教育的客观规律中引申出来的一种职业道德，是从教师与学生、领导、家长、社会及教师之间等关系中概括总结出的一种职业道德。

教师职业道德与教师道德并不是一回事。多年以来，人们形成了一种观念，即教师理所当然得承担起道德家的角色，教师理所当然是高尚道德和完美道德的化身，所以人们对教师行为严格要求，对教师的道德要求甚至到了吹毛求疵的地步。教师不能有任何不合时宜的行为和言语，否则就好像犯了莫大的罪过。实际上，这对于教师来说是不公平的。

一个教师，在现代社会中至少有三种角色或身份。其一，他是社会中的一般个体。作为个体的存在，是一个人本体的存在，是首要的存在；其二，他是特定国家的一个公民，这是生活在现代社会中绝大多数个体的基本社会角色；其三，他是教育专业人士，是教师，这一角色是他在一定时期内承担的社会工作的体现，是以前两个角色为基础的。与前两个角色相比，这一角色具有易变性。今天扮演教师角色的人，明天可能去从事其他工作，扮演其他社会角色。

具有教师角色的人，由于他首先是一个一般个体，而且还是一个国家公民，因此，在日常生活中，他有权享有作为社会个体和公民应该享有的一切正当权利，他在从事某种行为时，其动机或起因并不都是源于教育教学，事件的发生也不都是囿于学校之内或教育系统之内，因此，扮演教师角色的人的行为，并不都是教育专业行为。这样来看，教师道德至少可以分为如下三个层次：

第一层次，教师作为一般意义上的个体，应该具有一般个体的道德品质；

第二层次，教师作为特定国家的公民，应该具有国家公民道德；

第三层次，教师作为专业教育人员，应该具有教师职业道德。

可见，教师道德是由教师的个人道德品质、公民道德和职业道德构成的一个

---

① 王荣发．现代职业伦理学［M］．上海：华东理工大学出版社，1998. 168.

相对完整的系统，三者之间存在着内在的必然联系，相互制约、相辅相成。探讨教师职业道德的提升问题，一定离不开对教师个人道德和公民道德的分析。同样，作为扮演教师角色的个体来说，其道德范畴不仅仅只是教师职业道德，对于他的行为的道德判断，当然也不能拘泥于教师职业道德的领域，否则就容易出现错误的判断。

在现实生活中，严格区分教师道德与教师职业道德是比较困难的事情，但这并不等于说就不能区分。当我们将“教师道德”理解为“教师的道德”，即“一个人扮演教师角色、从事教师专业工作时的道德”时，“教师道德”指的就是“教师职业道德”。而当我们将“教师道德”理解为“扮演着教师角色的个体的道德或国家公民的道德”时，“教师道德”肯定不仅仅指“教师职业道德”，它还可能指某一个人的个体道德品质，或者某一个人的公民道德。当然，我们不能说作出这样的区分没有意义。明确教师道德与教师职业道德的不同，有助于我们正确地认识和客观公正地评价教师的活动和行为，保障教师在现代社会中的正当权利，减轻教师的职业压力，保证教师大胆地行使自己的权利、履行自己的义务，为教育事业的发展和社会的进步作出更大的贡献。

（二）教师职业道德的作用

1. 教师职业道德对教育过程的规范作用

教师道德在教育过程中的规范作用，是教育过程得以顺利进行的重要保证之一。教师是教育过程的主要参加者，教师对教育事业的认识如何，对教师职业的态度如何，教师和学生的关系是否正常、和谐、融洽，对教育过程的影响极大。随着教育改革的深入发展，教师在校内与校外的交流接触更为频繁。社会的需要与教育事业的发展促使教师不断扩大自己的人际关系范围，以便给教育工作带来更多的效益。要处理好教育活动过程中人与人之间的关系，仅仅按照一般的管理手段是不行的，最根本的一点是要依靠教师自身良好的道德素质。教师良好的职业道德是促进教师和教育过程的其他参加者以及社会各方面建立良好关系的润滑剂，它使教师能够在十分和谐、友好的环境中从事教学科研工作，得到各个方面、各个环节的协作、帮助和支持，更好地完成教书育人的任务。

2. 教师职业道德对学生的示范教育作用

青少年正处在长身体、学知识的重要时期，在心理上和道德上有一个重要的特征，即模仿性强。教师是学生最关注的人物，也是他们最爱模仿的对象。教师的一言一行，从道德品质到每一个生活细节，对学生思想品德的形成都有重要的表率作用、影响作用和教育作用。正如苏霍姆林斯基所说：“学校好比一种精致的乐器，它奏出一种和谐的旋律，使之影响每一个学生的心灵——但要奏出这样的旋律，必须把乐器的音调准，而这种乐器是靠教师、教育者的人格来调音的。由此就提出最重要的一点：学生是怎样来看教师的，他们在教师身上看见和发现了什么，每一个教育者和整个教师集体在学生面前表现了人的品质的哪个方面。

能够迫使每个学生去检点自己、思考自己的行为和管住自己的那种力量，首先就是教育者的人格，他的思想信念，他的精神生活的丰富性，他的道德面貌的完美性。”① 因此，教师的思想品德对青少年学生心灵成长的影响有着重要的陶冶作用。正像北京市景山学校校长、特级教师崔孟明所说的：“教师传授知识和技能，更播种品行和信念。师德是震撼心灵的雷鸣闪电，是润物细无声的春雨，是火的熔炼，是爱的奉献。”②

3. 教师职业道德对教师自身人格的陶冶作用

“教师个体的道德素养，不仅能够对学生及其他诸种人际关系等产生影响，而且反过来影响自身。”③ 教师自觉地提高自身的道德素养，能够有效地增强自我心理调节的能力和水平，使之在诸多的困惑和复杂的人际关系中，能够保持一种较高的自觉性，保持一颗平常心。

目前，面对日益深化的改革，人才流动逐步市场化，教师也获得了重新选择职业和单位的自由和机会，这给教师的生活、工作、学习带来了前所未有的冲击。眼前和个人利益的诱惑使一些教师不安心于自己的职业，平时工作三心二意、敷衍塞责；一些教师不负责任，课堂上只注重讲授干巴巴的书本知识，缺乏理论与实际的结合，对学生不管不问，讲完课一走了之，连最起码的“教书”都不能做到，更不要奢谈什么言传身教、育人为先；还有部分教师的人生追求趋向物欲，价值标准更加注重实用，行为选择偏重实惠，这从频繁曝光的教师收受学生礼物事件以及“有偿家教”问题中就可见一斑。此外，教师与学生之间缺乏沟通、信任和理解，某些教师缺乏严肃认真、一丝不苟的工作态度，讲课前言不搭后语，衣冠不整、秽语满口，连起码的社会公德也没有。上述种种现象都有悖于教师的职业道德。

面对上述种种状况，良好的教师道德素养能够帮助教师本人冷静客观地分析各种利益关系，正确地认识和处理各种现实矛盾和问题，树立崇高的道德责任感，纠正与道德要求相悖的各种思想和行为，坚持自律自强地学习、工作。这个过程就是教师进行自我心理调节的过程，它对于保证教师心理生活的健康运转、愉快地工作学习，其作用无疑是十分重要的。

由于教师职业的特殊性导致了人们对教师道德修养有更高的要求，它对社会、学生、教师自身都有着影响作用。我们应该认识到教师职业作为一项培养人的社会活动的特殊性，尤其是教师自身更应认识到这一点，在实践工作中不断锤炼升华自己的道德素养，真正成为一名合格的、优秀的人民教师。

---

① 朱金香等. 职业伦理学 [M]. 北京：中央编译出版社，1997. 220.

② 钟祖荣. 现代教师学导论——教师专业发展指导 [M]. 北京：中央广播电视大学出版社，2001. 91.

③ 同②，96.

4．教师职业道德对社会生活的影响作用

一个教师具备良好的职业道德不仅会在学校教育的职业生活中起到积极的作用，而且会把这种业已形成的品质带进家庭生活和周围环境，不仅影响学生的成长，对提高整个民族的道德素质也起着重大的促进作用。

早在1946年，陶行知先生就提出“生活即教育”的理念。他指出：“为要真正的教育，必须做到社会即是学校这一点。”① 他说，整个的社会活动，就是我们的教育范围，是社会劳动的重要组成部分，是与整个社会生活密切相联系的。学生的健康成长，是社会各种因素综合作用的结果。因此，学校不可能是封闭的。教育本身的这种开放性，对教师的道德素养提出了很高的要求。在广泛的社会接触中，教师的人格和行为举止，即为世人所瞩目。如果教师具有良好的道德风貌，必将对社会产生积极的影响。随着社会的发展，人们精神文化的需求日益增长，教师与社会各个方面的联系愈来愈多，对社会生活的影响也就更加广泛和深入。同时，教师是一支人数众多、分布广泛的具有较高科学文化水平的知识分子队伍。作为社会的一分子，他们的整体道德素质如何，将直接关系到今天和未来的全民族的思想道德水平。因此，教师的道德建设是我国现阶段公民道德建设的重要组成部分，特别是教师个人道德素养的高低，会直接或间接地对我国公民道德建设产生影响。

二、教师的专业道德素质

教师职业道德是教师职业范围内具有教师职业特点的行为规范和职业要求。教师道德主要是以行为原则和规范的形成表现出来的。由于教师长期从事教学活动，有着共同的劳动方式，接受着共同的职业训练，因而有着共同的职业习惯和传统的职业心理。教师既要传授知识，又要为人师表，从而产生了特定的行为规范和道德要求。从教师专业发展的角度来看，这些特定的行为规范和道德要求，就是教师应该具备的专业道德素质。

（一）国外教师职业道德规范举隅

在国外，尤其是发达国家，普遍重视编制具体的教师职业道德规范，以保证教师在职业道德习惯养成上和社会对教师道德行为的评价上有规可依，有章可循。其主要特点是：第一，注重教师职业道德规范建设；第二，注意划分师德规范的结构层次以便于实施操作；第三，将师生关系作为教师职业道德规范的核心内容；第四，强调教师职业道德教育的内化与养成。

1．美国的教师职业道德规范

美国的教师职业道德规范大体包括三个方面：第一，师德理想，即“相信每一个人的价值和尊严，追求真理，力争卓越，培养民主信念”；第二，师德原则；

① 董宝良．陶行知教育论著选［M］．北京：人民教育出版社，1991. 645.

第三，师德规则。

2. 德国的教师职业道德规范

德国的教师职业道德规范包括以下内容：

(1) 具有健康的体魄，能胜任繁忙的教育和教学任务；

(2) 具有敬业精神，热爱自己的职业，热爱自己的学生；

(3) 具有人道主义精神，善于营造一种快乐的气氛，不能将教学环境搞得使学生像老鼠看到猫一样害怕；

(4) 热爱自己执教的学科，因自己的执教而感到欢欣鼓舞，了解它的重要性和意义；

(5) 对自己执教的学科很有信心，很有把握，了解它的难点、关系、系统、方法等；

(6) 懂得学习，了解每个人的学习方式和风格，不同的学习方式有利于不同的个人进行学习、思考和记忆，懂得如何才能真正有效地帮助学生学习；

(7) 具有民主精神，不仅认识到在教师之间应该民主，而且在师生之间也应该讲民主；

(8) 具有良好的师德，具有教师的责任感和使命感。

3. 日本的教师职业道德规范

日本对教师提出的职业道德要求主要有：

(1) 对自身：教师应有良好的、健康适度的生活习惯，克制自己过度的欲望，生活有节制，有良好的教养等；

(2) 对他人：具有人类之爱，并具有慈善、体谅、亲切、温暖之情和感谢心与同情心等；

(3) 对自然：热爱自然、敬畏自然，尊重生命并努力克服人类的弱点；

(4) 对个人与团体：明确团体中个人的义务与责任，通过个人的努力提高团体的质量；具有公德，遵纪守法，履行公民的权利和义务等。

(二) 我国的教师职业道德内容

1. 我国政府关于教师职业道德的要求

新中国成立后，“必须具有为人民服务的精神，从事艰苦的工作”① 成为教师职业道德的核心内容。此后，我国又多次颁布了《中小学教师职业道德规范》，使教师职业道德逐渐走上了规范化的道路。

1984 年 10 月，教育部和全国教育工会联合颁发《中小学教师职业道德要求（试行草案）》，共提出 6 条职业道德要求，具体内容有：①热爱祖国，热爱中国共产党，热爱社会主义，热爱人民教育事业。②执行教育方针，遵循教育规律，面向全体学生，教书育人，培养学生德、智、体全面发展。③认真学习马列主

---

① 毛泽东选集·第一卷［M］. 北京：人民出版社，1966. 983.

义、毛泽东思想，学习文化科学知识和教育理论，钻研业务，精益求精，勇于创新。④热爱学生，了解学生，循循善诱，诲人不倦，不歧视、讽刺、体罚学生，建立民主、平等、亲密的师生关系。⑤奉公守法，遵守纪律；热爱学校，关心集体；谦虚谨慎，团结协作；与家长、社会紧密配合，共同教育学生。⑥衣着整洁，举止端庄，语言文明，礼貌待人，以身作则，为人师表。

在对《中小学教师职业道德要求》进行修订的基础上，1991年8月13日国家教育委员会和全国教育工会联合颁发了《中小学教师职业道德规范》，共提出6条规范准则：①热爱社会主义祖国，拥护中国共产党的领导，学习和宣传马列主义、毛泽东思想，热爱教育事业，发扬奉献精神。②执行教育方针，遵循教育规律，尽职尽责，教书育人。③不断提高科学文化和教育理论水平，钻研业务，精益求精，实事求是，勇于探索。④面向全体学生，热爱、尊重、了解和严格要求学生，循循善诱，诲人不倦，保护学生身心健康。⑤热爱学校，关心集体，谦虚谨慎，团结协作，遵纪守法，作风正派。⑥衣着整洁、大方，举止端庄，语言文明，礼貌待人，以身作则，为人师表。

1997年8月国家教育委员会和全国教育工会对6条规范进行了必要的修订，发展为8条：依法执教、爱岗敬业、热爱学生、严谨治学、团结协作、尊重家长、廉洁从教、为人师表。

修订后的8条规范一直沿用至今，成为我国现行的中小学教师职业道德规范。中等职业学校教师职业道德规范是：坚持正确方向；热爱职业教育；关心爱护学生；刻苦钻研业务；善于团结协作；自觉为人师表。高等学校现行的教师职业道德规范是：热爱教育，献身教育；教书育人，遵循规律；热爱学生，诲人不倦；热爱科学，坚持真理；以身作则，为人师表；关心集体，团结协作；学而不厌，开拓进取。不管是中小学还是高等、中等院校的教师职业道德都有一些共同点：坚持社会主义方向；依法执教；爱岗敬业；精心培养社会主义事业的建设者和接班人。

2. 我国学界关于教师的专业道德素质的研究

受我国传统文化的影响，对于教师应该具有怎样的专业道德素质，人们长期以来进行了广泛的研究，提出了不同的观点。例如，早在十几年前，就有学者提出：教师职业道德要求的基本构成包括了职业理想、职业态度、职业责任、职业技能、职业纪律、职业良心、职业荣誉、职业作风等八个方面。从这八个方面出发，可以对教师的职业道德提出相应的要求。[①]

近年来，随着教师专业化理念的普及，有人提出应该从专业生活的角度理解教师专业道德建设，实现教师“职业道德”向“专业道德”的转移，突破原来教师职业道德过于笼统的局限性，突出教师职业道德的专业性特点，在每个具体

---

① 李春秋. 教育伦理学概论［M］. 北京：北京师范大学出版社，1993. 198～225.

层面对教师专业道德作出较为详尽的要求，从而确保教师能够在伦理上达到起码的标准，确保教师在行使专业权利时免受非专业人士的非理性指责与侵犯。对教师职业道德进行专业性的要求也是由于教育是一种文化或精神的事业，教师没有与此性质相匹配的追求、气质与修养就不合乎专业的需要，也无法获得职业生活的意义。同时研究者指出，进行教师专业道德建设时应该首先从观念上认可教师专业道德与专业生活、专业发展的内在联系，并将专业道德的发展与教师生涯发展和规划结合起来才能推动教师的专业道德建设，并最终提高教师职业道德的实效性。①

关于教师职业道德的具体内容，人们也进行了探讨。

有人认为："教师职业道德要求的基本内容，主要由教师的职业认识、职业情感、职业意识、职业信念和职业习惯五个主要因素构成，这些因素从不同方面反映出教师职业道德的特定本质和规律，同时又互相配合，构成一个严谨的教师职业道德结构模式。"②

有人从道德的心理成分的角度出发，认为师德主要包括：①自我的道德：指教师在个人品德方面稳定的表现，如真诚、正直、追求上进等；②对事业的道德：在坚持正确的政治方向的前提下，在从事自己工作的过程中所表现出的态度、责任感、积极性等；③对学生的道德：指教师在教育教学活动中，对学生的认知、情感及对待方式等，如了解学生、爱学生、尊重学生、公平对待学生等。③

还有研究者认为：比较完备的教师职业道德规范，应当包含教师与教育事业的关系、教师与受教育者（学生）的关系、教师与其他教师及教师集体的关系、教师与家长及其他相关人员的关系等四种关系范畴和师德理想、师德原则、师德规则三个层面的内容。其中，师德理想体现着教育专业至善至美的道德境界，具有激励功能；师德原则是指导教师职业行为的准则和依据，具有指导功能；师德规则是对教师职业行为的最低要求，具有约束功能。④

根据教师职业道德规范的基本功能、古今中外构建教师职业道德规范的基本经验和历史教训，并结合当前教师专业化发展的大背景，我们认为，教师应该具有以教书育人、乐教勤业、人格示范为原则，以依法执教、爱岗敬业、热爱学生、严谨治学、团结协作、尊重家长、廉洁从教、为人师表、学而不厌、开拓进取为基本规范的专业道德素质。

---

① 檀传宝. 论教师"职业道德"向"专业道德"的观念转移［J］. 教育研究，2005（1）.

② 朱金香等. 职业伦理学［M］. 北京：中央编译出版社，1997. 221.

③ 王炳刚，王国英. 论贫困地区中小学教师师德素质的构成［J］. 中国民族教育，2002（2）.

④ 傅维利，朱宁波. 试论我国教师职业道德规范的基本体系和内容［J］. 中国教育学刊，2003（2）.

三、从“神圣化”教师道德向“大众化”教师道德的转型

在中国传统文化作用下，中国社会公众曾经把教师当做偶像，与天、地、君、亲并列在一起加以崇拜，认为教师是理所当然的“圣人”“君子”。这种无条件地尊重教师，带来的是人们对教师无限度的期待和高要求。他们固执地认为，作为“人类灵魂工程师”的教师，担负着向年轻一代“传道、授业、解惑”之大任，是不能也不应该出现这样或者那样的问题的，是不能也不应该动辄言“利”的，因为君子曰“义”，小人才曰“利”。作为君子，教师只能讲究修身养性，“止于至善”，追求高尚和奉献。这实际上大大地缩小了教师作为普通人的行为空间，将教师地位和职业道德置于“神圣化”的境界。

在人们对教师地位和职业“神圣化”的场域中，教师一旦出现与人们的理想或期望规格不相符的言行举止，人们不是用平常心态，而是用极其苛刻的眼光来对教师大加指责，同时也毫不掩饰地表达自己对教师的不满和失望。无条件的尊师和神圣化的认识，给教师造成很大的职业压力，这实际上是对教师的不公平和不道德。为此，今天中国教育界一个重要的话题就是要使教师道德从“神圣化”的地位回归到“大众化”的地位，将教师职业“去神圣化”。

（一）教师道德被神圣化的原因

1．极端的义利观导致人们对教师的道德要求过高①

中国传统道德体系的核心是传统义利观。而传统义利观的核心即“贵义贱利、重义轻利”，它对人们的影响非常深刻。孔子曰：“君子喻于义，小人喻于利。”（《论语·里仁》）直接把义与利分离并对立起来。墨家虽倡言功利，但这种“利”乃是“国家百姓人民之利”（《墨子·非命上》），即公利，而非“私利”。法家在治国方略上虽破重功利，但在废私立场上与儒家一致。故曰：“道私者乱，道法者治。上无其道，则智者有私词，贤者有私意；上有私惠，下有私欲。”（《韩非子·诡使第四十五》）即法的功能在于“去私”。道家强调义利两忘，即所谓的“绝圣弃智”“绝仁弃义”“绝巧弃利”。儒、墨、法、道是诸子百家中最具有代表性的，他们的义利观实际上有一个共同的基点——“去私”。到西汉董仲舒，这种义利观发展为“正其谊不谋其利，明其道不计其功”。自汉武帝“罢黜百家，独尊儒术”之后，儒家学说“贵义贱利”的思想在中国传统文化中得以一以贯之。发展到宋明理学，明确提出“存天理，灭人欲”的主张，把义利、理欲、公私推到了截然对立的两个极端。综上所述，正如《礼记·礼运》开篇就写道：“大道之行也，天下为公”。这实际上规定了中国传统文化价值选择的基本走向。

传统文化强调公义，强调整体利益高于个人利益，非常可取。但过犹不及，

---

① 郭曰君．传统义利观之反思［J］．中州学刊，2005（3）．

忽视甚至否定个人利益，君子耻于谈私利，视私利为小人之行为，这些反映到教师行业，就是要求教师要“安贫乐道”“谋道不谋食”，这种对教师道德的期望迫使教师变成了“圣人”，加重了教师的职业压力和心理压力。

2. 道德的神圣化赋予了教师神圣化的地位

在古典本体论时期，道德的神圣化表现得十分明显。苏格拉底（Sokrates，前469—前399）认为“知识即美德”；亚里士多德（Aristotle，前384—前322）则在《尼各马可伦理学》中指出，如果自然人能够接受伦理学的指导，按照道德箴言行事，就能发扬德性，禁绝罪恶，就能认识到人的真正本性并能达到人的真实目的，而这样的人就成为“能够实现其本性的人”。宗教哲学家更是认为，道德是由诸如上帝一样的神赋予人的基本行为规范，是神圣不可亵渎的。即使在17世纪，道德教育的任务仍是“使男女青年，毫无例外地，全都迅速地、愉快地、彻底地懂得科学，纯于德行，习于虔敬，这样去学会现世与来生所需的一切事项”①。神圣化的道德旨在规劝人们遵守特定的道德规范，凡是违背这些规范的行为都被视为不道德的行为。教师因为获得了道德知识的解释权而被赋予了神圣化的地位，教师不仅被要求在道德知识上处于权威的地位，而且在道德行为上也被认为是道德的化身。

3. 道德的绝对性导致人们认为教师教学的过程就是道德教育的过程

在近代认识论时期，尤其是在西方启蒙思想运动以后，道德哲学最关心的东西不是去告诉人们应该遵守某些道德规范，而是去说明人们为什么应该遵守这些道德规范，即为人的社会道德生活提供一种证明、一种辩护、一种依据于人性和形而上学的论证。其中，以康德（I. Kant，1724—1804）与黑格尔（P. Heger，1770—1831）的证明最为典型。以康德为代表的道德哲学试图为人的道德生活奠定一个理性的基础，这个基础应该是稳定的、绝对的。只有某种独立于一切经验而存在的理性能满足道德的要求，人具有理性才能成为有道德的人（moral being）。无论是康德的“实践理性”，还是黑格尔的“绝对观念”，唯有理性才能根据欲望、愉快和痛苦的一切经验先验地表现在行为法则之中。在教育领域中，赫尔巴特（J. F. Herbart，1776—1841）对道德的绝对性也提出了类似的证明，并且明确、系统地提出并论证了教育性教学的思想，把教学视为道德教育最基本的途径和手段，以伦理学为最终目的建构其教育学的理论体系。在赫尔巴特看来，“教学的唯一工作与全部工作可以总结在一个概念之中——道德”②。教学如果没有进行道德教育，只是一种没有目的的手段；道德教育如果没有教学，就是一种失去了手段的目的。既然教学过程中必然地包含着道德的因素，而教师自身又是重要的教育手段，因此教师应该有崇高的道德，就成为人们心目中的“当然”

① ［捷克］夸美纽斯．大教学论［M］．傅任敢译．北京：人民教育出版社，1985. 1.

② 戴本博等．外国教育史（中）［M］．北京：人民教育出版社，1990. 262.

或“必然”，而且教师的道德必须是纯洁无瑕的，否则怎能感染和教化学生呢？

4. 道德的抽象性致使人们普遍认为教师道德是一种超验的经验

无论是古典本体论，还是近代认识论的道德观，教师的道德要求都建立在抽象的虚幻之物上，这种虚幻之物要么是宗教超验，要么是道德形而上学。在康德之后，认识论的道德哲学把理论上的抽象的普遍意志转化为具体的道德实践，统一的社会生活取代特殊的、有感官的社会有机体的人的角色。这一趋势到黑格尔那里发展到极致。当然，也有像休谟（David Hume，1711—1776）、克尔凯郭尔（Soren Aabye Kierkegaard，1813—1855）、尼采（Nietzsche，1844—1900）这样的思想家起来反抗这种抽象的道德观念，但在认识论哲学占主流的时代，并没有对改变人的道德行为方式作出实践上的努力。在教育领域，教师在面对儿童进行道德教育的时候，并没有儿童与成人之间的差别。在道德面前，没有儿童，只有统一化的“道德人”的目标。教师就是道德家或道德学家，是道德的化身。尽管这是一种错误，在教育实践中会导致不道德的教育后果，人们却一点也不想放弃这种念头。于是，教师的职业道德被毫无道理和毫无道德地“神圣化”了。

总之，正是因为传统义利观中所表现出来的重义轻利、重理轻欲、安贫乐道和道德观中所表现出来的道德的神圣化、绝对性与抽象性①，使得教师成为道德的化身，教师道德相应地被神圣化。

（二）从“神圣化”的教师道德到“大众化”的教师道德

教师道德的神圣化，不但不能够在教育教学过程中完全地发挥其熏染、榜样作用，而且还会使教师的正当权利不断被侵犯，因此，对教师的道德要求已经不能再停留在“神圣化”阶段，而应该回归到大众化的道德要求。然而，教师道德“去神圣化”并不意味着不需要教师道德或降低教师职业道德的标准，相反，它只是将原来那种只有乌托邦的“道德家”才能达到的高不可攀的道德门槛、虚伪的道德内容、绝对化的道德标准变成人们都能理解、接受、践行的一种“常人”的道德，这种“常人”的道德标准才真正具有现实指导意义。在这种思想指导之下建构的教师职业道德规范不仅体现了人们对教师生命权的一种尊重和对教师职业的理解，也有利于教师维护和享有自己应有的权益，同时，提高了它对教师进行规范和调节作用的实效性。

由于教师和教师道德长期被置于一种神圣化的地位，要想使教师道德回归到大众化的地位并不是一蹴而就的简单过程，需要从以下几方面努力：

1. 确立合理的义利观

当前的中国教育是在社会主义市场经济条件下的教育，人民教师势必要随着社会生活的多元化和义利观念的变化，来调整师生伦理道德的行为准则。教师在处理与社会的关系时，既要重视自己的道德义务，也要重视自己的权利，大胆地

---

① 康洁，熊和平. 教师：道德身份与道德教育［J］. 高教探索，2005（5）.

追求个人的存在价值和社会价值。教师应该在坚持社会主义办学方向的前提下，在《教师法》等法律的规范下，使义与利、权利与义务有机地结合起来，既富有理想，又奉公守法，为实现自己的正当权益和人生价值而努力，这是教师伦理道德发展的趋势之一。谋个人之幸福与谋大众之幸福并不相悖，二者可以有最佳结合点。尤其要注意的是，在市场经济条件下，一个人的价值或为社会所作贡献大小的衡量标准离不开其获"利"的多少，换言之，权衡一个人的价值大小，"利"是一个重要的指标。因此，一个职业如果不能在待遇方面体现出它的价值，则它的重要性容易被人们忽视。教师职业也必须以高待遇来体现它的重要价值。

反观当前教师地位与待遇，我们就会发现，教师对社会所作的贡献和教师的社会价值，与教师从社会获得的利益极不相称。这与社会崇尚公义，而忽视个人的正当私利有必然联系，尤其与社会公认教师在于奉献、"甘为人梯"、"燃烧自己，照亮别人"，而忽视教师的正常需要有很大关系。因此，要想提高教师地位与待遇，必须树立辩证的、合理的义利观。在当前，只要做到"君子爱财，取之有道"，就应当得到尊重。只有这样，才能为教师在为社会作出巨大贡献时而争取一些正当私利扫除观念上的障碍。

2. 确立新的道德观

早在一个多世纪之前，德国哲学家尼采就指出：近代认识论哲学证明出来的道德哲学都是虚构的，它们对所谓客观性的诉求实际上只不过表达了道德主体的意志，真正在道德实践领域起作用的不是被证明出来的法则，而是少数哲学家的意志。所以，不存在神圣化的、绝对的道德标准，更不存在超验的道德内容。后现代主义者伽达默尔（Hans-Georg Gadamer）认为："在道德教育领域没有'客观知识'，有的只是各种'偏见'，因为每个人都有自己的经验与文化传统。"① 有研究显示："用神圣化、绝对性、抽象性的道德来期待教师的道德，不可避免地会给教师带来不必要的道德冲突与负重。"② 世界上没有神圣化、绝对性、抽象性的道德，这对于教师的道德教育谋求一种新式的德育方案具有深刻的警醒作用。通过开展循环往复的道德说教与无穷无尽的榜样教育等方式，并不能使学生成为人们所期待的道德楷模或类似教师一样的道德化身。因为道德"生长是生活的基本特征，所以教育（包括德性生长）就是不断生长，在它自身以外，没有别的目的。学校教育的价值，它的标准，就看它创造继续生长的愿望到什么程度，看它为实现这种愿望提供方法到什么程度"。"对于从生活的一切接触中学习感到兴趣，就是根本的道德兴趣。"③ 而从外面强加给德育过程的目的，是固定的、呆板的。这种目的不能在特定情境下激发道德智慧，不过是从外面发出的

---

① Gadamer. H. G. *Truth and Method* [M]. New York: Continuum, 1989. 277.

② 康洁，熊和平. 教师：道德身份与道德教育 [J]. 高教探索，2005 (5).

③ [美] 杜威. 道德教育原理 [M]. 王承绪等译. 杭州：浙江教育出版社，2003. 76.

做这样那样事情的命令；这种目的并不直接与现在的活动发生联系，它是遥远的，与用以达到目的的手段没有关系；这种目的不能启发一个更自由、更平静的活动，反而阻碍活动的进行。在道德教育上，由于这些从外面强加的目的的流行，才强调为遥远的将来做准备的观点，使教师和学生的工作都变成机械的、奴隶性的工作。①

我们不应该忘记，对于调整教师与学生的关系，还有法律（比如教育法、教师法等）体系和职业规范制度在起作用。在现代社会中，师生关系首先是一种在民主、平等的法理精神下共处与相互作用的法律关系，这是教育活动得以顺利开展的基本前提，也是教育文明的重要标志。师生关系是法律关系，并不是说师生间的全部关系都是法律关系，而仅仅是师生关系的一个维度。这就是说，在师生之间除法律关系之外，还存在着如情感关系、道德关系、心理关系等诸多方面。因此，教师首先必须是有道德的，但不应该把教师当做道德的化身。

实际上，教师不可能成为道德的化身，也没有必要成为道德的化身。在价值观日益趋向多元化的时代，教师不只是道德的呈现者，而更应该是道德的诠释者，教师本身并没有成为道德化身的义务。我们不应让教师在背受知识负重的同时，再承受道德负重。在师生之间的教育活动中，教师本身的道德活动是教师的个人行为，这种行为应该由教育法加以确认或调整，而不是先验的、抽象的道德法则。

3．正确地认识和评价教师行为

首先要明确不存在所谓的“道德家”。古希腊哲学家曾说：“道德规范并不是只有少数专门研究者才知道的深奥事物，而是几乎人人都了如指掌的普通事物，在道德上无所谓专家，也无所谓业余爱好者。”② 国内学者许纪霖也提出了类似的看法，“无论从历史的角度还是从现实的角度，我们没有任何先验的和经验的理由来证明知识分子必定比其他人，比如工人、农民、白领甚至小痞子更具有道德上的优先性，反过来，倒可以找到一些相反的例子”③。

其次要明白教师也不能承担起“道德家”这种称谓，他们只是道德上的“常人”。教师与普通人一样也是道德上的学习者，而不是一个已经成熟的道德完人。我们不应该按照完美的标准来要求教师，更不应该拿“理想中的道德家”的标准来评价教师的行为。

最后要区分教师行为，并进行正确评价。教师的所有行为并不都是教育教学行为，对于教师的某一具体行为，不一定都要从教师职业道德的角度来加以评判，而应该具体问题具体分析。尤其是在当前法制社会的环境下，这种做法有助于教师享受现代社会中每一个人都应该享有的人格平等权，享受他们作为国家公

---

① ［美］杜威．道德教育原理［M］．王承绪等译．杭州：浙江教育出版社，2003. 88.

② 黄向阳．德育原理［M］．上海：华东师范大学出版社，2000. 60.

③ 许纪霖．另一种启蒙［M］．广州：花城出版社，1999．自序20.

民应该享有的相应权益。

4. 确立正确的教师道德观

教师职业道德内容中有三个层次，即理想层次、原则、规则。规则作为教师职业道德底线，是教师必须遵守的。但是，并没有规定教师必须履行理想层次的道德要求。人们之所以会对教师的部分行为感到失望，或是不满教师的一些行为，就是因为用最高层面的教师职业道德来要求教师的一切行为，这种错位，直接导致了教师行为与人们理想中的教师行为之间的矛盾，而且愈演愈烈。

我们现在要做的就是要认清一个事实：教师职业与其他职业一样，我们应该首先保证教师作为一名普通从业人员的一切权利，包括尊严问题、报酬问题等，以及作为一名教学人员应该行使的教育教学权利。有了这些基本的生存生活权利之后，才有我们所说的作为一个从事特殊专业的人员——育人的职业道德行为。

四、"蜡烛说"过时之辩

"教师是蜡烛"这一隐喻，体现了教师行业的无私奉献精神：像蜡烛一样，照亮了别人，燃烧了自己。一直以来人们把教师的勤恳比作蜡烛，这种职业精神也备受推崇。然而，当我们开始关注教师的生命权，并关注教师作为一名普通人应该享有的一些基本权利时，在学界开始了一场教师道德"去神圣化"的运动，强调教师道德"大众化"定位。于是就有人认为"蜡烛说"或"春蚕说"已经过时，要以"发展说"取而代之。这种观点我们是反对的，产生这种观点的思维方式是有问题的。

首先，人们将教师比喻为"蜡烛"，并不纯粹是对教师的道德要求，更多的是对教师职业特性的一种生动表达和对于某些具体教师形象及其在教育生活中所体现的种种人文精神和人性关怀的肯定、感激、赞美、颂扬和讴歌。因此，用"蜡烛"来比喻教师，并不是要据此形成一套有普遍约束力的教师资格或管理制度，更不是要阻止教师自我发展、终身发展或专业成长。事实上，教师专业发展不仅包括专业学习、专业技能的更新，也包括了专业态度、专业信念的形成、改变和提升。"蜡烛"隐喻所表达的教育精神并不是一种"定位太高"，以至于接近"圣人"的"崇高期待"或"要求"，而是每一位教师在日常的教育工作中应该体现的基本的专业态度、信念和伦理要求，这与教师专业发展的内涵不谋而合，那些认为提倡"蜡烛精神"就与教师专业发展相矛盾的观点是错误的。

其次，虽然"蜡烛"这个喻体与"教师"这个本体有很多类似之处，但二者是不能等同的。将本体比喻为喻体，只是由于二者在某些特点具有相似性，但并不意味着本体与喻体之间的属性完全一致。我们将"教师"比喻成"蜡烛"是取其"某些物理特性如'光'和'热'以及由此引申出来的心理感受'爱'等直接赋予或传送到教师形象上，从而表达隐喻使用者对教师精神的独特和生动理解，达到使用严格的逻辑语言所不能达到的语言和心理效果”①。

此外，我们不能因为蜡烛燃烧了自己，就要求教师牺牲自己的生活权利，甚至生命权。正如陈桂生老师所说，“蜡烛说”的本意是指“对教师以外的人（如教育行政人员）来说，教师的工作就像是蜡烛，他们点燃了自己，照亮了别人。他们应当受到全社会的尊重与关怀”。事实却是教师的所得与精力、时间的投入往往不相称，所以才会有“蜡烛”隐喻昭示人们，唤醒人们的良知。而世人往往只意会到了蜡烛说的第一层含义，要求教师“春蚕到死丝方尽”，却忘记给予教师应有的尊重与关怀，以及应有的回报。“每个人的生命都是可贵的，尊重每个生命存在的权利，这其中也必然包含着对教师生存正当权利的保障。”②

总之，我们在重新构建教师职业道德体系的过程中，在教师道德“大众化”的运动中，不应该忽视“蜡烛精神”对教师职业道德形成的影响作用，也不应该由于个别人对“蜡烛精神”的误读或误解而错误地认为不应该提倡这种精神，否则将导致我国教师道德水平的整体滑坡。

第二节　教师专业知识的“专”与“杂”

尽管今天人们在谈到教师专业发展时，不断呼吁中小学教师要成为“专家型”教师；在谈到教师的知识素质时，已经开始用到“专业知识”这一术语，但是，成为“专家型”教师对于中小学教师来说意味着什么？作为基础教育学校的教师，应该成为什么样的“专家型”教师？中小学教师知识素质之“专”，其特定内涵和特点是什么？中小学教师究竟是要成为“专家”还是成为“杂家”才更有助于发挥基础教育的价值？对于这些问题，恐怕需要人们再作思考。

一、教师的专业知识体系

（一）已有主要研究成果的介绍

1. 国外学者的研究成果

对于教师专业知识素质的研究开始于20世纪70年代，但迄今为止，教师究竟应该具备哪些方面的专业知识，不同的学者尚有不同的认识。在众多的研究中，较具影响的当首推舒尔曼（L. S. Shulman）所建构的教师专业知识的分析框架。舒尔曼持“教师要强调理解和推理、转化和反省”这一教学理念，认为教师必须知道如何把他所掌握的知识转换为学生能够理解的表征形式才能使教学取得成功。在这一理念的支配下，舒尔曼认为，教师必备的知识至少应该包括以下

① 石中英. “蜡烛精神”过时了吗？[J]. 人民教育，2003（9）.

② 刘铁芳. 守望教育［M］. 上海：华东师范大学出版社，2004. 144.

几方面①：

（1）学科内容知识；

（2）一般教学法知识，特指超出学科内容之外的有关教室组织和管理的主要的原则和策略；

（3）课程知识，特指掌握适用于教师作为“职业工具”的材料和程序；

（4）学科教学知识，指学科内容知识与教育专业知识的混合物；

（5）有关学生及其特性的知识；

（6）有关教育脉络的知识，包括班级或小组的运转、学区的管理与财政、社区与文化的特征等；

（7）有关教育的目的、目标、价值、哲学与历史渊源的知识。

在上述知识范畴中，学科教学知识是特别重要的，因为它确定了教学与其他学科不同的知识群，体现了学科内容与教育学科的整合，是最能区分学科专家与教师的不同的一个知识领域。

斯腾伯格（Sternberg，R. J.）和霍瓦斯（Horvath，J. A.）通过建立教学专长的模型来分析专家型教师的专业知识②。他们认为，专家和新手的差异不仅在于他们所具有的知识量上的差异，更在于知识在他们记忆中的组织方式上的差异。作为一位专家型的教师，他们不仅具有良好的、有组织的、有内容的教学法的知识，即专家型的教师拥有的知识以脚本、命题结构和图式的形式出现，比新教师的知识整合得更完整。此外，他们还需要具备教学得以发生的社会和政治背景的知识，需要具备有助于达到有价值的目的，但环境一般不予以支持其传递的缄默知识。

2. 国内学者的研究成果

陈向明认为教师知识主要分为“理论性知识”和“实践性知识”两类。③ 理论性知识可以通过阅读、听讲座获得，包括上述学科内容、学科教学法、课程、教育学、心理学和一般文化等原理类知识。实践性知识包括教师在教育教学实践中实际使用和表现出来的知识（显性的和隐性的），除了上述行业知识、情境知识、案例知识、策略知识、学习者的知识、自我的知识、隐喻和映像外，还包括教师对理论性知识的理解、解释和运用原则。前者通常停留在教师的头脑里和口头上，是教师根据某些外在标准认为“应该如此的理论”；而后者是教师内心真正信奉的、在日常工作中“实际使用的理论”，支配着教师的思想和行为，体现在教师的教育教学行动中。理论性知识通常呈外显状态，可以为教师和专业理论

① 教育部师范教育司. 教师专业化的理论与实践（修订版）[M]. 北京：人民教育出版社，2003. 55.

② R. J. 斯腾伯格，J. A. 霍瓦斯. 专家型教师教学的原型观 [J]. 华东师范大学学报（教育科学版），1997（1）.

③ 陈向明. 实践性知识：教师发展的知识基础 [J]. 北京大学教育评论，2003（1）.

工作者所共享，是教师知识冰山露出水面的部分；而实践性知识通常呈内隐状态，基于教师的个人经验和个性特征，表现在教师日常的教育教学情境和行动中，深藏在知识冰山的下部。前者因其外显性、系统性、可表述性，比较容易把握，已经有了比较成熟的研究；而后者因其隐蔽性、非系统性、缄默性，很难把握，研究也很少。

申继亮等学者将教师知识作为教师认知活动的一个基础，并将教师知识分为三个方面，即教师的本体性知识、实践性知识和条件性知识，这是认知心理学应用于教师研究的一种表现。① 教师的本体性知识（subject-involved knowledge）是指教师所具有的特定的学科知识，如语文知识、数学知识等，这是人们普遍熟知的一种教师知识。开始人们认为，这些知识和学生成绩之间存在显著的正相关关系。也正因如此，对被培训者传授本体性知识成为我国师资培训的主要和中心的任务。然而，实践证明这种培训方式存在着很大的弊端，具有丰富的学科知识并不是个体成为一个好教师的决定条件。研究表明，教师的本体性知识与学生成绩之间几乎不存在统计上的关系。教师需要知道一部分学科知识，以达到某种水平，而且教师一般在师范院校中就可以获得这些知识，并不是越多越好。教师的实践知识（practical knowledge）指教师在面临实现有目的的行为中所具有的课堂情景知识以及与之相关的知识，或者更具体地说，这种知识是教师教学经验的积累。教师的教学不同于研究人员的科研活动，具有明显的情景性，专家型教师面对内在不确定性的教学条件能作出复杂的解释与决定，能在具体思考后再采取适合特定情景的行为。在这些情景中教师所运用的知识来自个人的教学实践，具有明显的经验性。而且，实践知识受一个人经历的影响，这些经历包括个人的打算和目的，以及人生经验的累积效应。所以这种知识的表达包含着丰富的细节，并以个体化的语言而存在。换言之，实践性知识只能在教师的具体实践中获得。教师的条件性知识（conditional knowledge）是指教师具有的教育学和心理学知识。这种知识是教师成功教学的重要保障。从某种意义上说，教学的中心任务就是对学科作出教育学的解释，这种解释要依据学生对该学科的掌握情况，考虑到学生对该学科已有的知识和错误的理解。正如杜威（J. Dewey，1859—1952）早就指出的那样，科学家的学科知识与教师的学科知识是不一样的，教师必须把学科知识“心理学化”，以便于学生理解。这类知识一般是动态的，可以通过系统的学习而掌握，但更多的是在课程实施过程中逐渐地了解和习得，需要动态性地去把握和领会并在实践中加以发展和加深。

3. 我们的观点

面对如此纷繁的研究成果，我们比较赞同教育部师范教育司所编著的《教师专业化的理论与实践》中对此所作的总结，即“虽然关于教师知识的分类体系

---

① 申继亮，辛涛. 论教师素质的构成［J］. 中小学管理，1996（11）.

具有多样化的特点，但是，作为一名专业的教师，应该具备普通文化知识、所教学科的专门知识和教育学学科知识三个大的方面，而且这三个方面的知识应该是相互结合和交融的”①。

（1）普通文化知识。

普通文化知识，包括自然科学、社会科学和人文科学领域中基本的知识内容，这些内容奠定并决定一个人的基本文化素养。

教师的工作性质决定了教师必须具有广博的基础文化知识，正如一位教育学者所说的那样：“教师应当知道的东西，要大大超过他要教给学生的范围，要具有更宽广的科学视野。否则，他就不能唤起和发展学生对本学科的兴趣，就不能满足他们的需要。”②

教师的工作对象是正在“发展中的人”，学生无限的发展潜能和可塑性要求教学工作具有文化的特点。这种洋溢着文化情结的教学过程要求教师必须具备人文情怀和科技素养，因为普通文化知识能丰富人的文化底蕴，使人性更加完满。今天，社会的发展将人文科学、社会科学与自然科学有机地结合起来，边缘学科、交叉学科等新兴学科在迅速崛起，具有良好的文化素质是21世纪人才素质的基本要求。这一素质要求学校在课程设置方面要冲破传统的以学科科目呈现知识和学科教学为基本特征的课程体系，推崇综合课程以适应学科知识整合的新趋势，而且除了整个课程系统综合化以外，各单科科目也在向综合化方向发展。这对于承担着教书育人任务的教师来说，是一个严峻的挑战。打破知识封闭的小局面、变专才为通才实乃新世纪教师面临的战略使命。

（2）专业学科知识。

教师的专业学科知识，是指教师所执教的学科知识。对于不同的教师来说，由于他们所教的学科不同，因而他们应该具有的学科专业知识体系也不同。

教师具有的特定学科知识是教学活动的基础。课堂教学一般都围绕着学科知识进行有效的传授，在一定限度内，教师教学的有效性是与教师所掌握的学科知识正相关。新世纪，教师的学科知识要达到一定的水准，了解、掌握基础性知识，熟悉学科发展历史沿革和当前发展动向，了解相关知识，注重与其他学科的交叉渗透，能够使教师学科知识活化，在教学中灵活运用，不断优化设计学科知识的教学。在实践中，教师形成一定的实践知识，积累丰厚的经验，从而使学科知识带有教师的个性化特征。这样，“资之深，则取之左右逢其原”。对所教学科内容知识进行研究的学者为数不少，我们比较赞同雷诺兹（M. Reynolds）的观点。雷诺兹认为教师所学的学科内容知识主要包括以下内容③：①内容知识，即

---

① 教育部师范教育司．教师专业化的理论与实践（修订版）[M]．北京：人民教育出版社，2003. 57.

② 转引自臧乐源．教师学［M］．天津：天津人民出版社，1987. 156.

③ 同①.

各学科有关的事实、概念、原理、理论等；②实质知识，即一个学科领域的主要诠释架构与概念架构；③章法知识，即一个学科领域里新知识被引入的方式及研究者对知识的追求与探究的标准或思考方式等；④有关学科的信念；⑤有关学科的发展——最新的发展、正在进行的研究以及最近取得的成果。

（3）教育学学科知识。

教师具有专业学科知识，解决了教师“教什么”的问题。而教师如何才能够把他所掌握的专业学科知识有效地传递给学生，实现人类文化知识的传承呢？这就需要教师解决“如何教”的问题。而这一问题的解决，取决于教师的教育实践，同时也取决于教师掌握教育学学科知识的多寡。因此，教师的专业知识体系中，必须包含教育学学科知识。

教师应该具备的教育学学科知识主要包括以下几个方面：一是普通教育学的理论知识。这些知识有助于教师提高遵循教育规律的自觉性，提高教育的效果。二是学科教材教法的理论知识。这些知识有助于教师提高教学设计的科学性和教学活动的有效性。三是心理科学的理论知识。这些知识有助于教师更好地做好因材施教，促进学生的个性发展。四是教育管理科学知识。这些知识有助于教师积极地参与学校管理事务，做好班级、教师集体等的组织管理工作。五是教育科学研究方面的知识。这些知识有助于教师科学地从事教育教学研究，有效地做到以科研促教学，并且使自己很快地成为研究者。

教师的上述三种专业知识之间是一个多重复合、相互渗透的有机整体，教师只有有效整合了这些专业知识，才能充分表现出教师的艺术性与科学性，展示出个人独特的教育风采。“虽然这种教育学科体系还不完全具备‘一种公开的、经得起公众考察和批判的方法，以便能够形成代表它这一专业的一系列独特的观念、步骤和概念，并能对它做出检验’。但目前确实已存在着可以作为教学工作基础的‘一个知识体系和一系列新颖的关于教学的概念’。”①

二、教师专业知识的“专”“杂”之辩

（一）教师专业知识的特质

中小学教师作为专业人士，肯定要有精深的专业知识，这是毋庸置疑的。但是，他们知识之“专”与其他专业领域的专业人士知识之“专”相比，有其不同的特质。其他专业领域的专业人士的专业知识，主要指他们所从事的工作所需要的其他知识所不能取代的知识，拥有这些专业知识的专业人士，我们称之为“专家”。在现实生活中，我们能够经常看到的例子就是：一个人可以是很好的科研专家或者很好的工程技术专家，但他不一定能够成为一名合格的教师。这是

① 教育部师范教育司. 教师专业化的理论与实践（修订版）[M]. 北京：人民教育出版社，2003. 57.

为什么，是因为教师需要的专业知识比其他专业领域的专家的专业知识更加“专”吗？答案恰恰是相反的，教师应该拥有的知识的“专”的程度，不可能像其他专业领域的专业人士所拥有的知识的“专”的程度那样高。这是因为，教师——这里主要是指中小学教师——向学生传递的是人类文化知识的基础内容，而不是按人们分类而成的各门学科高深的专门知识，有些基础知识可能是两门或多门学科的奠基性知识，更有大部分基础知识是人们工作、生活、学习所需要的普通知识，带有较大的综合性，甚至根本划分不到哪一个专门学科之中。这些知识的基础性、普通性、综合性，不仅需要教师具有专业知识，而且需要教师具备深厚的一般文化知识素养，如一般的文史哲和科学技术的素养。否则，教师就有可能在教育教学过程中由于多样化知识的匮乏而难以满足学生知识学习和思想品德发展的需要。比如，中小学生面临的一些问题可能需要多门学科知识的综合运用才能合理地解决，如果教师没有丰富的、多学科知识的积累，就难以解决这些综合性的问题。因此，对于一个中小学教师来说，与其要成为所谓的教学“专家”，倒不如成为百科全书式的“杂家”，或许后者更能够使教师适应中小学的教育生活。

此外，还有两个方面是每一位教师都应该十分清楚的。其一，在教育教学过程中，教师所运用到的知识，肯定不只是自己所学或所教学科的专业知识，也不仅仅是学科专业知识与教育类知识的总和，有些甚至有较为丰富的一般文化知识积累也还不够，因为教师的教育教学离不开教师个人的人生阅历、生活体验等极其个性化的、局部的直接经验。这就是我们今天常常谈到的教师的实践性知识。因此，专家型教师有一个很大的优点就在于他能够利用自己行使教育教学权利的机会，不断在教育教学活动中反思自己的教育行为，累积和提升自己特有的教学实践性知识。其二，教师教育教学工作的效果，还取决于教师是否拥有教育科学和心理科学知识，以及拥有多少教育科学和心理科学的知识，这些被称为“条件性知识”的知识，也是教师知识的必要组成部分，仅仅有所教学科的专业知识，是难以胜任教育专业工作的。

总之，教师专业素质中所谓的“专业知识”的范畴远远大于教师所教学科的专业知识的范畴，其“专业知识”是有特定的内涵和特征的。教师专业知识素质的提升，不但要求教师拥有精深的学科专业知识，而且在更大的程度上要求教师掌握广泛的文化科学知识，成为知识的“杂家”。因此，今天我们强调教师的专业发展，并不意味着对教师广博的文化知识的忽略，相反，教师要想获得更长远的发展，就必须广泛涉猎人文学科和自然学科的基本知识，具备广博的视域，而不是固步自封在某一专业领域之内不可自拔。陶行知先生说：“教师必须学而不厌，才能诲人不倦。”言下之意，教师首先应是知识全面的“杂家”。这种要求在今天课程综合化的新形势下更显其必要性和迫切性。今天的教师，教文科的必须掌握点数理化知识，教理科的也应该有较好的文史哲修养，同时还要提高自己的思想素质、心理素质乃至音乐、体育、美术和劳动技术素质。全面地占有知识，才能更好地传授知识。

那么，强调中小学教师成为“杂家”，会不会降低教师职业的专业性呢？这二者实际上是不矛盾的，恰恰相反，它们可以相互促进，共同提高。对于中小学教师来说，倡其“杂”，是希望他们具备深厚的普通文化知识基础；求其“专”，是要求他们成为教育专业人士，具备教育教学的专业知识。教师要想成为专业人员，就必须具备广博的文化基础知识，这些文化基础知识是教师学好所教学科专业知识的基础，也是教师专业知识素质发展的基础；反之，随着教师专业知识素质水平的不断提高，“学然后知不足”，新的发展起点又会向教师提出学习更多的文化基础知识的要求。正是教师知识“专”与“杂”的这种相互促进的作用，才不断地推动教师向更高的专业水平发展。

（二）专家型教师与教师专业知识之“专”与“杂”

1. 专家型教师的内涵

在强调教师的专业发展的今天，“专家型教师”成为教育界的一个高频术语。我们理解，所谓“专家型教师”主要有两个层面的含义：一是指教师要成为专业人士，教育工作成为专业工作，这就要求教师要从传统的主要凭借教学经验的积累开展教育教学工作，转向主要依赖教育科学知识和教育教学的专业技能开展教育教学工作，从“教书匠”转变为“教育专业人士”，这是教师职业在质的层面上的转型；二是作为一名专业人士，不能够徒有虚名，而是要经过专业培训，提升自己的专业素质，成为在教育教学的某一方面（主要是学科教学或学术研究领域）有专长的教师，这是教师在专业范畴内要达到成熟的一种表征，是教师专业在量的层面上的变化。通过这种变化，教师能根据自己的教学实践不断进行经验的总结和理性的分析，具备良好的判断和解决问题的能力，为提高教学效率和质量服务，同时也为教师自身的长远发展奠定基础。

在“专家型教师”的第二个层面的含义范畴内，人们往往用另一个术语——“新手型教师”（简称“新手”）来与“专家型教师”（简称“专家”）相对，并就新手与专家的不同进行比较分析。如美国著名心理学家斯腾伯格（R. J. Sternberg）曾提出确定专家不同于新手的三个基本方面：第一个方面是关于知识，专家不仅要有所教学科的知识、如何教的知识以及如何专门针对具体要教的内容施教的知识，而且还要具有从事科学研究方面的知识，尤其在专家擅长的领域内，他运用知识比新手更有效；第二个方面是关于问题解决的效率，专家与新手相比（在专长领域内），能在较短的时间内完成更多的工作；第三个方面是洞察力，专家比新手（同样也是在专长领域里）有更大的可能找到新颖和适当的解决问题的方法。① 我国学者俞国良、林崇德将专家型教师和新手型教师的特征进行了较为详尽的比较，如表 3－1 所示。

表 3－1　专家型教师与新手型教师的特征比较②

相关变量		专家型教师的特征	新手型教师的特征
教学效能感	一般教育效能感	1. 克服外在环境负面影响的能力知觉高； 2. 克服学生差异的能力知觉高； 3. 对学生行为和成就抱正向期望； 4. 有确定的教学目标和实现目标的策略。	1. 克服外在环境负面影响的能力知觉不高； 2. 克服学生差异的能力知觉不高； 3. 对学生行为和成就不抱正向期望； 4. 教学目标模糊、缺少实现目标的策略。
	个人教学效能感	1. 对自身专业能力的知觉高； 2. 对自身教学能力的知觉高； 3. 尽心教学的能力知觉高； 4. 教学的个人成就感高； 5. 对学生学习的个人责任感高； 6. 教学活动中情绪稳定； 7. 有坚定的教学信念； ……	1. 对自身专业能力的知觉不高； 2. 对自身教学能力的知觉不高； 3. 尽心教学的能力知觉不高； 4. 教学的个人成就感不高； 5. 对学生学习的个人责任感不高； 6. 教学活动中情绪不稳定； 7. 缺乏坚定的教学信念； ……
教学监控能力	计划与准备性	1. 能预料到执行课时计划时可能遇到的情况； 2. 课时计划全面，把教学目标与学生实际结合起来考虑； 3. 课时计划将要教的内容知识与教学法知识结合起来； ……	1. 不大可能预料到执行计划时可能出现的问题，难以把学生的问题和课时目标联系起来； 2. 课时计划的结构比较简单、孤立； 3. 在与课程无关的任务上花费较多的时间； ……
	评价与反馈性	1. 在课堂教学中能随时通过观察、提问、练习等途径把握学生的掌握情况； 2. 能及时从不同学生的各种反应中，获得对自己的教学行为的评估； ……	1. 把提问、练习等活动看做教学过程的必经阶段，而不是从这些活动中获得学生的掌握情况及对自己教学的反馈； 2. 无意识中把注意力只集中在少数学生身上，无法获得全体学生和整个课堂的信息； ……
	控制与调节性	能根据学生的反馈或具体教学情况对教学行为作灵活的调整；能根据所遇到的困难，修正课程计划以便将来使用……	只能按课时计划按部就班地进行教学，很少能根据学生的理解和应对教学行为进行调整……
	课后反省性	课后对教学过程进行及时的反思，包括自己的教学和学生的反应，并以此作为检讨教学得失并修正教学活动的依据……	注重课堂中发生的具体细节，注重自己的某个具体教学行为是否成功，忽视了对学生反应的思考……

---

① R. J. 斯腾伯格，J. A. 霍瓦斯. 专家型教师教学的原型观［J］. 高民等译. 华东师范大学学报（教育科学版），1997（1）.

② 俞国良，林崇德. 论心理学视野中的教师培养与发展［J］. 教育研究，1999（10）.

（续上表）

相关变量		专家型教师的特征	新手型教师的特征
教学行为	课前准备	教学计划经过缜密的思考，考虑到教学过程中的突发事件，对学生和教材有充分的了解，花在准备教学细节上的时间较少，教学计划简洁，以学生为中心，有预见性……	把大量时间花在课时计划的一些细节上，课时计划显得过于烦琐，囊括了教学过程的每一个环节，缺少预见性和灵活性，很少能把课时计划与学生的特点联系起来……
	课中互动	有明确的课堂规划，能用各种方法把学生的注意力集中在教学活动上，能机智地处理突发事件，教材呈现的方式新颖，自然、灵活地运用各种教学策略，通过各种途径及时了解学生的理解情况和兴趣，并根据实际对教学计划和行为作适当调整……	课堂规则含糊且不能持久地坚持执行下去；无法有效地利用教学时间，把过多的精力花在与课堂教学无关的事件上；不能灵活运用教学策略，很少能根据实际情况对教学行为作调整；把注意力集中在自己的教学上，忽视了学生的反应；不能通过各种途径获得学生的反馈信息……
	课后评价	关注学生的理解程度和兴趣，很少谈论自己的教学是否成功，关心那些他们认为对完成教学有影响的活动，以便在今后进行调节……	关注课堂中发生的具体细节，关心自己的教学是否成功，忽视了学生的反应，很少能自觉地对整个教学过程进行反思……

2．从专家型教师的知识素质看教师知识的“专”与“杂”

综合主要的研究成果，我们可以发现，专家型教师首先应具备一般教师所具有的素质，同时专家型教师还要有一般教师不具备的专业素质。主要有：专家型教师要参与教育科研工作，要成为研究者，不能只是停留在“知识传递者”的角色上，而是自己在实践中进行研究和探索；专家型教师应具备求知欲、主观能动性和自学愿望，有合理的工作方式，有演绎、归纳和类比的能力，在进行一项活动时具有确定其不同阶段所必须遵循的逻辑顺序能力；有形成和修改假设、拟定观察计划或实验计划以及理出事实与现象之间联系的能力；对收集到的数据材料能够加以处理，使之系统化，并且予以说明，从而得出结论；有独自作出具有科学根据的决定的能力；有清楚、确切、简洁的表达能力，等等。

从知识层面上，人们对专家型教师应该具有的知识也进行了较多的研究。例如，傅道春等研究指出：“专家型教师的知识结构应包括：教学所赖以发生的社会政治背景知识；所教的学科知识；教学方法与理论，适用于学科的一般教学策略；课程材料以及适用于不同学科和年级的程序性知识；特定学科教学所需要的知识，对某些学生和特定概念的特殊教学方式；学生的性格特征和文化背景；学生学习的环境——同伴、小组、学校以及社区；教学的目标和目的。”[1] 胡谊认为，专家型教师应该具有教学专长的知识，其内容可分为陈述性知识和程序性知识。陈述性知识包括：教材内容知识、学生和学习的知识、情境的知识等；程序性知识包括：一般教学法的知识、教学法——内容知识、课程知识等。[2] 此外，也有人提出，专家型教师所拥有的知识与一般教师所拥有的知识相比，一般教师所拥有的知识往往是孤立的，而专家型教师所拥有的知识整合得较完整、系统；专家型教师应该具有教育科学研究方面的知识，等等。

综合国内外研究者的观点，我们不难发现，要成为一名专家型教师，就必须比一般教师具备更为宽广的知识，仅仅具有所教学科的专业知识，是难以成为专家型教师的。然而，现在有一些中小学教师认为，专家型教师是在自己所教学科方面知识精、造诣高的人，因此，在教育教学中只要能在自己学科教学方面达到很高的水平，就可以成为“专家型教师”，这其实是对专家型教师的误读。实际上，中小学教师在选择专业知识学习的时候，一定不能局限于所教学科，而应该广泛地涉猎中小学各学科的知识以及广泛的文化科学知识，包括哲学的、社会学的、心理学的、逻辑学的，以及一些自然科学的知识，并使这些知识最终服务于所教学科的课堂教学之中。首先使自己成为一名知识“杂”家，或许更有助于自己成为一名专家型教师。

第三节　“教师成为研究者”的探析

尽管20年前就有研究者提出教师要从事教育科学研究[3]，但近年来“教师成为研究者”日益成为教育学界的热门话题。究其原因，主要是受“专业人员即研究者”的启示，其基本假设是教师有能力对自己的教育行动加以省思、研究和改进，提出最贴切的改进建议。在推进教师专业化的今天，人们几乎把“教师成为研究者”当做教师专业化的同义语。从斯腾豪斯（L. Stenhouse）的“教师成为研究者”到埃利奥特的“教师成为行动研究者”，再到凯米斯（S. Kemmis）等人的“教师成为解放性行动研究者”，我们看到的不仅仅是对不断提高教师专业研究能力的期望，更多的是对教师专业自主和发展的强化。然而，对于中小学教师来说，“成为研究者”的特定内涵是什么？他们成为“研究者”的意义何

---

① 傅道春. 教师的成长与发展［M］. 北京：教育科学出版社，2001. 32.

② 胡谊. 专家教师的教学专长的知识观、技能观与成长观［J］. 华东师范大学学报（教育科学版），2000（2）.

③ 如1988年孙喜亭等教授提出：“教师要走上教育科学研究的道路，只有将整个教育生涯都不断地用来研究教育学、心理学和教学法，不断地总结教育实践经验，才会成为教育工作的真正能手。”参见孙喜亭，靳希斌，陈孝彬. 简明教育学（修订本）［M］. 北京：北京师范大学出版社，1988. 373.

在？在今天的基础教育境况中，教师成为研究者的困惑是什么？保障条件又是什么？……这些疑团，需要理论工作者一一解开。

一、“教师成为研究者”的特定内涵

如何正确理解“教师成为研究者”的内涵，这不是通过一个定义或几个特征就可以说明的。综合国内外研究者的观点，我们认为可以从以下几个方面来理解“教师成为研究者”的丰富内涵。

（一）“教师成为研究者”是指教师应该有研究能力

“教师成为研究者”这一概念是英国课程论专家斯腾豪斯最早提出来的。他在20世纪60年代主持英国中学的“人文课程研究”的课题时，提出了课程开发的“过程模式”。根据英国著名教育哲学家彼得斯（R. S. Peters）的“知识以及教育本身具有内在的价值，无须通过教育的结果来加以证明”知识论，斯腾豪斯提出，课程开发的任务就是要选择活动内容，建立关于学科的过程、概念与标准等知识形式的课程，并提供实施的“过程原则”。活动内容的选择标准，就是看内容本身是否有“内在的价值”。“过程原则”的本质含义在于鼓励教师对课程实践的反思批判和发挥创造。以斯腾豪斯领导制订的“人文学科课程计划”为例，教师应遵循下列5项“过程原则”：①教师应该与学生一起在课堂上讨论、研究具有争议性的问题；②在处理具有争议性的问题时，教师应持中立原则，使课堂成为学生的论坛；③探究具有争议性问题的主要方式是讨论，而不是灌输式的讲授；④讨论应尊重参与者的不同观点，无须达成一致意见；⑤教师作为讨论的主持人，对学习的质量和标准负有责任。

斯腾豪斯明确提出，在过程模式中，教师不是扮演专家、权威的角色，教师当然要向学习者提供有用的东西，但他是与学生一起探究的共同学习者。只有这样，才能通过发现法和探究法而不是通过传授法进行教学。在对学习结果的评定中，教师不应像在泰勒提出的课程开发的目标模式中那样，是一个对照预定目标打分的评分者，而是对活动加以批评，以促进发展的批评者。在课程开发的过程模式中，教师具有充分的自主权。他们的主要作用之一就是把无效的、不利于达到广泛的教育目的的做法识别出来，并加以排除。这样，就给教师主动性的发挥留有余地，但同时也对教师的素质提出了更高的要求。因此，斯腾豪斯首倡“教师成为研究者”（the teacher as researcher）的新理念。他说：“教师是教室的负责人，而从实验主义者的角度来看，教室正好是检验教育理论的理想实验室，对那些钟情于自然观察的研究者而言，教师是当之无愧的有效的实际观察者，无论从何种角度来理解教育研究，都不得不承认教师充满了丰富的研究机会。”①

1967年，埃利奥特参与了斯腾豪斯的研究工作。他认为，斯腾豪斯提出的

① 转引自高慎英．教师成为研究者“教师专业化”问题探讨［J］．教育理论与实践，1998（3）．

“教师成为研究者”属于“思先于行”式的，即教师将课程专家提出的方案用于解决实际问题以便改进自己的教学，观念上的转变先于教学策略的变更。这种“思先于行”的方式可能导致有学术偏见的研究方案进入教师的思考与研究，使研究和实践（采取行动）成为两张皮，而且这种方式也不能真正促进教师自主的专业发展。因此，教师应该针对某些实际问题改变自己的教学方式，在解决问题的过程中进行自我监控、评价，并在评价的过程中使教师最初对问题的理解得到修正和改进。与斯腾豪斯所提倡的不同的是，这种方式强调改变教学策略的行动先于理解力的发展，埃利奥特称之为“以行促思”的方式。这种方式使研究与行动真正合二为一。一旦出现实际问题，实际工作者（教师）首先要做的是迅速采取行动，以便解决问题。由此，他提出了教师即“行动研究者”的思想：教师不是在专家的直接指导下展开研究，而是在教师自己的群体指导下展开研究，专家只是帮助形成研究共同体，以保障教师对研究的充分介入，即教师应从事实践性行动研究。

通过上述论述，我们可以看出，无论是斯腾豪斯，还是埃利奥特，他们都强调教师应该具有研究能力，这应该是“教师成为研究者”的首要之义。

（二）“教师成为研究者”是指教师应该有研究意识

“教师即研究者”的另一位早期倡导者布克汉姆（Buckingham）指出：事实上，教师研究并非专门领域，而是教师教育实践的一种方式和对未知事物的一种态度。[①] 当一位教师走进教室，尽管他所要教授的知识是他早已熟知的，他的学生将怎样理解、如何学习却是每个人、每个时刻、每门课程都不尽相同的。因此，教师的工作永远充满了未知的因素，永远需要研究的态度。

强调教师在教育教学实践过程中的研究意识，说明了研究是教师从事教育教学工作时应有的态度，教师的研究不应脱离教育教学工作，在教师的研究与教育教学工作之间并不存在距离和界限。研究工作应该融入教师日常的教育教学活动，与他们的日常工作结为一体。

（三）“教师成为研究者”是指教师应该成为研究型教师

从教师专业发展的角度来看，“教师成为研究者”是指教师要从非专业化的经验型教师发展成为专业的研究型教师。

关于如何界定“研究型教师”，人们有不同的表述。有人将“研究型教师”界定为：具有深厚的理论素养、丰富的专门知识和一定的研究能力，不断运用先进的教育思想和理论指导实践，始终带着敏感的研究意识在教育实践中自觉地发现问题、分析问题、解决问题，不断反思并富有创新精神的教师。[②] 而有人认为：“所谓研究型教师，是指在具有多元知识结构和娴熟教学技能的基础上，还

① 周耀威，王伯康．基于“研究共同体”的教师成长［J］．教育发展研究，2005（11）．
② 温勇，宋广文．研究型教师及其发展研究［J］．中国教育学刊，2006（9）．

具有一定的科研意识和科研能力，乐于在教育实践中不断地探索教育规律和教育方法，并能自觉运用先进的教育思想和方法指导实践，提高教学效果，提升自身的专业化水平的教师。”① 尽管在语言上有所不同，但人们对“研究型教师”的内涵的理解还是比较一致的。我们认为，研究型教师指的是在学校或其他教育机构中，具有较为清醒的科研意识能力，能够积极主动地反思自己的教育教学行为，能在教育教学过程中发现问题、分析问题和解决问题，从而促进教育教学效果和自己的专业发展水平的教师。

我国有研究者在综合了国内外研究者的相关研究成果的基础上，将研究型教师与非研究型教师的特征作了比较分析，如表 3－2 所示。

表 3－2　研究型教师与非研究型教师的主要特征的比较②

	研究型教师	非研究型教师
情感上	1. 从社会生命和精神生命的角度看待教师职业，追求自我的实现。 2. 有强烈的职业道德和责任心。 3. 信赖同事，注重合作。	1. 从生存角度看待教师职业，追求物质生活的富足。 2. 责任感欠缺。 3. 强调个人的实践经验。
认知上	1. 具有以科研带动教学、以教学促进科研的意识。 2. 具有开放而又合理的知识结构，有教育科研的意识与能力。 3. 能对自己教育科研的成败进行正确的归因。	1. 认为科研是大学或研究机构的事，中小学教师的任务是教学。 2. 教育科学知识相对薄弱，缺乏相应的科研意识与科研方法和能力。 3. 归因失当。
意志上	意志坚强，能够应对教育科研中的困难与挑战。	不愿承受科研中的困难与挫折。
行动上	1. 反思、创新的行动模式。 2. 互动的师生关系。	1. 操作、重复、传递和模仿的行动模式。 2. 教师权威型的师生关系。

（四）中小学教师从事研究有自己独特的性质

中小学教师成为教育研究者，是社会发展和教师自身专业发展的必然趋势，也是教育发展过程中对教师提出的新要求。目前，中小学教师的教育科研状况已经成为许多中小学评价教师综合水平、评定教师职称等方面的必要内容之一。从上面我们分析的“教师成为研究者”的内涵来看，教学科研应该是中小学教师从事教育科学研究的核心部分。但是，时至今日，有些中小学教师仍然常常把教学科研和教育科学研究混为一谈，一提起“科研”这个字眼，就觉得它距自己

① 蒋芸，边玉芳. 试论研究型教师的特征及其培养模式［J］. 辽宁教育研究，2004（8）.

② 田爱丽. 国内外教师成为研究者研究综述［J］. 师资培训研究，2002（2）.

太遥远，一个中小学教师难以胜任如此深奥的工作，从而在心理上产生拒绝和畏惧的情绪。因此，正确地区分教学科研和教育科学研究，是把握中小学教师研究特质的前提。

教育科学是研究教育规律的各门教育学科的总称。经历了一个漫长的发展过程之后，今天的教育科学已形成了一个初具规模的教育学科群落，包括不同层次、不同类型的教育学科。对这些在教育学科中存在的问题的研究，都属于教育科学研究的范畴。而“教学科研是从教学实际出发，探索教师传授知识、学生学习知识及师生双方在课堂内外互相作用的规律。教学科研一方面要结合教学理论总结本校先进的教学经验，一方面要介绍和宣传校外及国外的新教学理论和教学经验，开阔广大教师的眼界”①。

由此可见，教学科研是教育科学研究的重要组成部分之一，二者的区别还是十分清楚的。搞好教学科研是一所学校提高教师队伍素质、改进教学质量、进行教学改革、激发教师的创新意识和创造能力的重要途径。因此，在 1999 年 6 月 13 日颁布的《关于深化教育改革全面推进素质教育的决定》中也明确提出，教师要“遵循教育规律，积极参与教学科研，在工作中勇于探索创新”②。对于每一位中小学教师来说，认清了这二者之间的区别，就从心理上揭开了教学科研的“神秘面纱”，从而可以大胆地从事教学科研工作。

中小学教师的教育研究也不同于专业研究者的研究，专业研究者主要从事理论研究和基础研究，同时兼顾应用研究和开发研究，追求科学知识的新发现和科学理论体系的构建。而广大中小学教师的主要工作是教书育人，他们所进行的研究是直接面对教育实践中的实际问题而展开的，主要以应用研究和开发研究为主。但这并不意味着中小学教师的教育研究不具有科学性和理论性，只是不同的教师在科学性和理论性的度上存在着一定的差异。根据有关专家的研究，教师在实践研究中形成的这种理论被称作教师个人的行动理论，它是“教师个人实践知识”的重要组成部分。教师个人的行动理论，是教师自觉地以反思态度追求个人实践知识的合理化、概念化和理性化，它既不等于教师的经验，也不同于专家的学术理论。曾有学者将中小学教师所进行的这种实践研究的基本特征概括为③：

1. 研究目的方面

中小学教师的教育研究是一种实践性的研究活动，其主要目的是解决教育教学实践中遇到的问题，寻求真实的答案或改进性的措施。因此，“应用性”是其研究的目的和特征，正如林崇德所描述的，教师参加教育研究的特点是“面向实际，站在前沿，重在应用，加强合作”。

---

① 王焕勋．实用教育大词典［Z］．北京：北京师范大学出版社，1995. 217.

② 中共中央国务院关于深化教育改革全面推进素质教育的决定［N］．光明日报，1999-06-17.

③ 曹璇．试析中小学教师的教育研究行为［J］．中国教育学刊，2001（5）.

2．研究主体方面

中小学教师的教育研究是一种群众性的研究活动，其研究主体呈现广泛性、群众性的特征。主要表现在：一是中小学教师人数众多，队伍庞大，是一支潜在的研究力量。二是中小学教师的教育研究常常采取合作的形式。由于受个人工作性质、时间、精力及财力、实验设备等因素的限制，相对于专业研究者的个体式研究而言，中小学教师更多采取合作研究的形式，如教师与教师合作、教师与理论工作者合作、中小学教师与大学教师合作等。

3．研究内容方面

中小学教师的工作性质和任务决定其研究内容多为教育教学实践工作中的实际问题，注重教育教学实践，实践性是其研究内容的主要特征。应当提及的是，当前中小学开展的教育研究是一种广义的研究活动，它包括教学研究和教育科学研究。事实上，教研和科研是相辅相成、不可分割的。教研多以课堂教学和具体的学科教学为中心，围绕教学计划、教学大纲、教材、教法等内容而展开；科研的内容范围较广，规模较大，如德育、心理健康教育、教育评价研究，以及班集体建设、教师管理和学校管理研究，等等。科研对理论的深度和研究的规范性要求较高，较之教研活动而言，更具系统性、计划性和规范性。教研是科研的基础和条件，而科研是教研的提炼和升华。

4．研究方法方面

较之理论研究者“书斋式”“实验室式”的研究方式而言，中小学教师的教育研究更多地表现为一种“行动研究”，或者称为“中学式的研究”。

也有人将中小学教师参与教育科研的特点总结为：第一，为自己而研究，在研究自己；第二，在行动中研究，在行动中学习；第三，以项目为载体，重视“非正式”课题；第四，强化合作交流，开发差异资源；第五，需要直接或间接的“专业引领”；第六，需要在看似无问题处发现问题，在问题成堆时聚焦问题；第七，主要成果是增长实践智力，获得行为改进；第八，成果的表达需要用自己的语言叙述自己的实践，从自己的实践提炼自己的经验，让自己的经验体现自己的特点。①

通过上述分析，我们认为，中小学教师成为研究者的根本价值定位在于：通过以教学研究为核心的研究活动，为提高中小学教育教学质量服务。这一价值定位，绝没有否认中小学教师从事理论研究能力的倾向，而是从中小学教育实际出发的一种思考。它要求中小学教师的教育科研在选题上要从中小学教育教学的实际出发，选择教育教学实践中迫切需要解决的实际问题展开研究，在研究过程中要与自身的教育教学工作结合起来进行，在研究成果的归宿上要做好教育科研成果向教育实践的转化，使教育科研成果的价值得以有效实现。

① 胡兴宏．中小学教师的教育科研追求什么［J］．上海教育科研，2005（6）．

二、中小学教师成为研究者的重要意义

关于中小学教师成为研究者的意义，人们也进行了一定的探讨，概括起来，不外乎有以下几个方面：第一，教师成为研究者是社会或教育发展的必然要求；第二，教师成为研究者是教师专业发展的重要发展趋势；第三，教师成为研究者有助于改变教师的职业形象，提高教师的社会经济地位；第四，教师成为研究者有助于提高教育教学质量。……这些观点，都有其正确性，对于其具体的内容，也毋庸赘言。除此之外，教师成为研究者，特别是中小学教师从事教育教学研究，还有两个方面的意义也是不容忽视的。

（一）教师成为研究者是提高中小学教师教育能力的重要途径

中小学教师的教育实践是中小学教师综合运用自身所具备的专业知识、文化修养、教育能力和人格魅力，促使学生主动地获取人类文化科学知识，养成高尚的道德品质和健康体格的活动。今天，科学技术的进步，学生学习特点的变化，社会和家长对教育要求的提高，都要求中小学教师不断加强修养和学习，获取专业知识和提高教育能力，以使自己的教育实践卓有成效。而开展教育科研是提高教师教育能力的重要途径。例如，就专业知识方面而言，有人认为，专业知识的获得需要不断的研究，唯有不断的研究才能获得新知。为此，教育专业人员应该树立以下主要观念：①专业知识的研究与教育科研互相配合；②理论与实践的紧密配合；③每一阶段的教师学术养成都具有相同的价值。[①]

之所以说教育科研是提高中小学教师教育能力的重要途径，是因为研究有助于改进。对于中小学教师来说，其教育活动和学习活动永远不会有止境，而且随着社会发展和教育改革的要求的不断提出，以及自身素质的不断提升，他们会越来越发现自己已有知识结构的不完善和教育能力的缺乏，这就是古人所说的“学然后知不足，教然后知困”[②]。“知不足”与“知困”对于中小学教师来说都是好事情，因为“知不足，然后能自反也；知困，然后能自强也”[③]。那么，何以“自反”及“自强”呢？这就需要进行教育科研。通过教育科研，可以分析出“不足”与“困”的具体状况和成因，然后进行有针对性的改进。同时，教育科研过程本身也是中小学教师学习新的理论知识的过程。在获得新的理论知识弥补了自己的不足之后，中小学教师的教育实践才能“更上一层楼”。为此，每一位中小学教师都必须清醒地认识到：在教育实践过程中进行教育科研活动，是我们在工作岗位上不断充实自我、完善自我的重要措施。

当前，一些中小学教师并没有正确地意识到教育实践与教育科研之间的重要

---

① 台湾师范教育学会. 教育专业［M］. 台北：台湾师大书苑有限公司，1992. 102.

② 毛礼锐，沈灌群. 中国教育通史 · 第1卷［M］. 济南：山东教育出版社，1985. 12.

③ 同②.

联系。在他们看来，教育教学活动与教育科研活动是各自独立的，在实际工作过程中兼顾二者是比较困难的。因此，这些中小学教师常常以教学任务繁重为借口，在教学工作过程中不对自己的教育科研提出严格的要求，也希望学校领导管理人员不要给自己一定的教育科研任务，天天把自己局限在教学工作中，日复一日地靠苦干、超负荷工作来期望有一个好的教学效果。这实际上是教师缺乏教育智慧的一种表现。教育是一项使人聪明和睿智的工作，自己都缺乏智慧的人，怎能使他人聪明起来呢？所以说，教育教学工作，绝不是一种简单的劳动，更不是某种程序成年累月的无效重复，而是一种日日教、日日新，时时充满活力的创造和更新。从这种意义上说，优秀的教育工作，就是一种科学研究工作，大量优质的教育实践活动，对提升中小学教师的教育科研素质也具有重要的促进作用。许多优秀教师的成功案例说明：教师的教育教学活动与教育科研活动之间是相辅相成的，以科研带教学，以教学促科研，是中小学教师工作的基本规律之一，也是中小学教师教育科研的重要特色之一。

（二）教师成为研究者是促使教师的教育经验向教育理论升华的重要手段

在现实工作中，不少教师经常产生这样的疑惑：为什么自己辛辛苦苦写出来的一篇学术论文，别人总是觉得它不像是学术论文，而更像是一篇工作总结？为什么自己的文章总是缺乏理论成分？相当一部分教师陷于这种苦恼之中，甚至由此丧失了从事教育科研的信心。这实际上是对教育理论与教育经验的关系缺乏科学认识的一种体现。

教育理论是指人们在教育实践经验基础上总结概括出来的，由感性上升为理性的较为系统和严密的教育思想。它来源于教育实践，又具有解释教育实践、指导教育实践、推动教育改革的重要功能。①

教育经验是指“在教育实践中取得的有关教育的知识或技能。一般有两种含义：①指人们在教育实践中比较零散的初步认识成果，需要经过总结提高，才能上升为理论。②指前人积累的有关教育的知识和技能。如国内外历史上流传下来的教育经验”②。

就教育理论与教育经验的关系而言，后者是前者的源泉，前者是后者的升华。教育经验是对教育实践的较低层次的反映，具有明显的直观性、表面性、局部性；教育理论是对教育实践的较高层次的反映，具有间接性、深刻性、全面性、稳定性。

由于教育经验在中小学教师的教育实践过程中具有非常重要的作用，所以许多中小学教师十分重视经验，特别是成功经验的积累和学习。然而，经验也有其局限性，主要表现为③：

---

① 参见张人杰．大教育学［M］．广州：广东高等教育出版社，1995. 20～26.

② 顾明远．教育大辞典·第1卷［Z］．上海：上海教育出版社，1990. 20.

③ 孙喜亭．教育问题的理论思考［M］．开封：河南大学出版社，1997. 125～126.

（1）经验反映着客观事物的某些真实性，但它是片面的和局部的，不能论证人的知识的普遍性和必然性；

（2）经验是人们认识的一定成果，但它是初步的和表面的，没有揭示事物的本质和规律；

（3）个人经验总是受社会实践所能达到的水平所制约，因而个人的局部经验还不能构成科学原理必备的充分的根据；

（4）经验与个体对社会环境认知的选择性有关，人们在总结经验时，往往将体验的因素加入其中，常常会产生认知不实、经验失真的现象；

（5）个人经验带有个体性，所以往往只可意会不可言传。

教育经验的上述局限性说明，我们虽然不能否认教育经验在中小学教师教育实践工作中具有不可替代的重要作用，但教育经验——即使是最为可贵的教育经验——决不能成为教育实践具有普适性的指导。教育经验成为教育实践具有普适性指导的必要条件，就是必须上升为教育理论。

教育科研是促使教育经验向教育理论升华的重要手段。有人将“研究”定义为：“为某一目的而收集、分析信息（资料）的系统过程。”① 根据这一定义，中小学教师的教育科研可以视为通过对已有教育经验（个人的或别人的）进行收集、整理和分析，从中提炼出具有普遍指导意义的教育理论或规律的过程。这一过程大致由以下几个步骤构成：①充分地占有已有的教育经验；②对占有的教育经验进行初步的分类整理；③运用理性思维，对整理后的教育经验进行加工分析，探索经验中的内在联系；④通过文字、符号把规律性的内容进行总结，形成新的教育理论。这种教育科研形式，西方称之为以经验—分析为取向的研究。②

教育理论和教育经验的这种关系，要求中小学教师在日常工作中一定要重视并加强教育理论的学习和积累，并运用科学的教育理论指导自己的教育教学工作，而不能把自己工作的成功建立在教育经验的基础之上。有了这种清醒的认识和自觉的实践，教师才能够越来越清晰地意识到自己的教育教学工作需要理论指导，相应地，在撰写相关论文的时候就能够较好地把科学理论与自己的教育实践结合起来，使自己的文章既有理论色彩，又有实践支撑。理论水平达到较高水平的教师还可以通过教育科研，分析教育经验，提炼教育理论，丰富和发展教育科学，甚至构建自己独特的教育理论体系。

三、目前中小学教师进行研究存在的一些问题

虽然教师成为研究者有其必然性，对提高中小学教育质量和教师专业发展水

---

① ［美］威廉·维尔斯曼．教育研究方法导论［M］．袁振国主译．北京：教育科学出版社，1997.4.

② 陈伯璋．教育思想与教育研究［M］．台北：台湾师大书苑有限公司，1987.2.

平等也具有十分重要的意义，然而我们必须看到的是，目前我国中小学教师成为研究者，还存在着很多问题和困难。2003 年 7 月 12 日，在北京召开的“教师成为研究者”理论与实践学术研讨会上，学者们把当前我国中小学教师成为研究者面临的各种各样的问题，概括为四个方面：“①教育观念和教育实践‘两张皮’现象普遍存在，由于对什么是教育、什么是研究缺乏充分的理解，科研与教育教学、理论与实践结合不到一起。由此产生两种倾向，其一是认为研究无用，其二是片面追求教育研究的科学量化。②中小学教师以及社会公众舆论中存在着对教师进行教育研究的种种不同理解。如认为研究就是写论文；研究就是做课题；研究就是实验；量化就是科学；科研一定要获得可以普遍适用的规律才是成果。长期以来形成的种种诸如此类的理解中，包含着十分复杂的内容，既有合理的一面，也有不当的成分，既有需要改革调整的方面，又在现实中有着很强的支配力量。③中小学教师工作负担沉重，想做教育研究，但有心无力，没有从事教育研究的机会和时间。④中小学教师缺乏从事教育研究的有效训练，想做教育研究，但不会做教育研究，对教育研究存在相当程度的神秘感。”①

此外，也有学者将中小学教师从事教育教学研究存在的不利条件和局限性概括为②：第一，传统思想观念的阻滞。长期以来无论是教育理论还是教育实践都把中小学教师的社会角色定位为知识的传授者，认为中小学教师的主要职责和任务就是把人类长期以来积累的知识经验传授给学生，从而实现科学知识的再生产，教育科研则与中小学教师无关。第二，教师的教育科学理论修养不高。虽然当前我国中小学教师绝大多数是从师范院校毕业的，在学校里他们都学过教育学、心理学和学科教学法等教育类课程，但他们的教育理论素养普遍不高。第三，缺乏教育科研的知识和训练。中小学教师缺乏教育科研的基本知识、理论和训练，而使他们无法进行教育科研。在当前中小学教育科研活动中，存在着诸如科研目标不具体，选题陈旧、重复、大而空泛，实验设计失当，不熟悉教育科研的具体研究方法，不了解教育科研的具体过程和步骤，确定实验和研究的对象不科学以及在科研过程中缺乏分析、综合、抽象和概括能力等问题，其实都与此有关。由于上述不利条件的存在，因此中小学教师在教育教学方面，存在着科研目标错位、教育教学与科研分离、教师缺乏科研的内部动力和需求、问题和研究的意识薄弱等问题。

此外，还有研究者指出，现在中小学教师成为研究者的主要障碍有：参与教育研究的时间极少、设施短缺、教师素质较低。③

总的来说，中小学教师成为研究者面临的主要困难有二：一是教师自身科研

---

① “教师成为研究者”理论与实践学术研讨会简述［J］. 教育研究，2003（8）.

② 褚远辉，辉进宇. 中小学教师成为研究者：价值、优势、局限、问题及措施［J］. 中小学教师培训，2004（5）.

③ 肖钰士，曾文英. 中小学教师成为研究者的障碍及其突破［J］. 江西教育科研，2005（6）.

素质较差，二是缺少外部的支持条件。

四、中小学教师成为研究者的条件

根据中小学教师成为研究者面临的困境，可将中小学教师成为研究者的条件分为两大类：一是主观方面的，即提高中小学教师的科研素质；二是客观方面的，即学校或有关部门提供相应的保障条件。现综合起来阐述如下：

（一）提高中小学教师的科研素质

简而言之，中小学教师的教育科研素质可以理解为中小学教师应该具备的、能够胜任中小学教育科研工作的条件或要求。目前，我国教育界虽然对中小学教师进行教育科研的呼声很高，但是系统阐述中小学教师教育科研素质者很少。最近有学者指出，包括教师在内的教育科学研究主体应具备如下素养：①广博精深的学识才华；②敏锐深邃的学术眼力；③敢于创新的开拓精神；④求实求真的严谨学风；⑤不倦求索的拼搏精神。[①] 实际上，上述五个条件是中小学教师从事教育科学研究的必要条件，甚至可以说是他们从事教育科研工作的前提而不是基本素质，具备上述条件的人，未必能够做好教育科研工作。

笔者认为，中小学教师的教育科研素质基本上由教育科研意识、教育科研道德、教育科研知识、教育科研能力等几个方面构成。提升中小学教师的教育科研素质和教育科研水平，也就是意味着要强化其教育科研意识、完善其教育科研道德、丰富其教育科研知识、提高其教育科研能力。例如，我们在中小学指导教育教学改革的过程中就发现，中小学教师一提起“科研”两个字，就觉得它距自己太遥远，似乎是可望而不可即的事，认为自己作为一名中小学教师只要认真地教好书就行了，难以胜任如此深奥的工作，在心理上产生拒绝和畏惧的心态；如果上级有要求，就马马虎虎写一篇似是而非的“科研论文”应付了事。这实际上就是教育科研意识淡薄的典型表现。为此，就需要教师突破陈旧落后的教育观念和教育模式，树立从事教育科研工作的自觉性，学习教育科研和教育科学的理论，认清教育科研的层次，主动缩短教学工作与教育科研工作的距离，增强从事教育科研的自信心。

（二）专家指导

如前所述，目前我国中小学教师在教育科研方面遇到的较为突出的问题既有理论水平——包括教育学理论、心理学理论、学校管理理论以及专业理论的不足，又有教育科研方法的不尽科学。尽管可以通过中小学教师自学、在研究过程中加强学习等措施来弥补，但是如果他们能够经常得到理论界学者、专家的指导，那么他们就会在较短的时间内提高自己的理论水平。为此，在高等学校或者研究机构中工作的教育理论工作者和科学研究专家，应该走出书斋和实验室，经

---

① 喻立森. 教育科学研究通论［M］. 福州：福建教育出版社，2001. 56～62.

常到中小学中去为中小学教师做一些理论指导性的工作，如举行教育理论和专业理论的讲座或学术报告会、指导中小学教师撰写规范的研究论文等。大多数中小学的领导和教师都对此持渴望的态度。

（三）领导支持

中小学教师能否成为研究者，在教育科研方面取得理想的成绩，能否通过教育科研来提高自己的素质和能力，与学校领导管理人员以及上级教育主管部门的态度关系极大。领导管理人员应该在学校中大力提倡中小学教师进行教育科研；对于教育科研工作搞得比较好、自身素质确实得到提高的中小学教师要给予适当的表扬和奖励。领导管理人员要带头进行教育科研，通过研究来加强学校管理的科学化，提高自己的管理理论和管理能力水平。

（四）保证时间

要想使中小学教师有精力投入教育科研，时间的保证是一个重要的外部因素。目前我国中小学的教育教学任务比较繁重，不少中小学教师把全部的精力都用于学生的教育、管理等事务上，根本没有多少真正属于自己的时间。他们虽然清醒地意识到自己需要充实和提高，也愿意通过进修、岗位自学、教育科研等途径来进一步更新自己的观念和知识，提高教育教学能力，然而，当一张又一张填得满满的课程表摆在眼前时，当一摞又一摞的学生作业堆积在案头时，一次又一次自我提高的机会便毫不留情地与他们擦肩而过。特别是在一些“片面追求升学率”观念还比较盛行的地区和学校，中小学教师更没有什么自我提高的机遇。因此，必须采取有效措施为中小学教师提供不断充实自我、提高自我的必要时间。

（五）提供资料

中小学教师进行教育科研，除了必要的时间保证外，还要有资料保证。这一问题在高等学校中解决得比较好，而在大多数中小学中，这还是一个尚未解决的重要问题。走进中小学的图书馆，我们可以看到一排排的教学参考资料、学习辅导材料、思想品德教育图书、学生课外阅读书籍……然而教育学、心理学、学校管理学、教育科研方法、新的专业知识等方面的资料却不是很多。在这种条件下，我们不禁要问：中小学教师何以提高自己的理论水平？何以掌握新的专业知识动态？又如何来通过岗位自学提高自己的素质和能力？但是，我们看到，不少学校在十分重视校园的绿化、硬化、美化，不惜花费大量金钱用以创建所谓“花园式学校”的时候，却忘却了图书资料的更新和充实，忘却了现代化信息设施的配备，这不能不令人感到遗憾。因此，中小学必须花费一定的财力，购置一定数量的教育科学理论书籍，订阅一定数量的教育科学报刊，为教师从事教育科学研究提供充分的资料。除此之外，教师通过学术或教研活动，多与外界联系，获得更多的即时信息，对于他们搞好教育科研也是十分重要的。

【本章小结】

1. 教师职业道德是教师在从事教育劳动过程中形成的较为稳定的道德观念和行为规范，它是调节教师与他人、教师与集体、教师与社会相互关系的行为准则，是一定社会或阶级对教师职业行为的基本要求的概括，也是教师个人在道义上的思想、感情、态度、行为和作风的特殊表现，是教师从事教育劳动应遵循的行为规范和必备的思想品德。

2. 教师职业道德与教师道德并不是一回事。教师道德至少可以分为如下三个层次：

第一层次，教师作为一般意义上的个体，应该具有一般个体的道德品质；

第二层次，教师作为特定国家的公民，应该具有国家公民道德；

第三层次，教师作为专业教学人员，应该具有教师职业道德。

教师道德是由教师的个人道德品质、公民道德和职业道德构成的一个相对完整的系统，三者之间存在着内在的必然联系，相互制约、相辅相成。在现实生活中，严格区分教师道德与教师职业道德是比较困难的事情，但这并不等于说就不能区分。明确教师道德与教师职业道德的不同，有助于我们正确地认识和客观公正地评价教师的活动和行为，保障教师在现代社会中的正当权利，减轻教师的职业压力，保证教师大胆地行使自己的权利、履行自己的义务，为教育事业的发展和社会的进步作出更大的贡献。

3. 教师职业道德对教育过程具有规范作用，对学生具有示范教育作用，对教师自身人格具有陶冶作用，对社会生活也有一定的影响作用。根据教师职业道德规范的基本功能、古今中外构建教师职业道德规范的基本经验和历史教训，并结合当前教师专业化发展的大背景，我们认为，教师应该具有以教书育人、乐教勤业、人格示范为原则，以依法执教、爱岗敬业、热爱学生、严谨治学、团结协作、尊重家长、廉洁从教、为人师表、学而不厌、开拓进取为基本规范的专业道德素质。

4. 在中国传统文化作用下，人们将教师地位和职业道德置于“神圣化”的场域之中，给教师造成很大的职业压力，这实际上是对教师的不公平和不道德。之所以产生教师职业道德“神圣化”的现象，主要是因为传统义利观中所表现出来的重义轻利、重理轻欲、安贫乐道和道德观中所表现出来的道德的神圣化、绝对性和抽象性，使得教师成为道德的化身，教师道德相应地被神圣化。要想使教师道德回归到大众化的地位，需要从以下几方面努力：①确立合理的义利观；②确立新的道德观；③正确地认识和评价教师行为；④确立正确的教师道德观。

5. “教师是蜡烛”这一隐喻，体现了教师行业的无私奉献精神。有人认为“蜡烛说”或“春蚕说”已经过时，要以“发展说”取而代之。这种观点我们是反对的，产生这种观点的思维方式是有问题的。我们在重新构建教师职业道德体系的过程中，在教师道德“大众化”的运动中，不应该忽视“蜡烛精神”对教师职业道德形成的影响作用，也不应该由于个别人对“蜡烛精神”的误读或误解而错误地认为不应该提倡这种精神，否则将导致我国教师道德水平的整体滑坡。

6. 作为一名专业的教师，应该具备普通文化知识、所教学科的专门知识和教育学学科知识三大方面的知识。中小学教师作为专业人士，肯定要有精深的专业知识，这是毋庸置疑的。但是，他们知识之“专”与其他专业领域的专业人士知识之“专”相比，有其不同的特质。教师专业知识素质的提升，不但要求教师拥有精深的学科专业知识，而且在更大的程度上要求教师掌握广泛的文化科学知识，成为知识的“杂家”。对于中小学教师来说，倡其“杂”，是希望他们具备深厚的普通文化知识基础；求其“专”，是要求他们成为教育专业人士，具备教育教学的专业知识。教师知识“专”与“杂”的相互促进，才能不断地推动教师向更高的专业水平发展。

7. “专家型教师”主要有两个层面的含义：一是指教师要成为专业人士，从“教书匠”转变为“教育专业人士”，这是教师职业在质的层面上的转型；二是作为一名专业人士，要经过专业培训，提升自己的专业素质，成为在教育教学的某一方面（主要是学科教学或学术研究领域）有专长的教师，这是教师在专业范畴内要达到成熟的一种表征，是教师专业在量的层面上的变化。要成为一名专家型教师，就必须比一般教师具备更为宽广的知识。中小学教师在选择专业知识学习的时候，一定不能局限于所教学科，而应该广泛地涉猎知识，并使这些知识最终服务于所教学科的课堂教学之中。

8. “教师成为研究者”有其特定的内涵，它首先是指教师应该有研究能力，其次指教师应该有研究意识，也指教师应该成为研究型教师。研究型教师指的是在学校或其他教育机构中，具有较为清醒的科研意识能力，能够积极主动地反思自己的教育教学行为，能在教育教学过程中发现问题、分析问题和解决问题，从而促进教育教学效果和自己的专业发展水平的教师。

9. 中小学教师成为研究者的根本价值定位在于：通过以教学研究为核心的研究活动，为提高中小学教育教学质量服务。这一价值定位，绝没有否认中小学教师从事理论研究能力的倾向，而是从中小学教育实际出发的一种思考。中小学教师成为研究者具有重要意义，它是提高中小学教师教育能力的重要途径，也是促使教师的教育经验向教育理论升华的重要手段。

10. 总的来说，中小学教师成为研究者面临的主要困难有二：一是教师自身科研素质较差，二是缺少外部的支持条件。为此，中小学教师成为研究者的条件主要包括：提高中小学教师的科研素质、专家指导、领导支持、保证时间和提供资料。

第四章　教师的权利与义务

【内容提要】

明确教师的权利和义务，对于教师专业发展来说意义重大。本章的研究目的在于阐释清楚教师权利和义务的丰富内涵，确立教师正当行使自己的权利、履行各种义务的教育价值。

第一节探讨教师的权利及其相关问题。主要内容包括教师权利的内涵、教师权利的教育价值、教师权利与教师专业发展的关系、教师权利的保障等。

第二节探讨教师的义务及其相关问题。主要内容包括教师义务的内涵、教师义务与教师权利的关系、教师义务的教育价值、教师义务与教师专业发展的关系、教师义务的全面履行等。

本章的重点一是阐明教育权利和义务的教育价值，二是分析教师权利的保障、教师义务的履行。

第一节　教师的权利

一、教师权利的内涵

（一）权利的法律意蕴

对于定义“权利”的困难性，康德早就深有体会。他说过：问一位法学家什么是权利就像问一位逻辑学家什么是真理那样会让他感到为难。[①] 西方的权利理论中，主要有权利的价值理论和权利的分析理论两大流派。权利的价值理论与正义理论密切相连，罗尔斯（John Rawls）、诺奇克（Robert Nozick）和德沃金（Ronald M. Dworkin）都可以视为是权利价值理论的代表；而权利的分析理论旨在弄清权利这个词语在语言中的具体用法，从而使法律和道德问题更容易获得理解，霍菲尔德（Westey Hohfeld）、哈特（H. L. A. Hart）、费因伯格（J. Feinberg）都可以说是权利分析理论的代表，其中又数霍菲尔德的权利分析理论最久负盛名。[②] 在我国，不同的学者对“权利”也有不同的见解。有学者认为，权利包含着“利益”“主张”“资格”“权能”和“自由”五大要素，对于一项权利来讲，

---

① ［德］康德．法的形而上学原理［M］．沈叔平译．北京：商务印书馆，1991. 39.

② 李步云．法理学［M］．北京：经济科学出版社，2001. 171.

这五个要素是必不可少的。因此，“以其中任何一种要素为原点，以其他要素为内容，给权利下一个定义，都不为错。这就要看你强调权利属性的哪个方面”①。还有学者认为，“权利是为道德、法律或习俗所认定为正当的利益、主张、资格、力量或自由”②。

根据权利背后的规范形态是道德、法律还是习俗，我们可以将权利划分为道德权利、法律权利和习俗权利。其中，法律权利主要是指法律所允许的权利人为了满足自己的利益而采取的、由其他人的法律义务所保证的法律手段。③ 这种法律权利是在现行法律中明文规定或隐含地确认和保护的权利，它一般可以在国家法律中找到，或者从现有法律的规定或法律精神中推论出来。

法律上的权利主要有以下特点：第一，它来自法律规范的规定，得到国家的确认和保障；第二，它是保证权利人利益的法律手段，权利与利益有着密切的联系，但权利并不等于利益，权利人实现自己利益的行为是法律权利的社会内容，权利则是这一内容的法律形式；第三，它是与义务相关联的概念，离开义务就无法理解权利，它得到义务人的法律义务的保证，否则权利人的权利不可能行使；第四，它确定权利人从事法律所允许的行为的范围，在这一范围内，权利人满足自己利益的行为或者要求义务人从事一定行为是合法的，而超出这一范围，则是非法的或不受法律保护的。④

（二）教师权利内容的分析

简单地说，所谓教师权利，就是指教师依法行使的权力和享受的利益。

对于教师依法可以行使哪些权力和享受哪些利益的问题，国内外专家有不同的看法。

在国外，各国对教师权利的界定主要有三种形式：一是大陆法列举式，这主要是指大陆法系国家教育法采取列举的方法来界定教师权利的范围。二是判例法概括式，这主要是指英美等实行判例法的国家，其教育法律并没有明确规定教师权利的具体内容，只是抽象概括了若干判例原则。三是分层式概括，这是联合国教科文组织《关于教师地位的建议书》中所采取的做法，即从教师所应享有的基本权利和教师所应享有的职业权利两个层面来界定教师权利的具体内容。

目前，我国关于“教师权利”的研究还很薄弱，仍是一个悬而未决的难题。国内学界对教师权利主要有两种界定，一是教育工作者从教育学角度出发认为，教师权利主要是一种专业性的权力，是“教师在学校中对学生、班级和课程等教育资源所具有的权力”⑤；二是法学工作者从法律角度出发认为教师权利是“教

① 夏勇．人权概念的起源［M］．北京：中国政法大学出版社，1992. 44.

② 李步云．法理学［M］．北京：经济科学出版社，2001. 156.

③ 韩明德，石茂生．法理学［M］．郑州：郑州大学出版社，2004. 295.

④ 孙国华，朱景文．法理学［M］．北京：中国人民大学出版社，1999. 368.

⑤ 谢维和．教育活动的社会学分析［M］．北京：教育科学出版社，2000. 115～116.

师在教育教学活动中依法享有的权益，是国家对教师能够做出或不做出一定行为，以及要求他人相应做出或不做出一定行为的许可和保障"①。

从法律角度研究教师的权利，研究者又有不同的观点。有的学者认为，我国教师的权利有基本权利与特殊权利之分。教师的基本权利是指以教师的最基本需要为基础，围绕教师职业教书育人的根本职责而提出的权利，内容主要包括：进行教育教学活动，开展教育教学改革和实验的权利；指导学生的学习和发展，评定学生的品行和学习成绩的权利；按时获取报酬，享受国家规定的福利待遇以及寒暑期的带薪休假的权利；从事科学研究、学术交流，参加专业的学术团体，在学术活动中充分发表意见的权利；参与学校民主管理的权利；参加进修或者其他方式培训的权利；学术自由的权利；人身权利和人格权利；申诉的权利；女教师应享有的特殊权益。教师的特殊权利是在不同级类、不同地区学校任教的教师特别享有的权利，具体包括：我国中小学教师和其他职业学校教师享受教龄津贴和其他津贴；到少数民族地区和边远贫困地区从事教育教学工作的教师，以及具有中专以上学历的毕业生，享有特殊补贴；有特殊贡献的教师，可以享受政府特殊津贴；高等学校教师有进行科学研究的权利；在各种社会力量所办学校任教的教师具有与聘任学校约定的特殊权利。② 还有学者从教师的不同身份出发，指出，"在教师权利方面，还可以分为三种情形：这就是教师基于公民身份而享有的权利，教育权——教师依据特有的教师身份而享有的权利，以及教师同时具有公务员身份而享有的权利"③。其中，教师基于公民身份而享有的基本权利主要包括：平等权、自由权、生存权、工作权、财产权和参政权等。教师基于专门职业而享有的教育权利主要包括：讲课自由权；授课内容编辑权；教科书使用上的裁量权；参考书使用权；教学设备选定权；对学生的教育评价权；组织或参加教师专业团体权；参与学校校务权；进修权及提升权。教师基于国家公务员身份而享有的权利主要包括：俸给权；退休金额领取权；抚恤权；保险权；职位保障权；福利互助权；出差、请假及休假权；生活津贴权；年终考核晋级加薪权；获奖励权等。

我们认为，要想准确理解教师的权利，较为合理的做法是从教师作为专业人员的身份出发，采取跨学科的宽广视角来界定教师的权利。根据这一观点，教师的权利应该包括以下两个方面的内容：

第一个方面是教师作为社会公民应享有的宪法法律规定的基本权利，该基本权利是基于教师的宪法地位而产生的，受宪法和法律规范的调整，体现了宪法的价值取向和追求，它是教师权利系统中最根本的权利。依据我国宪法规定，教师享有的基本权利主要包括：参政权、自由权、生存权、财产权、平等权、劳动

---

① 劳凯声．教育法学［M］．沈阳：辽宁大学出版社，2000. 128.

② 李晓燕．我国教师的权利和义务论纲［J］．华中师范大学学报（人文社会科学版），1998（1）.

③ 郑新蓉．试论教师权利与义务的几个问题［J］．高等师范教育研究，1998（3）.

权、文化教育权、婚姻家庭权以及其他特殊的权益（如女教师的权益等）。

第二个方面是教师作为专业人员应享有的特殊的教育权利。这种权利是由教师的专业人员地位所决定，一般由教育法律法规规定，反映教师职业的特点。从法律角度看，此种权利是宪法规定的抽象权利在教师这个职业上的具体体现，是教师事实上应该享有的权利以法律规范的形式，为教育体系所认同的结果。按照我国现行相关教育法律的规定，教师特殊的教育权利主要包括：

（1）教育教学权——“进行教育教学活动，开展教育教学改革和实验”；

（2）开展科学研究和学术活动权——“从事科学研究、学术交流，参加专业的学术团体，在学术活动中充分发表意见”；

（3）管理学生权——“指导学生的学习和发展，评定学生的品行和学业成绩”；

（4）获取报酬待遇权——“按时获取报酬，享受国家规定的福利待遇以及寒暑假期的带薪休假”；

（5）参与学校民主管理权——“对学校教育教学、管理工作和教育行政部门的工作提出意见和建议，通过教职工代表大会或者其他形式，参与学校的民主管理”；

（6）进修培训权——“参加进修或者其他方式的培训”；

（7）改善工作条件和生活条件权；

（8）享有与职务聘任、考核奖惩、退休等相应的权利；

（9）申诉权；

（10）享有法定节日权；

（11）其他特殊权利（如女教师享有的法定产假权等）。

教师所享有的基本权利和特殊教育权利是紧密联系，浑然一体的，准确而全面地反映了教师权利体系的两个基本点。其中，教师的基本权利是其享有特殊教育权利的基础和保障，为教师的教育教学活动创设了外部条件；教师的特殊教育权利则是教师权利系统的核心，是教师行使其“教师”身份权利的主要依据。

二、教师权利的教育价值

教师享有正当的权利，在一定程度上体现了教师的社会地位，也体现了现代社会的公平。

从伦理学的角度来看，公正是“行为对象应受的行为，是给予人应得而不给予人不应得的行为”①，其根本问题是“权利与义务的交换”②。一个社会之中，只有当其社会成员均享有与其所承担的义务相对等的权利时，才能体现这个社会

① 王海明. 新伦理学［M］. 北京：商务印书馆，2001. 301.

② 同①，312.

的公平。教师作为社会成员和专业人员，只有当他享有正当的权利，并且这种权利与其所承担的义务对等时，才能体现我们这个社会的公平。在这个公平的社会氛围中，才能培养出具有公平意识的社会新生代。

教师权利和教师人格并存于教师身上，是一体两面的关系。从法律层面上讲，人格是指“作为权利义务主体的资格”①，教师人格肯定了教师应该享有的权利，没有教师人格，就无从谈起教师权利。从伦理方面来讲，教师全面合法地享有自己不可侵犯的权利时，又可确保其获得应有的教师人格。只有当一名教师的人格和权利得到合法、全面的保障时，他才有可能获得应有的社会地位和个人尊严；而只有具有较高地位和完整个人尊严的教师，才能培养出人格独立、人品高尚、自尊自强的新一代。这样的教育，才是真正的教育。② 可见，教师权利在教育实现其为培养社会年轻一代奠基的价值方面具有基础性和关键性作用。

教师权利在一定程度上体现了教师的社会地位。只有当教师的权利得到充分保障时，他的工作才能得到社会的肯定，才能激发他的工作热情，使其安心教育工作。我国有关教育社会学的著作是以社会权益、职业声望和经济待遇作为确定教师职业社会地位的排列模式指标的。③ 据有关材料显示，我国教师理想的社会地位与现实的社会地位之间存在着差距，教师的专业地位和经济地位没有得到较好的保障，表现为工资收入和物质待遇仍然较低、教师的劳动时间过长、教师的人身安全得不到保障和部分教师素质低等问题，教师的合法权利受到侵犯的现象仍然存在。特别是教师的经济地位得不到有力保障，这样必然导致教师队伍的不稳定，导致一部分教师由于基本生活得不到保障而离开教师队伍。因此，我们要保障教师的合法权利，提高教师的经济地位，解决教师的后顾之忧，使教师为教育事业奉献时没有后顾之忧。

教师作为专业人员，以“传道、授业、解惑”为己任，因此，其思想和行为对年轻一代有着潜移默化的影响。法律赋予教师一定的权利，并对这些权利进行有效保障，才能提高教师的法律意识。在教育教学的过程中，教师的思想会无意或有意地渗透其中，教师的思想会对学生的思想产生很大的影响。当教师的权利得到有效保障时，才能安心工作，尽心教育学生，才能在教学过程中渗透法律意识，从而培养学生的法律意识。年轻一代具有法律意识，遵纪守法，维护自己的合法权利，履行自己的法律义务，才有利于我国法制环境的建设和法学的发展。

三、教师权利与教师专业发展

“教师权利”和“教师专业发展”这两个概念貌似毫无关联，但是，仔细分

① 陈永明．现代教师论［M］．上海：上海教育出版社，1999．217．

② 王卫东．当今中小学教师权益问题：基于现实的思考［J］．教育科学研究，2005（2）．

③ 李晓燕．我国教师的权利和义务论纲［J］．华中师范大学学报（人文社会科学版），1998（1）．

析可以发现：二者有非常密切的关系，教师的权利在一定程度上反映了教师的社会地位，体现了教师的个人价值，它依照法律的规定满足了教师现实的或潜在的需要；而教师需要的满足，又有利于激发教师的工作动机，有利于教师的专业发展。因此，教师的权利能否得到保障对于教师的专业发展有着非常重要的意义。

教师作为专业人员，其存在的意义是什么？在这里我们借鉴袁贵仁教授的关于人的价值的分析框架来分析这个问题。袁贵仁教授认为，人的价值包含人生价值和人格价值两方面，前者是指个人对他人和社会的价值，后者是指人自身的价值。① 由此，我们认为，教师的价值也包含两个方面：教师的人生价值和教师的人格价值。教师的人生价值是指教师作为专业人员，其对他人和社会的意义；而教师的人格价值，则是指教师自身的价值，即在教育教学活动的过程中，满足教师自身需要方面的价值，它强调的是教师的物质需要和精神需要的满足。教师的这两种价值是统一的，反映了教师作为价值客体或者价值主体的两种身份。以前，我们认为，教师作为“人类灵魂的工程师”，仅仅是“满足培育社会需求类型的代言人、执行者，视维护社会公民素质不退化并且要有所提高的手段，是教育事业发展的维护者和促进者”②，他不能有一个正常人应该具有的需要，不能追求自身的权利，而应该甘于奉献。这种观点将教师“神圣化”，只看到教师的人生价值，而忽略了教师的人格价值，忽视了教师本身作为人的尊严和需要。其实，教师作为一个普通的人，也具有正常人的需要，包括生存需要和发展需要。

首先，教师作为普普通通的人，也要生存，也有权追求正当的物质利益。当一个人选择教师作为职业时，无论他有多么高尚，其前提都必须是他能依赖这个职业生存下去并得到社会的保障和认可。教师的生存需要主要包括教师的工资水平、社会福利、工作条件、社会对教师基本权利和社会地位的认可等。

此外，教师作为追求进步的个体，他还有更高级的需要，即发展的需要。这种发展的需要不仅包括教师知识能力和教学技能的发展，还包括职业道德的提升。教师的知识能力和教学技能可以在教学实践和教师教育中得到发展，但是，教师的职业道德需要教师在长期的教育教学实践中认同和多次的道德冲突选择中得到提升。教师职业的特殊性不仅要求教师要有广博的知识、熟练的教学技巧，还需要教师具有高尚的职业道德。教师职业道德的习得体现在教师的认知活动、情感活动和意志活动之中，它的最终目的是要实现教师对真、善、美的追求。

此外，根据赫茨伯格（Frederick Herzberg）的双因素理论，影响人们工作动机的因素主要是两种：保健因素和激励因素。其中，保健因素主要包括：公司政策与管理、监督、工作条件、人际关系、薪金、地位、工作安定等，这些因素的改善可以预防或消除职工的不满，但不能直接起到激励作用。激励因素主要与工

---

① 转引自孙芳明. 教师需要与教师专业发展［J］. 当代教育科学，2003（20）.

② 叶澜等. 教师角色与教师发展新探［M］. 北京：科学教育出版社，2001. 32.

作内容或工作成果有关，能满足个人自我实现的需要，主要包括：成就、赏识、挑战性的工作、增加工作的责任以及成长和发展的机会，这些因素的改善可以使职工获得满足感，产生强大而持久的激励作用。保健因素的满足能够消除降低职工动机的事物，但是它不能直接提高职工的满意度，但它有预防的效果；而激励因素可以提高职工的满意度，对其产生更大的激励。双因素理论也同样适用于作为普普通通的人的教师。教师身兼社会公民和专业人员两种角色，他具有生存需要和发展需要。生存需要是发展需要的基础，发展需要是生存需要的提升。

如何满足教师的需要，进而促进教师的专业发展呢？通过法律规定教师的权利，通过相关的措施保证教师的正当权利是有效的途径之一。

首先，针对教师生存和发展的需要，要从法律上明确规定教师作为专业人员应该具有的权利。我国《教师法》中对教师的权利进行了相关规定，其中不仅涉及教师的生存权，还涉及教师的发展权。例如，我国《教师法》第七条中规定，教师有“按时获取报酬，享受国家规定的福利待遇以及寒暑期带薪休假的权利”，这就从法律上明确了教师的生存权利，保障了教师的物质利益和基本的生存需要。

国际社会教师专业发展的进程也反映了这一点。在二十世纪六七十年代，各国就认识到教师在教育质量提高过程中所起到的重要作用，并意识到“当工资水平不具有吸引专业化教师的能力时，仅仅用专业化的标准作为职业准入和优化的条件是远远不够的”①。因此，世界各国专业化组织试图通过提高教师的专业待遇来改善教师的地位，为教师争取更多的生存权利，满足教师的基本生存需要。

但是，由于教师生存需要的低层次性和功利性，对物质需要的追求只是教师生存的基础，不能成为教师发展的目标和教师工作的全部。如果把教师对物质利益的追求绝对化，就会导致教师认识上的偏差，从而使教师做出不符合自己身份的行为。例如，有的教师把追求物质利益看做生活的全部，把自己的工作仅仅视为每月薪金的交换，把教师工作当做跳板，甚至当成谋取私利的工具，热衷于薪水高的兼职工作而忽视甚至敷衍本职工作。如果物质利益的驱使致使教师不愿意全身心地投入工作，不愿意为了工作付出辛勤的劳动和汗水，那么教师又如何在专业化的过程中感受到快乐和幸福，专业化的实现又从何谈起呢？由此可见，生存需要只是教师专业化的保健因素，它能够预防教师离开教师职业，却不能提高教师的满意度。

要提高教师的满意度，使教师全身心投入教育行业，还必须培养并满足教师发展的精神需要。我国《教师法》规定，教师“享有进行教育教学活动，开展教育教学改革和实验的权利；享有参加进修或者其他方式的培训的权利”等等，这些规定与教师的发展需要直接相关，满足了教师个人自我实现的需要。发展的

---

① 孙芳明．教师需要与教师专业发展［J］．发展当代教育科学，2003（20）．

需要才是教师专业化的激励因素，它可以提高教师对教育工作的满意度，使教师主动去实现自身的专业化。在教师不断专业化的过程中，除了学习工作所需的专业知识和专门技能之外，教师还要培养自身的职业道德，不断要求自己追求真、善、美。

真、善、美是哲学领域里的三个范畴，它们与人的认知活动、情感活动和意志活动一一对应，是人的这三种心理活动的外在表现。真即合规律性，它反映人同世界的认知关系；善即合目的性，它反映人同世界的价值关系；美即感受性，它反映人同世界的情感关系。这三者中，真是基础的层次，是善和美的前提；善比真高一个层次，它体现了人的要求与外部现实性的统一；美是最高的境界，它以真与善为基础。教师的内在认知需要，促使教师获得对专业特性和专业素质结构的认识和理解，确立了“自我更新”的专业发展意识，实现对“真”的追求；教师内在的道德需要，促使教师在工作过程中形成良好的人际关系和民主合作的精神，实现自己的职业良心和社会责任感，达到对善的追求；教师内在的情感需要促使教师勇于实践、善于发现新问题、探索新途径、提出新见解、积累新经验、创造性地解决各种教育问题，使自己成为一名“解放性的行动研究者”和“反思实践者”，并在这个过程中感受到生命的激情和创造的幸福，实现“师表美”与“精神美”的统一。① 当教师达到对真、善、美的追求之后，他会自觉主动地学习专业知识，处理好与学生和其他教师的关系，并实现自己的职业道德，使自身发展达到一个更高的层次，使自身的职业道德达到一个更高的境界。当教师个体能够完成自身对真、善、美的追求时，其自身的专业发展程度就达到了一个较高的水平。

教师专业发展也是提高教师地位、保障教师权利的重要途径。教师专业化的历史进程告诉我们：通过教师专业化运动，促进了教师的专业发展水平，教师职业的专业性质正在为越来越多的人们所认可。专业工作的社会服务性和不可替代性，更新了人们关于教师的传统观念，特别是20世纪80年代以来，随着国际社会对教师作用期望的提高，带动了教师社会声望的提高，社会也日益重视教师在社会生活中政治经济地位、各种待遇的提升，教师的权利也日益为人们所重视，各国都在通过制定法律和政策、在全社会倡导尊重教师、不断提高教师的工资水平等措施来确实保障教师的权利。这说明，教师权利与教师专业发展之间是相辅相成、相互制约的。

四、教师权利的保障

尽管教师的权利在教育过程中起着非常重要的作用，对教师专业发展也有不可低估的价值，而且我国《教师法》第七条已经明确规定教师享有教育教学权、

① 孙芳明. 教师需要与教师专业发展［J］. 发展当代教育科学，2003（20）.

科学研究权、管理学生权、获取报酬待遇权、参与学校民主管理权和进修培训权等权利，然而在现实生活中，我国教师的权利并没有得到应有的保障，其权利遭受侵犯的现象还普遍存在，有些地方甚至十分严重，教师权利的实际落实情况与教师的理想相去甚远。我们要正视这种状况，针对具体情况，提出切合我国实际情况的教师维权举措。

（一）教师权利遭受侵犯的主要表现

1．教师难以行使正当的教育教学权利，不能确保自己在教育教学过程中的主导地位

根据我国教育法律的规定，自主地从事教育教学工作，是教师首要的合法权利。其基本含义是指教师能够依据国家制订的课程计划，结合学校、教师自身和学生的实际自主地组织教育教学活动；可以在教育教学形式、方法、内容等方面依据课程大纲自主地进行教学改革和实验。社会、行政部门以及学校应当尊重教师的教育教学自主权，非依法规定，任何组织和个人都不得干涉和剥夺教师的这一基本权利。① 然而在现实生活中，我们不无遗憾地发现，教师的这一基本权利也在某种程度上受到了侵犯，主要表现为：

（1）教师的教育教学活动得不到学校的信任，一些学校在教室里安装摄像头，监控教师的教学行为，不但影响到教育教学活动的正常进行，而且侵犯了广大教师的人格尊严。监控器进教室等过度监控的举措，在教师心理上增添了一块大石头②，加剧了教师的心理疾患。

（2）为了提高教育教学质量，现在中小学普遍推行学生评教制度。这种做法原本无可厚非，可是部分学校将之推至极端，使用所谓“多功能测评仪”的教学测评机器，让学生当场按按钮给教师打分，这个系统每隔五秒钟就会自动采集全体学生的数据，将其汇集到校长办公室，并绘成“曲线”或“柱状图形”，反馈给正在讲课的老师。这种做法“严重破坏了国际公认的专业自主原则（对教师课堂教学而言是‘课堂自主原则’）。这样的教学绝不会是高质量的，只能给教学造成混乱。而且，由于学生不停地在给你打分，教师如坐针毡，绝不会形成良好的、轻松的教学心境”③。

（3）一些民办学校为了争取生源，学校领导提出“学生是上帝”的口号，作出“当教师和学生发生冲突时，学生永远是正确的”等荒谬的规定。这些措施本身就是对学校教育教学工作的极大破坏，如何能够保证教师在这样的学校环境中正常地行使教育教学权呢？

2．教师的科学研究权得不到有效保障

---

① 黄崴．教育法学［M］．广州：广东高等教育出版社，2002. 188 ~189.

② 李启咏．过度监控是对教师人格的侮辱［J/OL］．http：//www. cyol. net/gb/zqb/2002 －07/05/content_ 487250. htm.

③ 同②.

我国《教师法》第七条第二款规定，教师享有“从事科学研究、学术交流、参加专业的学术团体，在学术活动中充分发表意见”的权利。法律规定的初衷很好，是为了将教师的实践知识和理论知识结合起来，促进教育实践的发展和教育质量的提高。目前各个中小学都有教研室，教师可以参与其中进行一定的交流和切磋，这是教师享受权利的一个表现。但是，校际之间和国际之间的交流却难以满足教师这种正当的需要。

一些地方教育行政部门组织的国际交流和考察活动根本轮不到教师，只有校长才有机会，但是多数校长不了解教学，到国外只是走走看看，根本领会不到精髓，回来向教师汇报时，只讲人家的硬件多么好，有多少电脑、实验室，等等，对教师的教学没有借鉴意义。[①] 此外，中小学教师参与学术团体和学术交流的机会也比较少，这也是不能切实保障教师权利的一种体现。

3. 教师管理学生的权利受到不同程度的侵犯

我国《教师法》第七条第三款规定，教师享有“指导学生的学习和发展，评定学生的品行和学业成绩”的权利。但是，在现实中，当教师行使管理学生的正当权利时，却往往因体罚学生、不尊重学生权利等貌似合理的原因而停止行使管理学生的合法权利。

在我国，不少地方教育行政部门和学校建立了投诉制度，其目的是为了方便学生及其家长投诉教师教育教学活动中的不良行为。但是，一些学生和家长不理解教育行政部门和学校的良苦用心，动辄投诉教师。教师稍微碰一下学生，就被投诉为“体罚学生”，而学校为了息事宁人或者某些所谓的“集体利益”，不作深入的调查，就要求教师向学生及其家长道歉，甚至要求其在全校教师大会上作检讨。这种做法导致教师不敢放手教育和管理学生，还使有些学生找到了“治老师”的方法，更加明目张胆地欺侮教师；家长当面指责甚至斥骂教师的事件也时有发生。[②] 面对如此的投诉制度，教师还怎么敢去教育和管理学生呢？

4. 教师时间过长、强度过大的劳动得不到能够体现其劳动价值的报酬

等量劳动获取等量报酬是现代社会分配的一个基本原则，可是，中小学教师长期以来并没有获得与其劳动等量的报酬。

教师劳动具有典型的个体性，然而其劳动结果——学生的发展与成长，最终都是以教师集体劳动“结晶”的形式呈现出来的，所以教师劳动价值量的评价不可避免地具有模糊性，从而为确定教师工资报酬标准带来了一定的难度。目前我国教师工资水平的核定是以国家公务员的工资标准为参照的，我国《教师法》第六章第25条规定：“教师的平均工资水平应当不低于或者高于国家公务员的平均工资水平，并逐步提高。建立正常晋级增薪制度，具体办法由国务院规定。”

① 吕萍. 教师权利与义务的理想与现实之差［J］. 中国教师，2004（1）.

② 王卫东. 当今中小学教师权益问题：基于现实的思考［J］. 教育科学研究，2005（2）.

然而几个不争的事实是：第一，我国中小学教师的平均工资水平普遍低于国家公务员的平均工资水平；第二，近年来，国家公务员领域一直都在讨论并逐步实施“高薪养廉”，教师的工资却没有随着公务员工资的提高而有相应的提高；第三，在大力推行基础教育课程改革的今天，中小学教师的劳动量普遍加大，其工资却保持在原有水平，至今尚未见到提高中小学教师工资的规定，教师工资“逐步提高”和“正常晋级增薪制度”更是令人不敢奢望。

此外，我国拖欠中小学教师工资的现象还较为普遍。尽管国家采取了强有力的措施，努力杜绝这种现象，而且境况大有改观，可是目前还有一些地方存在着拖欠教师工资的情况。2002 年，16 个省、自治区、直辖市已经做到当年不新欠教职工国标工资，① 但仍有近一半的省市拖欠教师当年的工资，还有一些省市拖欠的不仅是教师当年的工资，而且包括教师往年的工资。在一些地区，即使教师拿到了工资，也未能如数获得，不少工资已被变相克扣，克扣的形式五花八门。在部分农村地区，教师的工资已低到难以维持生计的地步，却还要负担名目繁多的费用。下面所列是一所学校在某一个月份扣的各种名目的费用：“社会养老保险统筹 100 元（自己不能享受）；扶贫解困金 100 元；人民教育基金 40 元；义务兵家属优待金 60 元；退役士兵安置保障金 60 元；交通建设基金 120 元。”② 教师在经济上承担了很多本不属于自己应该承担的责任，本来工资就得不到保障的教师，其有限收入又要被克扣，这对于教师来说无疑是雪上加霜。

目前，我国大部分中小学教师的劳动时间严重超出了国家法律的规定，劳动强度之大令人难以置信。如在一些学校的作息时间表中，教师的作息时间是这样的：从早晨 5:50 到上午 11:25 为止，中午从 12:00 到下午 5:15 为止，晚上从 5:40 到 9:10 为止，共计 15 个小时。③ 在许多学校，双休日已经成为教师的一种奢望，而寒暑期的休息更是难上加难。然而，如此高强度的劳动，大部分中小学教师却得不到应有的加班报酬，有些学校只是象征性地支付给教师一些加班费，“暑假加班上课，学校要求教师白天和早晚坐班，而教师只能按每天的上课数量（一般一到两节）得到每课时 3 元或 5 元的加班费。双休日不休或休息一天，每月给 50 元的补贴”④。

5. 教师参与学校民主管理的权利得不到保障

我国《教师法》第七条第五款规定，教师享有“对学校教育教学、管理工作和教育行政部门的工作提出意见和建议，通过教职工代表大会或者其他形式，参与学校的民主管理”的权利。我国《工会法》第十六条也明确规定，“全民所

---

① 朱永新. 谁来保障教师的权利 [J]. 人民教育，2003 (18).

② 同①.

③ 同①.

④ 孙占杰. 管理不能侵害教师合法权益 [J/OL]. http://www.ep-china.net/content/president/c/20040201174003.htm.

有制和集体所有制企业事业单位违反职工代表大会制度和其他民主管理制度，工会有权提出意见，保障职工依法行使民主管理的权利”。但现实情况是：学校实行的是校长负责制下的管理制度，工会是校长管理的一个组织，这样的工会组织对于监督校长的权力并不能发挥实质性作用，因此，教师参与学校民主管理的权利也得不到有效保障。在这样的一个制度体系之下，如果有教师对校长提出反对意见，校长就可能对这位教师“打击报复”或者以各种方式压制教师提出意见，在这样的情况之下，又有哪位教师敢“直言进谏”呢？

有的学校的制度明确规定：教师行为损害学校荣誉或越级上访、滋事的扣款××元/次；被举报并查实为以教谋私或从事有偿家教的扣款××元/次；为人虚伪、不守诺言，或在公开场合顶撞领导的扣款××元/次，等等。[①] 此规定表面上是为了规范教师的行为，培养教师的职业道德，但是，从中也可以看出，这个学校的领导是何等胸怀，他竟然可以将教师参与学校民主管理的正当权利扭曲为“损害学校荣誉”。这样，教师明明知道自己有参与学校民主管理的权利，但是又有谁愿意冒这样的风险而参与学校的民主管理呢？

6. 教师的进修培训权得不到保障

我国《教师法》第七条第六款规定，教师享有“参加进修或者其他方式的培训”的权利。进修既是教师的义务，也是教师的权利。但是，在我国许多中小学，这个权利已经被扭曲或者剥夺了。有的学校的教师进修只是形式而已，起不到任何作用；有的学校以教师进修为借口，巧立名目收取进修费用……所谓的教师进修权或者教师继续教育权，并没有收到理想的效果。

7. 教师的人身自由、安全和健康等权利得不到保障

作为公民，中小学教师享有宪法规定的公民人身自由权。我国《教师法》第六章第29条也明确规定：“教师的医疗同当地国家公务员享受同等的待遇；定期对教师进行身体健康检查，并因地制宜安排教师进行休养。医疗机构应当对当地教师的医疗提供方针。”可是实际上中小学教师的人身自由、安全和健康并没有得到完全的保障，较为普遍的问题是：

（1）长期以来，我国对中小学教师实行特殊的“政策保护”：只允许中小学教师以外行业的成员横向流动，而不允许中小学教师流动到基础教育系统之外，参与人才市场的竞争。虽然现在政策上允许教师自由流动，可实践中不少地方的中小学教师仍属于“单位人”，只能固定在一个单位中、一个岗位上，终生不变。由于人事档案、组织关系、工资等因素的制约，教师丧失了自由流动的权利，进而丧失了主动性和创造性，难以实现自身的价值。

（2）面对来自社会、学校、学生家庭的压力，绝大多数教师感到压力很大，已产生一定的心理健康问题。北京市教育科学研究院基础教育研究所2002年的

① 朱永新．谁来保障教师的权利［J］．人民教育，2003（18）．

调查显示：93.1%的教师表示“当教师越来越不容易，压力很大”[①]。近两三年来，这一状况不但没有得到改善，反而有进一步恶化的趋势。例如，2003年国家中小学心理健康教育课题组对全国14个地区168所中小学的2 292名教师进行的抽样检测结果表明，52.23%的中小学教师存在心理问题。其中32.18%的教师属于“轻度心理障碍”，16.56%的教师属于“中度心理障碍”，2.49%的教师已构成“心理疾病”。[②]

（3）教师被殴打的现象还时有发生，人身安全受到侵犯。在殴打者的队伍中，不仅有一般的群众、学生家长，甚至还有干部和司法干部。[③] 近年来在教师人身安全方面出现的令人不能容忍的新情况是，一些学生也肆无忌惮地侮辱、殴打教师。例如，某地三名初三学生在课堂上用下流的语言调戏未婚女教师，之后又几次殴打另一名老师，并曾致使该老师血流如注，当场昏倒。[④] 连学生都敢如此残暴地殴打自己的教师，这其中蕴涵的就不仅仅是教师人身安全权利问题了。

（4）大部分农村中小学教师不能享受应有的医疗、体检等保健待遇。“按照有关规定，两年至少应该给中小学教师作一次全面体检，但在很多农村中小学都没有得到执行。”[⑤]

中小学教师能否享有自己应得的合法权利，不仅仅涉及其自身利益问题，而且还关系到基础教育的方方面面。概括地说，中小学教师的正当权利遭到侵犯，在以下几个方面产生的负面作用是比较大的：第一，教师队伍整体道德水准下降[⑥]；第二，教师群体心理健康问题日益普遍，不利于学校教育事业的发展；第三，教师专业发展会因缺乏动力而难以持续；第四，教师待遇和社会声望的低水平徘徊难以吸引高素质的年轻一代加入到教师队伍之中[⑦]，建设高质量的基础教育师资队伍将会因此而困难重重；第五，新一轮基础教育课程改革将因缺乏师资配合而存在夭折的危险。而这些严重的后果，最终将导致我们难以通过优质的基础教育师资而培养出人格完善、道德高尚、心理健康的年轻一代，基础教育担负的提高整个中华民族素质的使命恐难实现。

---

① 丁肇文．当教师不容易，九成中小学教师感觉压力大［J/OL］．http：//www.people.com.cn/.

② 谁来为教师减负？［J/OL］．http：//www.xmdaily.com.cn/csnn0312/ca207579.htm.

③ 如《三湘都市报》曾报道：2004年8月30日，桑植县澧源镇第二小学校长肖勇被当地一群法官反拷近6个小时，殴打至大小便失禁，伤重住院。参见开学第一天追讨贷款 桑植一群法官痛打校长［J/OL］．http：//news.china.com/zh_cn/social/1007/20040906/11864983.html.

④ 叶玮华．谁来保护教师的人身权益？［N］．南方都市报，2003-10-23.

⑤ 孙占杰．管理不能侵害教师合法权益［J/OL］．http：//www.ep-china.net/content/president/c/20040201174003.htm.

⑥ 杨晓升编著的《中国教育，还等什么?》一书（经济日报出版社2001年出版）的第五章标题是“归来吧，师德”，书中陈述的一件件令人发指的师德沦丧事件，无不让人感到震撼。

⑦ 广州市穗港澳青少年研究所2003年对随机抽取的500名大中学生进行调查，结果发现将来愿意从教的学生还不到两成。参见穗港澳青少年对当老师不“感冒” 愿当者不足两成［J/OL］．http：//www.southcn.com/news/gdnews/nanyuedadi/200309081353.htm.

（二）教师权利遭受侵犯的主要成因

教师权利遭受侵犯的原因比较复杂，最为主要的致因有：

1．偏颇的思想认识

在我国古代，人们将教师神化，把教师与天、地、君、亲并列在一起崇拜，认为教师承担着“传道、授业、解惑”等责任，因此，其品行必须高尚，只能追求奉献，不能索取，“止于至善”。这种偏颇的认识忽略了教师也是普通人，对教师的要求非常苛刻。在这种思想的指导下，人们一旦发现教师的言行与自己的期望不符合，便会极其苛刻地对教师进行指责，毫不掩饰地表达对教师的失望和不满。在这种文化氛围之下，人们将教师神化，无条件地尊师，给教师造成很大的职业压力，致使教师不能理直气壮地索取自己应得的报酬，所以教师的工资报酬一直低于其劳动价值。

与教师至高无上的神圣化地位形成鲜明反差的是：学生在教育过程中仅仅是被动听取教师教育的人，是“效法”教师、承受师道的人，本身没有任何地位。在相当长的时间内，中国的教育和教育学中出现了作为培养人的活动和研究如何培养人的学问中却“没有学生，没有人”① 的现象。从这个意义上讲，中国基础教育改革取得的一个巨大成就就是学生在教育教学过程中的主体地位和个性差异越来越受到关注和重视。然而，人们在认识师生关系时却出现了矫枉过正的情况：学生的地位被无条件地提高，起主导作用的教师的地位却被无情地降低；在倡导平等合作的新型师生关系的同时，我们忽视了师生关系相对于人与人之间一般关系的特殊性。“我们的校园，不知从何时起，就像一位护短的母亲，展示的全是春风化雨，和风丽日。于是，一方面，个别学生作业不做，老师不敢留他；上课影响他人，老师不敢批评；错误屡犯不改，老师不敢找家长来沟通。另一方面，学生成绩不佳，却是老师转岗轮岗的原因；学生出安全事故，教师是第一责任人。中国的教师，没有什么时候比今天所承受的压力更大。在夹缝中生存，不要说创新精神、实践能力，就连人的尊严、价值都被扭曲了。”② 这种畸形的师生关系，如何能够保证教师在教育教学活动中的主体地位，又如何能够保证教师正常行使教育教学权，促进学校教育质量不断提高呢？

2．乏力的法律支撑

相关法律匮乏，人们的法律意识淡薄，相关部门的执法意识不强，是造成教师权利不能得到有效保障的法律致因。

教师依法争取或维护自己的正当权利的主要依据是教育法律体系。目前，我国教育法制建设还很不完善，这就造成教师维权无法可依。而已有的法律文件，有些表述语焉不详，有些规定与政策相矛盾，给具体的操作带来不少困难。

---

① 孙喜亭．教育问题的理论求索［M］．北京：人民教育出版社，2004. 196.

② 教师尊严受了侮辱，谁来保护［J/OL］．http：//netschool. yzu. edu. cn：9015/dynimic/eNews. asp.

无法可依尚可以通过完善相关法律来加以改良，有法不依则反映出一些部门和领导法律意识淡薄，依法治教不力。教育领域内有法不依和知法违法的情况在地方政府、教育行政部门和学校都存在。例如，我国《教师法》明文规定教师有按时获取报酬的权利，但是一些地方仍然拖欠教师工资，甚至以各种理由克扣教师的合法收入。教育法治的软弱无力，是某些部门和个人敢于以身试法，公然侵犯中小学教师合法权利的重要因素。

3. 不科学的学校管理制度

教师集中工作的场所是学校，因此教师合法权利的实现程度，首先直接体现在学校的管理机制、规章制度和文化建设等是否与教师的权利规定相一致。但在我国的学校管理过程中，特别是中小学的管理过程中，有些管理制度却不利于教师合法权利的保障和维护。这主要表现在：

第一，部分学校领导缺乏民主和法律意识，学校所制定的规章制度没有维护教师的合法权利，甚至明显地与国家有关保障和维护教师权利的法律法规相抵触。例如我国中小学现在实行的是校长负责制，其基本内涵是：上级机关领导，校长全面负责，支部保证监督，教工民主管理。但是在部分中小学，教职员工的民主管理纯属子虚乌有，教代会形同虚设。学校制定的有关规章制度，几乎是由学校少数领导者，有时甚至是校长一人决定的。有些规定（如教师的工资与学生成绩挂钩）明显缺乏法律依据，严重侵犯了教师的权利。

第二，缺乏合理评价教师教学工作量的指标体系以及及时调整教师劳动报酬的有效机制。现在中小学评价教师教学工作量的根本指标是教师每周课堂教学的时数，而事实上教师的教学工作不仅仅是上课，从课前的备课到课后的布置和批改作业、课外辅导学生、检查和评定学生的学业成绩等，都属于必要的教学工作。然而除了上课之外，大多数学校对教师的其他教学工作都没有纳入工作量考核之列，教师的教学工作量在现行的评价指标体系中大打折扣。教师获得的工资报酬肯定低于其劳动价值。此外，如何及时调整教师工资报酬，目前尚缺乏明确的规定及有效的执行、保证机制，中小学的教师工资水平长期“任尔东西南北风”，“我自岿然不动”。

4. 失真的媒体报道

目前，很多媒体把关注的焦点放在了学校和教师身上。关注教育事业，本来是好事，但很遗憾的是，部分新闻媒体在有关报道中存在“扬生贬师”的现象。① 失真的报道，不但不会产生应有的积极作用，反而不利于维护教师的合法权益和社会声誉，不利于社会公众客观地认识教师的劳动价值，也不利于教育事

① 例如，《京华时报》曾报道：在北京市景山学校分部上学的一个学生，上体育课时，不服老师的管教，用足球踢打老师，老师忍无可忍，打了他。但是，在学生先打老师后老师打学生的事件中，新闻报道没有提及老师被打伤的情况，只是将学生上医院检查的结果公布出来，从而引起社会关注：老师打学生！参见学生打老师为什么就不是新闻不用追究?! [N]. 中国青年报，2002－12－20.

业的发展。不客观的新闻报道，本身已构成对教师权益的侵犯，其造成的不良影响，也是教师合法权益遭受侵犯的一个致因。

5. 肤浅的教育研究

教师问题虽然在教育口号层面上颇受关注，但仔细地梳理一下，我们就会发现，教育理论界对教师的研究还是十分肤浅的，如关于教师劳动价值、工作评价、权益保护等方面的研究成果还不多见。当前的教育研究中，人们往往重视探析新课程对教师前所未有的高要求，以及教师角色、教育教学行为的转变等问题，但很少有人认真地研究教师付出如此多的心血后，他们应该得到怎样合理的回报，如何去获取合理的回报等问题。科学理论支撑的缺失，是中小学教师维权艰难的一个原因。①

（三）维护教师合法权利的主要举措

（1）正确、全面、客观地认识教师的地位和职业性质，将教师从“圣坛”上请下来，将“圣人”还原为凡人，将教师职业“去神圣化”。在现代社会，重视学生的主体地位本身没有错，但是，关注学生主体地位，保护学生合法权利，不能以牺牲或者侵犯教师的合法权利为代价。要平等对待教师和学生在教育教学活动中的地位，在二者之间寻求一种完美、动态的平衡。另外，还要重新认识教师的地位和需要。教师也是一个普通人，他们也有普通大众的正常需要，也要为了生存而取得一定的经济利益。我们要认真而客观地看待这个问题，不能一提教师追求经济利益，就认为是不好的现象，就贬低教师。

（2）加强法制建设。有关部门要制定与《教育法》《教师法》等法律相配套的实施办法，完善现有的教育法律，对一些法律条文给予具体的诠释，加强法律的可操作性，以切实保障教师的合法权利。要进一步加大教育执法力度，强化各级政府、教育行政部门和学校领导的法制意识，真正做到有法可依，有法必依，执法必严，违法必究。要改变目前教师申诉的途径与方法，将教育申诉制度提升到法律层面。目前，我国法律明文规定，当教师的权利受到侵犯时，教师可以向教育行政部门提出行政诉讼。但是，由于我国的学校特别是中小学大多是从属于教育行政部门的，校长也是教育行政部门任命的，从而导致当教师的合法权利受到侵犯时，申诉非常困难，因此，立法机关要进一步修改相关法律，将教育申诉纳入执法轨道，并完善教育申诉制度，为教师的申诉提供法律保障。

（3）科学认识校长负责制的内涵，建立和健全学校管理机构，科学制定学校管理制度，进一步完善学校的民主管理程序，尤其要将教职工的民主管理落到实处，使教师真正参与学校经营和管理，成为学校的主力军。

（4）加强教师的理论研究，目前要重点研究科学的教师劳动工作量评价指标体系、教师工资报酬调整机制的确立和完善、教师聘任制的合理实施及中小学

① 王卫东. 当今中小学教师权益问题：基于现实的思考［J］. 教育科学研究，2005（2）.

教师合理流动等问题。这些问题都是关乎教师的生存权利和发展权利的问题，因此，对这些问题作深入的理论分析对于维护教师正当权利具有十分重要的意义。

第二节 教师的义务

一、教师义务的内涵

（一）义务的法律意义

义务是伦理学中最重要的范畴之一。马克思曾经指出："作为确定的人，现实的人，你就有规定，就有使命，就有任务。至于你是否意识到这一点，那是无所谓的。"① 义务相对于权利而言，是指法律关系主体，即法律关系的参与者依法承担的责任，表现为义务承担者必须依法实施的一定的作为或不作为。教师的义务，从法律意义上来说，就是指教师依法应尽的责任。

法律上的义务的特点在于履行义务是必要的，义务承担者必须从事或不从事一定的行为，否则权利人的利益不可能得到满足；如果义务承担者不履行义务，他就要受到国家强制力的制裁。同时，义务承担者是在一定范围内进行必要的行为的，超出这一范围，则属于义务承担者的自由，他有权拒绝权利人在这一范围之外的利益要求。

（二）义务的道德内涵

法律上所规定的义务要求义务承担者必须履行自己的义务，具有强制性；而如果将义务上升到道德层面，义务就变成了义务承担者一种自觉的行为，更具有持久性和稳定性。近年来，我国有学者开始从道德层面研究教师义务，明确提出了"教师道德义务"的概念。所谓"教师道德义务"，即教师由一定的道德原则、信念、规范、舆论所支持的义务，或者出于自身的信念，或者出于道德舆论的压力，对他人、对社会所承担的一种道义责任②，其核心内容就是"落实或践行教育公正与教育仁慈"③。

道德义务作为一种相对较抽象的义务形态，它主要是依靠无形的强制性的力量即"道德命令"来履行，人们依靠内心的信念、依靠良心、依靠道德舆论，在一定的道德氛围中，迫使自己不得不从善，迫使自己不得不履行道德义务。教师在履行义务时，不仅要履行法定义务，更要履行道德义务，因为道德义务的确立可以"减少教育活动中的冲突，有利于教育任务的完成；有利于教师在工作中进行道德上的'综合判断'；有利于培养学生的义务意识；有益于培养高尚的

① 马克思恩格斯全集（第3卷）[M]. 北京：人民出版社，1956. 329.
② 刘凤. 关于教师伦理与教师义务的研究 [J]. 南京邮电学院学报（社会科学版），2002（4）.
③ 檀传宝. 论教师的义务 [J]. 教育发展研究，2000（11）.

‘师格’”①。教师只有践行道德义务，通过言传身教，才能为学生树立榜样，培养出具有高尚道德的学生。

（三）法律意义上教师义务内容的分析

从法律层面上来看，教师的义务可以划分为一般义务和特殊教育义务。

所谓教师的一般义务，就是教师作为社会公民，依据宪法或法律规定所应履行的义务。例如，我国《宪法》规定，中华人民共和国公民有维护国家统一和全国各民族团结的义务；有遵守宪法和法律、保守国家秘密、爱护公共财产、遵守劳动纪律、遵守公共秩序和尊重社会公德的义务；有维护国家安全、荣誉和利益的义务；有依照法律纳税的义务等。

另外，教师作为专业人员，也具有特殊教育义务。按照我国《教育法》和《教师法》的规定，我国教师应当履行下列义务：

（1）遵守宪法、法律和职业道德，为人师表。教师在对学生进行教育和管理的过程中，要认真学习和遵守各项教育法律法规，尊重学生的人格，严禁侮辱和体罚学生。教师是学生的表率，教师如果不能遵纪守法，会对学生造成极为恶劣的影响；教师作为人类灵魂的工程师，应当严格要求自己，做遵守法律和道德的楷模。以身作则、为人师表，这既是由教师的职业特点决定的，也是教师应该履行的法定义务。

（2）贯彻国家的教育方针，遵守规章制度，执行学校的教学计划，履行教师聘约，完成教育教学工作任务。这项义务主要包括以下几个方面：①遵守学校的规章制度，努力工作，不断提高教学质量。②履行学校聘任合同的规定，完成教育教学任务。③忠实执行国家的教育方针，努力实现教育目的。搞好教育教学工作是教师的天职和应尽的义务，如果教师不能完成职责范围内的教育教学任务而造成工作损失的，应该承担相应的法律责任。

（3）对学生进行宪法所确定的基本原则的教育和爱国主义、民族团结的教育，法制教育以及思想品德、文化、科学技术教育，组织、带领学生开展有益的社会活动。在教育活动中，教师要处理好传授知识和提高学生思想品德的辩证关系，有意识地结合教育教学活动的特点，将思想政治、品德教育贯穿在教育教学工作的全过程之中，培养学生科学的人生观、世界观、价值观，努力把学生培养成为遵守社会主义法律和道德的好公民。

（4）关心、爱护全体学生，尊重学生人格，促进学生在品德、智力、体质等方面全面发展。人格尊严不受侵犯是公民的一项宪法权利。教师在进行教育教学活动时，应当采用合理的方法，对学生进行品德、智力、体质等方面的教育。关心爱护学生，促进学生人格的健康发展，不仅是实施素质教育的重要内容，也是教师的神圣义务。

① 檀传宝．论教师的义务［J］．教育发展研究，2000（11）．

（5）制止对学生有害的行为或者其他侵犯学生合法权益的行为，批评和抵制对学生健康成长有害的现象。保护学生的合法权益和身心健康，是全社会的责任。学校教育作为对学生教育的主要力量，教师更应该保护学生的合法权益和身心健康。教师在传授知识的过程中，应尽可能排除不利于学生身心发展的因素，同时还应当批判和抵制对学生健康成长有害的现象。此外，教师绝不能做出对学生有害的行为。

（6）不断提高思想政治觉悟和教育教学业务水平。教师最首要的职责是搞好教学工作，因此，为适应教育教学工作的需要，教师应当不断学习，参加进修和各种培训，努力提高自己的业务水平。同时，教师还要不断提高自身的思想觉悟，履行自身的义务。只有德才兼备的教师，才能培养出德才兼备的学生。

二、教师义务与教师权利的关系

1. 权利与义务的关系

权利与义务的关系一直是权利理论中的一个重要问题。我国学者认为，不管是在法律领域还是在伦理学领域，权利和义务的相关性问题都可以分为两种类型：一种是权利和义务的道德相关性问题，另一种是权利和义务的逻辑相关性问题。所谓道德相关性，就是指社会个体在行使权利时应以履行相应的义务为代价，或者在履行义务时应该享有相应的权利。所谓逻辑相关性，是指社会个体行使权利必须以他人履行一定的义务为条件，或者社会个体履行义务在逻辑上必然意味着另一社会个体拥有权利。权利和义务的道德相关性和逻辑相关性问题的区别在于，前者指的是同一个主体的权利和义务关系问题，而后者指的是不同主体之间的权利和义务关系问题。[①] 目前，有关权利和义务的道德相关性问题，伦理学界已经达成共识；而有关权利和义务的逻辑相关性问题，伦理学界一直存在着一些争论。

在法学领域，由于法律要通过权利和义务分配人们之间的利益关系，并且讲究法律的确定性和可操作性，因此人们一般认为法律权利和义务都存在逻辑上的相关性。

张文显教授对法律权利与义务关系作了概括。他认为，法律权利与义务的关系可以概括为：结构上的相关关系、功能上的互补关系、数量上的等值关系和价值意义上的主次关系[②]。

（1）结构上的相关关系。它既包括道德上的相关关系，也包括逻辑上的相关关系。这种相关关系主要表现在：权利和义务是对立统一的，它们的存在和发展必然以另一方的存在和发展为条件，它们既是同一事物中两个互相对立的因

① 孙笑侠，夏立安．法理学导论［M］．北京：高等教育出版社，2004. 117.

② 张文显．法哲学范畴研究［M］．北京：中国政法大学出版社，2001. 338～345.

素，也是一对相互依存的事物的两个方面。正如马克思所说“没有无义务的权利，也没有无权利的义务”①。

（2）功能上的互补关系。法律是以权利和义务这种双向调节机制来指引人们的行为的，权利和义务在实现法律的调整功能时各有所长，可以实现功能互补。权利表征利益，它以正向的利益引导人们的行为，以其特有的利益导向和激励机制作用于人的行为，它符合人们追求利益的天性，因此可以以合理的方式将人们的行为引导到正当的目标上来。义务表征负担，它以负向利益引导人们的行为，以其特有的约束机制和强制机制使人们从有利于自身的利益出发来选择行为。总之，权利有助于实现自由。义务有助于强制某些积极行为的发生，避免某些消极行为的出现，它更有助于建立秩序。

（3）数量上的等值关系。权利和义务在数量上等值主要是指一个社会的权利总量和义务总量是相等的，尤其是指权利和义务所指向的正利益和负利益是相等的。法律是通过权利和义务来分配利益的，权利和义务逻辑上的相关关系决定了权利所能要求的东西与义务所能提供的东西在数量上必然是等值的。

（4）价值意义上的主次关系。所谓价值意义上的主次关系，主要是指权利和义务谁应该成为主导，谁应该处于从属地位的问题。在不同的历史时期，法律的价值取向是不同的，古代的法律是以义务为本位的，现代的法律是以权利为本位的。以权利为本位主要有以下法律特征：第一，社会成员皆为法律上平等的权利主体，没有人因为性别、种族、肤色、语言、信仰等特殊情况而被剥夺权利主体的资格，没有人在基本权利的分配上被歧视，或在基本义务的分配上被任意加重。第二，在权利和义务的关系上，权利是目的，义务是手段，法律设定义务的目的在于保障权利的实现；权利是义务存在的依据和意义。第三，在法律没有明确禁止或强制的情况下，可以作出权利推定，即推定为公民有权利（自由）作为或不作为。第四，权利主体在行使其权利的过程中，只受法律所规定的限制。也就是说，法律的力量仅限于禁止每一个人损害别人的权利，而不能禁止他行使自己的权利。②

2. 教师权利与义务的关系

教师权利与义务的关系遵循一般意义上权利与义务关系的基本原则，二者之间也是对立统一的关系，既存在着一致性，也存在着对立性。

所谓教师权利与义务的一致性，是指权利与义务是统一的，二者在一定条件下可以相互转化。教师权利与义务的统一不仅指道德上的相关性的统一，还指逻辑上的相关性的统一，即一是同一主体在法律关系上的权利和义务的统一，二是法律关系双方权利和义务的统一。法律在赋予教师权利的同时，也规定了他的义

① 马克思恩格斯全集（第3卷）［M］．北京：人民出版社，1964. 16.

② 孙笑侠，夏立安．法理学导论［M］．北京：高等教育出版社，2004. 118～119.

务，这种权利和义务是对应的，无轻重主次之分。教师作为专业人员，其教师职业权利的构成表现为既是权利又是义务，体现了职责与职权的统一。从权利角度看，是一种职权，不能受到随意干涉，也不能被随便剥夺，相应的主体负有服从或者保证其实现的义务，否则，可能构成侵权；从义务角度看，是一种职责，教师不得随意放弃履行，也不得随便让他人代为履行，否则可能构成失职或者玩忽职守。[①] 权利意味着教师在教育教学活动中的主体地位，义务意味着教师在教育教学活动中所担负的重要职责。这种一致性的产生是以教师作为个体的从业利益与社会利益的一致性为基础的，体现了教师职业的社会意义。此外，教师权利与义务也不是绝对的，二者在一定条件下可以相互转化。例如，我国《教师法》规定，教师有“指导学生的学习和发展，评定学生的品行和学业成绩”的权利。这一权利，从某种意义上来说，也是教师的义务。教师如果没有认真地指导学生的学习和发展，没有认真地评定学生的品行和学业成绩，则说明他没有很好地履行自己的法律义务，是他的失职。[②]

教师权利与义务的对立性，或者说背离性，是指其权利和义务指向目标的冲突，即教师作为社会公民的权利和其作为专业人员之间的义务的矛盾。教师首先作为一个公民，享有一切公民享有的基本权利；同时教师作为专业人员，也有其特殊的职业义务。在教师行使权利和履行义务的过程中，难免发生双重角色的权利和义务指向目标的冲突。这些冲突主要表现在：教师作为公民有个人自由发展的权利，但作为教师必须处理好自身发展与培养学生成长的关系；教师作为公民具有宗教信仰的自由，但作为教师必须遵守教育与宗教相分离的法律原则；教师作为公民具有选择个人生活方式的自由，但作为教师其仪表、嗜好等必须考虑对受教育者可能产生的误导而必须有所克制；教师作为公民有言论自由的权利，但作为教师是代表国家、社会来培养年轻一代的，其言论必须符合国家、社会的政治利益等。由于教育是一项公益性事业，教师作为人类灵魂的工程师，当他作为公民的权利与他的职业义务发生矛盾的时候，要求他能够放弃个人利益，服从社会公共利益。[③]

三、教师义务的教育价值

教师履行义务的程度，对其所从事的教育教学工作将产生直接的影响，同时也对社会产生较为重要的影响。

首先，教师履行自身的法定义务，有利于培养学生的法律意识和遵纪守法的良好行为习惯。教师作为人类灵魂的工程师，其思想和行为对年轻一代会产生潜

---

① 李晓燕. 我国教师的权利和义务论纲［J］. 华中师范大学学报（人文社会科学版），1998（1）.
② 侯小娟. 谈谈教师的权利与义务［J］. 中小学管理，1994（4）.
③ 同①.

移默化的影响。一个遵纪守法的教师，才有可能培养出遵纪守法的学生；而一个不遵守法律的教师，其思想和行为会对学生产生不良影响，不利于培养学生的法律意识。

其次，教师履行自身的道德义务，其言传身教会对学生产生正面影响，有利于培养学生良好的思想品德。一个具有高尚师德的教师，会在日常生活中关心、爱护学生，平等地对待学生，帮助学生克服不利于自身发展的因素，他的言谈举止会对学生产生积极的影响，促使学生的道德等综合素质向良好的方面发展。这样的教师会在学生心目中树立起较好的权威形象，从而更有利于他在教育教学的过程中发挥自己的主导作用。

再次，教师的道德义务有利于减少教育活动中的冲突，便于教师完成教育教学任务。教师也是凡人，在教育教学活动中，由于种种原因，教师可能会按照自己的“主观意愿”办事，譬如在备课、讲课、组织学生活动、协调关系、解决工作中的问题等方面减量或少投入精力，这样就会形成与教育事业、学生发展的要求相违背的“冲突情势”。这种情势如不能正确地加以解决，不仅会影响教育工作任务的完成，也会使教师本人处于一种紧张的人际关系和内心压力之中，教师就会失去教育上的“自由”。[①] 为了解决这些问题，就要让教师从思想上认识到自己的教育使命，从而严格承担起教育道德义务。

最后，教师的道德义务有利于培养教师高尚的“师德”。现阶段，由于法律体系的不完善和教师整体素质不高，导致了教师侵犯学生权利行为的发生，其主要类型和表现如下：第一，侵害学生的受教育权；第二，侵害学生的人身自由；第三，侵害学生的人格尊严。[②] 为了避免此类现象的发生，有必要培养教师的道德义务意识，规范教师的行为。康德曾认为，纯粹出于自然爱好而偶然履行的义务不具有道德价值，只有出于道德义务责任感而且克服了“自然爱好”（或非道德冲动）的行为才具有真正的道德价值。这是因为只有经历了道德考验的义务和品质才是靠得住的。教师在履行道德义务时，往往面临道德冲突的考验，而每一次成功地经受住道德冲突的考验就能够提升教师的道德水平。苏霍姆林斯基曾说过：“恪守义务可以使人变得更高尚。”[③] 因此，教师道德义务的真正确立有利于教师道德动机的增强和道德水平的提高，从而有利于教师形成高尚的“师德”。

四、教师义务与教师专业发展

教师义务与教师专业发展之间也存在着相辅相成、相互促进的关系。

首先，教师履行义务，可以促进自身的专业发展。教师的法定义务与道德义

---

① 檀传宝．论教师的义务［J］．教育发展研究，2000（11）．

② 郑新蓉．试论教师权利与义务的几个问题［J］．高等师范教育研究，1998（3）．

③［苏］瓦·阿·苏霍姆林斯基．和青年校长的谈话［M］．上海：上海教育出版社，1993. 155.

务之间存在着内在的联系，法定义务是道德义务的基础，道德义务是法定义务的升华。在教师专业发展过程中，二者都占有非常重要的地位。教师自觉地履行了其义务，按照法律规定进行教育活动，遵守职业道德，能够使自己的言行体现出专业化的特色，提高教育活动的效率和质量。在长期的专业教育教学行为践行过程中，教师可以不断地反思自己的专业道德、行为结构、教育能力、专业情意等，自觉地改进自己的教育行为，提升自己的专业素质，形成稳定和娴熟的专业行为方式，最终达到提高专业发展水平的目标。

其次，教师的专业发展，又能够促进教师更好地履行自己的义务。社会的进步和教育教学改革的发展，对教师的素质提出了更高的要求，人们越来越深刻地认识到：教师的素质高低直接关系到教育改革的成败和所教育学生的质量。而教师能否自觉履行法定义务和道德义务是教师职业素质的重要组成部分，它取决于教师专业发展的水平。霍伊尔明确地将教师专业化界定为两个方面的内容：一是关注一门职业成为专门职业并获得应有的专业地位的过程，二是关注教学的品质、职业内部的工作方式，教学人员如何将其知识技能和工作职责结合起来，整合到同事关系以及与其服务对象的契约和所形成的情景中。[①] 霍伊尔的观点表明，教师的专业化不仅仅是教师获取知识的过程，还是教师履行自身义务和工作职责、对学生进行引导的过程。专业发展程度高的教师，首先表现为他们有高度的专业自律和高尚的专业道德，能够产生道德义务感，在道德驱动力的作用下，教师能够较为自觉地从事教育教学工作，完成自己承担的法律义务；而长期系统的专业训练，不仅使教师具备丰厚的专业知识积累，而且具有较高的教育教学能力。这些专业知识和专业能力，又为他们顺利地完成教育教学任务，提供了专业保证。

五、教师义务履行方面存在的问题及其改进

（一）教师不能忠实履行义务的主要表现

尽管我国《教育法》和《教师法》等法律都对我国教师应当履行的义务作出了明确的规定，但是在现实中，教师不能很好地履行义务的现象仍然存在，主要表现在：

1. 部分教师职业道德水准不高，责任心不强，不能为人师表

教师作为“人类灵魂的工程师”，应该具有良好的职业道德，遵循职业标准，对学生进行“言传身教”；但是目前有些教师不遵守职业道德，轻视自身行为对学生的不良影响作用。例如，有些教师只注重在课堂上对道德知识、道德伦理进行讲解，在自身示范方面却做得很不够。这一方面表现出学校在进行道德教育时，用的最多的方式是课堂讲授方式；另一方面说明学校和教师在教育学生

---

① 陈永明. 现代教师论［M］. 北京：上海教育出版社，2001. 182.

时，自身却存在着较严重的言行不一致的现象。学校的乱收费和教师的唯利是图、说一套做一套的种种表现，在学生幼小的心灵上刻上了深深的痕迹，留下了一道道阴影。在这种情况下，尽管学校的道德教育时间长、力度大，但收效甚微，甚至结果与其初衷反差显著。我国从小学到大学不间断地开有德育、道德修养诸如此类的课程，结果却是培养了大批道德理论笔试、口试成绩优秀而道德实践上很难说得上合格的“纸上谈德”者。重言传、轻身教的学校道德教育方式使其说服力大为下降，严重地妨碍了道德教育效果的实现。①

2．部分教师不能恪守自己的本职岗位，将主要兴趣放在教学之外的其他方面，影响了本职工作

受市场经济大潮的冲击，一些教师开始轻视教育义务的履行，而盲目追求名利等利益。在中小学，部分教师不自觉地制订自己的教育教学和专业发展计划，对于课堂教学和学校交付的各项任务应付了事，而将主要心力放在课外有偿的个别辅导方面，长期不更新知识，不了解学生情况，不钻研教育教学改革，影响了学校的教育教学质量。还有一些年轻教师的职业观念不强，工作目标不明确，缺乏忠实履行教师义务的内在动力。在高校，有相当一部分教师认为“科研是收益，教学是支出，为了保证‘收支平衡’并最大限度地使‘收益’大于‘支出’，他们采取一些损害教学目的、牺牲学生利益的做法，把大量的时间、精力投入到研究与开发项目上，教学仅仅作为一种副业”②。这些不良状况，不仅仅是个别教师的问题，而且直接影响到学校教师群体义务的履行，由此所产生的负面影响是相当大的。

3．部分教师只注重向学生传授科学文化知识，而轻视教导学生如何“做人”，只能做“经师”而难为“人师”

教师是接受社会和国家委托，专门在学校和其他教育机构中对受教育者的身心施加影响的人，其天职就在于“教书育人”，为社会培养和造就德才兼备的各级各类人才。在教师的根本任务中，既包括向学生传授科学文化知识，训练学生养成高强的实践能力，也包括培养学生良好的思想品德，塑造学生完美的心灵和人格。但是，在现在的教育实践中，一些教师重视知识的传授和能力的培养，却不太重视学生思想品德的塑造。在少数教师的观念中，认为只要把书教好就完成了教师的任务，所以将大部分的时间和精力放在备课、上课、作业批改等方面，缺少与学生的沟通、谈心和教育。尽管这种状况经过多次的纠正已大有改善，但仍然存在。

4．少数教师不但不关心、爱护学生，反而违反教育规律，侵犯学生的合法权益

① 蒋洁霞．师德现状分析及对策［J］．湖南经济管理干部学院学报，2003（1）．

② 梁丽萍，赵东升．师德现状与师德建设［J］．山西大学学报（哲学社会科学版），2000（5）．

作为专业人士，教师职业道德的首要内容就是热爱学生。大批优秀教师的实践证明：不热爱学生的教师绝不是一个好教师。热爱学生包含丰富的内容，其中既包含着教师对学生的关心、爱护、尊重、信任，也包含着教师对学生正当的严格要求。但是在我们的学校中，一些教师并没有在头脑中真正树立起“人格平等，教学相长”的现代师生关系观，对学生管束有余而热爱不足的现象却是比较普遍的，早已明令禁止的打骂、体罚学生的错误行为并没有杜绝。当学生违反学校的纪律时，一些教师仍然在通过罚钱、罚写作业、训诫、体罚等方法来惩戒学生，个别教师甚至殴打学生致残。

（二）教师不能忠实履行义务的主要原因

教师不能很好地履行自身的义务，有多方面的原因，可以从主客观两个方面来加以分析。客观方面的原因包括市场经济的负面影响、相关法律制度的缺失、传统教育模式的影响以及学校内部教师管理方面的问题等。主观方面的原因有教师的法律知识匮乏、法律意识淡薄、职业道德不高、专业发展意识不强等。这里仅就若干主要原因略加阐述。

1．市场经济的负面影响

在市场经济体制中，商品流通的中介——货币的作用日益突出，“物质利益至上”“拜金主义”等思想观念大行其道。对于正处于经济转型期的中国来说，扬弃计划经济体制下旧的价值观念，确立与社会主义市场经济体制相适应的新的价值体系需要经历一个较长时间的过程。所以如何正确地区分市场经济体制所需要的价值观念与过分强调追求物质利益和金钱的思想观念，对于一些人来说还是比较困难的事情。在这样一个过渡时期，一些不良的观念和行为对教师也产生着一定程度的影响。尽管大多数教师对此有清醒的认识，仍然能够坚守岗位，遵守职业道德，乐于奉献，但也有一些教师经受不住金钱和物质利益的引诱，过分追求一己之利，以所谓的“新的价值系统”来重新衡量自己的利益得失，逐渐改变了忠诚于人民教育事业、为社会培育栋梁、教书育人、乐于奉献的价值追求，转而将金钱和物质利益的所得作为自己的人生价值追求。

2．相关法律制度的缺失

目前，我国专门惩戒教师不履行义务的教育法律还没有建立和完善，已有法律条文中关键术语的界定模糊不清，加之已有的相关法律得不到很好的普及，导致教师的法律意识淡薄，法律知识匮乏，甚至知法犯法。例如，当前我国法律中“管教”与“体罚”两个概念的界定不明确。有调查显示①，许多教师认为，实施管教是对学生负责，不体罚就意味着不履行管教之责，很明显地将体罚等同于管教；当教师因体罚造成对学生身心的伤害，而被状告到法院并被法院判刑，这并不表示教师可以不管教学生。有些教师管教学生的出发点是好的，但是其管教

① 徐晓光，王水玉．改善中小学师德问题行为的思考［J］．中小学教师培训，2004（1）．

的方式违背了教育规律，忽视了以学生为主体，缺乏人性化的管理，这对学生的身心造成了极大的伤害。

3. 传统教育模式的影响

尽管国家政府和教育主管部门多次强调教师职业道德的重要性，然而不少学校在评价教师时，主要是衡量其教育教学的成绩（如高考、中考的升学率和优秀率）以及教师自身的文化知识水平（如学历、学位），而不考察其道德水平。在各种选拔性考试的影响下，以片面追求知识学习和考试成绩为目标的教学思想占据了大多数学校领导和教师的头脑，教师对学生进行教育的过程中也较为重视科学文化知识的传授而忽视道德教育，这样，培养出的学生大多只是“成才”而不“成人”。此外，受传统“师道尊严”的影响，教师对于学生，具有无可辩驳的真理性和权威性，学生必须无条件地服从教师的管理。这种不平等的师生观，必然在管理上导致学生接受的被动和消极。教师的专制，很容易导致师生关系紧张，一旦学生违背教师的意愿，就可能受到教师的惩罚。

4. 学校内部教师管理方面的问题

长期以来，中国的学校是教育行政机构的附属机构，没有自主发展的空间和权利，因此，学校对教师的管理存在着许多问题。例如，虽然学校管理学的论著中不断强调“教师是学校管理的主力军，办学一定要依靠教师”，但在实际生活中许多学校并没有真正把教师作为学校发展的重要力量，没有真正调动学校教师参与学校管理和从事教育教学工作的主动性、积极性和创造性，在一定程度上妨碍了教师自觉地履行自己的义务。在一些学校领导的心目中，教师就是自己的雇员、自己的下属，所以理所当然地应该听从自己的命令，因此在制定教师管理制度时，不是从挖掘和使用教师的主观能动作用的角度，而是从如何管理、束缚教师的角度来考虑问题，最终将教师的行为限定在教书和管理学生两大方面。至于教师的进修、提高等，完全取决于领导的主观意愿。久而久之，教师也就失去了责任心和主动性，由自觉地履行义务变成了被动地服从校长或学校其他领导。

5. 教师自身的问题

首先，当前我国教师不能忠实地履行自己的义务，与我国教师专业发展水平低有很大的关系。我们在中小学的调查表明，迄今为止，不少中小学教师对于教师专业发展的认识还非常肤浅，大多数教师并不认为自己是专业人员，对法律规定的教师义务也并不完全清楚。相当一部分教师提出，自己的工作单位中还普遍存在体罚或变相体罚学生的现象，对自己的职业道德的要求也不高。同时，他们对于参加培训和进修，提升自己专业水平的积极性也不高，学校安排参加就参加，不安排也无所谓，等等。教师的这种被动、消极的心态和模糊的认识，构成了他们自觉履行自己义务的重要障碍。此外，近年来由于职场竞争的激烈、教育教学改革的压力、教育教学任务的繁重，加之教师的经济地位一直得不到提高，导致少数教师精神空虚，思想荒芜，心理浮躁，对教师职业失去信心和应有的责任感，生不逢时的压抑和怀才不遇的心态使他们产生了一定的心理障碍。他们常常将自己的不满转移发泄到学生身上，用冷漠的眼光鄙视学生，用伤人的话语刺伤学生，用粗暴的方式殴打学生，甚至发展到道德沦丧，污辱学生的身体和人格，对学生的身心造成极大的伤害。

（三）保证教师切实履行义务的主要举措

针对我国教师履行义务中存在的问题，应该采取有效措施保证教师全面履行义务。这些措施主要包括以下几个方面：

（1）加大宣传力度，普及法律知识，使教师能够明确自身的义务并切实履行。如前所述，目前不少教师并不清楚自己在法律上应该承担的义务究竟有哪些。在日常教育实践过程中，他们所履行的“义务”实际上并不是真正的法律意义上的义务，而是经验性或制度性的教育教学任务，充其量称为道德义务。而这些“义务”的履行，主要是依靠教师的职业良心和学校的制度要求作为保障的，并没有法制层面上切实可行的措施。当然，他们在处理有问题的学生时，大多也是按照自己的思想或教师内部的“潜规则”来做，即使违犯了有关的法律，也茫然不知。因此，我们应充分利用各种媒体和舆论，大力宣传教师应该履行的义务以及教师履行义务的意义，使教师明了自己应当承担的法律义务，以及不履行这些义务所带来的后果和自己应该承担的法律责任。

（2）完善教育法律，进一步明确教师不履行义务应受到的惩罚。目前，虽然我国相关的教育法律规定了教师的义务，但是这些规定只是笼统的概括，并没有细化，法律对一些概念还没有清晰的界定，这就容易导致教师“有法不能依”。因此，要加强教育法律研究，进一步完善我国的教育法律，改进立法技术，增加相关法律的严密性和可操作性。

（3）完善教师考核体系，加强对教师的管理。教育行政部门要加强教师上岗前职业道德、教育法律法规知识以及守法意识和敬业精神的培训，帮助教师熟悉和了解本岗位所要求的道德和法律规范，养成他们专业道德的自律意识。学校在录用教师时，要专项审查教师的思想道德状况，道德素质审查和业务能力审查并重，坚决清除道德审查不合格的教师。改进教师的绩效考核体系，完善对已入职教师的考核，将教师履行义务的情况作为考核和奖惩的重要指标。也可以实行教师履行义务情况的专项年审制度，对履行义务情况较差的教师停职或限时整改，清除品德恶劣的教师，在制度上切实保证和促使教师忠实地履行自身的义务。

（4）提高教师收入，减轻教师压力，促进教师专业成长。我国推行新一轮基础教育课程改革以来，中小学教师的工作任务与以前相比，其繁重程度大幅度提高，在这种情况下，提高教师的收入是合乎法律规定和实际情况之举。此外，还要通过请专家为教师做心理保健讲座、对个别心理疾病严重的教师进行有针对性的治疗和心理辅导、加强教师文化建设、适当扩大学校教师编制等途径，为广大中小学教师减轻工作上的压力。同时，教育行政部门和学校要制订系统化的教师专业发展规划，使教师专业发展纳入规范、科学、法制的轨道，帮助教师做好职业生涯规划，并创设相关的条件，使教师专业发展取得较好的成效。

总之，保证教师忠实地履行义务不能够期望一蹴而就，它是一项长期、复杂而艰巨的工程，我们应该从多方面着手，坚持不懈地努力，才能使教师的义务不仅仅停留在法律文本上而切实地落实到学校的日常教育实践之中。

【本章小结】

1. 教师权利就是指教师依法行使的权力和享受的利益，它包括两个方面的内容：一是教师作为社会公民应享有的宪法法律规定的基本权利，二是教师作为专业人员应享有的特殊的教育权利。

2. 教师享有正当的权利，是现代社会公平和教师应有的社会地位的体现。当教师的人格和权利得到合法、全面的保障时，才能获得应有的社会地位和个人尊严；而只有具有较高地位和完整个人尊严的教师，才能培养出人格独立、人品高尚、自尊自强、遵纪守法的新一代。

3. 教师的权利能否得到保障对于教师的专业发展有着非常重要的意义，教师专业发展也是提高教师地位、保障教师权利的重要途径。

4. 在现实生活中，我国教师权利遭受侵犯的现象还普遍存在，主要表现为：①教师难以行使正当的教育教学权利，不能确保自己在教育教学过程中的主导地位；②教师的科学研究权得不到有效保障；③教师管理学生的权利受到不同程度的侵犯；④教师时间过长、强度过大的劳动得不到能够体现其劳动价值的报酬；⑤教师参与学校民主管理的权利得不到保障；⑥教师的进修培训权得不到保障；⑦教师的人身自由、安全和健康等权利得不到保障。教师权利遭受侵犯的最主要致因有：人们的思想认识偏颇、法律支撑乏力、学校管理制度不科学、媒体报道失真、教育研究肤浅。维护教师合法权利的主要举措包括：①正确、全面、客观地认识教师的地位和职业性质，将教师职业“去神圣化”；②加强法制建设；③科学认识校长负责制的内涵，进一步完善学校的民主管理；④加强教师的理论研究。

5. 从法律意义上说，教师义务是指教师依法应尽的责任，可以划分为一般义务和特殊教育义务；从道德层面上说，教师义务是教师由一定的道德原则、信念、规范、舆论所支持的义务，或者出于自身的信念，或者出于道德舆论的压力，对他人、对社会所承担的一种道义责任，其核心内容就是落实或践行教育公正与教育仁慈。

6. 教师权利与义务是对立统一的关系，既存在着一致性，也存在着对立性。所谓教师权利与义务的一致性，是指权利与义务是统一的，二者在一定条件下可以相互转化。教师权利与义务的对立性，或者说背离性，是指其权利和义务指向目标的冲突，即教师作为社会公民的权利和其作为专业人员之间的义务的矛盾。

7．教师履行义务，有利于培养学生的法律意识和高尚品德，有利于减少教育活动中的冲突，便于教师完成教育教学任务，有利于培养教师高尚的“师德”。

8．教师义务与教师专业发展之间也存在着相辅相成、相互促进的关系。教师履行自己的义务，可以促进自身的专业发展；教师的专业发展，又能够促进教师更好地履行自己的义务。

9．教师不履行自身义务的主要表现有：①部分教师职业道德水准不高；②部分教师不能恪守自己的本职岗位，将主要兴趣放在教学之外的其他方面；③部分教师只能做“经师”而难为“人师”；④少数教师侵犯学生的合法权益。教师不能很好地履行自身义务的最主要原因有市场经济的负面影响、相关法律制度的缺失、传统教育模式的影响、学校内部教师管理方面的问题以及教师自身的问题等。针对我国教师履行义务中存在的问题，应该采取有效措施保证教师全面履行义务。主要措施有：①加大宣传力度，普及法律知识，使教师能够明确自身的义务并切实履行；②完善教育法律，明确教师不履行义务应受到的惩罚；③完善教师考核体系，加强对教师的管理；④提高教师收入，减轻教师压力，促进教师专业成长。

第五章 教师职业生涯与专业生活

【内容提要】

本章的研究目的是在梳理教师职业生涯问题的基础上，尝试建构教师的专业生活。

第一节梳理教师职业生涯的有关问题。“职业生涯”这一概念虽然已从管理学移植到教育学中，然而人们对它的研究还仅仅是开始。对教师职业生涯及其相关问题的梳理，会帮助我们找出今后研究的方向和课题。

第二节是本章的重点。研究者认为，教师专业发展过程，实际上在某种程度上就是教师度过专业生活的过程。为此，我们有必要思考关于教师专业生活的问题。基于此，研究者尝试将教师专业生活建构为“永无止境的学”“坚持不懈的思”和“充满激情的教”三个各自具有相对独立性而又相互联系、步步推进的层面，本节试图对这一想法进行科学的阐释。

第一节 教师职业生涯

一、教师职业生涯的概念

（一）解读“生涯”

“生涯”这一概念最初的内涵非常狭窄，几乎等同于职业选择。20 世纪 50 年代初以来，生涯理论家日益推崇这样一种观念：生涯不仅仅是一份职业或工作，也是决定人们怎样生活的贯穿一生的过程。韦伯斯特（Webster）把“生涯”的外延进一步扩大，他指出，生涯是一个人一生的职业、社会与人际关系的总称，即个人终身发展的历程。[①] 美国生涯发展专家舒帕（Super）认为，生涯是一个人终其一生所扮演角色的整个过程。它包含三个层面：在时间上，指一个人的年龄和生命周期，可以分为成长、探索、建立、维持、衰退等五个阶段；在广度和范围上，指一个人一生所扮演的各种角色，比如儿童、学生、公民、职业者、消费者、家长等；在深度上，指每一个人扮演每一个角色所投入的程度。[②] 台湾学者丘美华、董华欣从“生涯”的词源着手来拓展其内涵，认为：“生涯”一词

① 丘美华，董华欣．生涯发展与辅导［M］．台北：心理出版社，1997. 11.

② 罗双平．职业生涯规划的含义及形态［J］．中国青年研究，2003（8）．

译自英文单词“career”,《牛津词典》的解释原有“道路”之意，可以引申为个人一生的道路或进展途径，它应包括工作、家庭、自我、爱情、休闲、健康等多个层面。从广义上说，生涯可视为个人整体谋生活动和生活形态的综合体，即人生发展的整体历程；从狭义上说，生涯指个人终身所从事工作或职业有关的过程。①

目前，人们广泛使用的一个关于“生涯”的定义是由美国国家生涯发展协会（National Career Development Association，NCDA）提出的，该协会指出：生涯是指个人通过从事工作所创造出的一个有目的的、延续一定时间的生活模式。②

我们认为，生涯就是一个人一生重要工作的综合。它以职业为中心，但又不仅仅限于职业层面，还包括所有的人生角色，如子女、配偶、父母、学习者、教师、生产者、公民、消费者、休闲者、退休者，等等。它是一种有选择的生活模式，也是一个自我认知、自我了解、自我肯定、自我定位、自我发展、自我实现的过程。

（1）生涯是一个人一生中重要工作的综合。在这里，工作已经超越了它通常意义上的内涵，它不仅仅只是被看做在一个特定的组织中，由一个或多个具有一些相似特征的人所从事的带薪职位或在传统上每周四十小时的工作时间里所完成的任务，而且是一种可以为自己或他人创造价值的活动。它不仅限于有偿活动，假如活动能产生出对自己或他人有价值的结果，那么无偿的、志愿的活动也包含在工作中，甚至包括休闲活动。一个人的生涯就是由这样一些活动所组成。

（2）生涯持续一个人的终生。生涯不是作为一个事件或选择的结果而发生的事情。生涯不局限于或束缚于某一特定的工作或职责的时间段。生涯在本质上是一个人持续一生的过程，它受到个人内在和外在力量的影响。因此，生涯专家们常常用“生命/生涯”（life/career）这个词作为联结生命过程和生涯观念的桥梁。

（3）生涯对于每个人而言是独特的。现实中，没有两个人有完全相同的生涯，因为生涯基于个人特定的历史和情境。人们可能有相似的兴趣和技能，从事相同的职业，为相同的机构工作，但他们的生涯仍然可能不同。他们可能扮演相同的角色，但即便如此，每个人的角色内涵仍然不尽相同。当一个人作出生活选择时，只有生涯对个人而言是独特的。生涯也许包括或者不包括个人的职业活动，这意味着我们所有的人早已身处生涯之中。实际上，生涯并非我们准备达到之事——那只是一份职业或一份工作——它是我们所生活、经历，并已经身处其

① 丘美华，董华欣. 生涯发展与辅导［M］. 台北：心理出版社，1997. 11.

② ［美］里尔登等著. 职业生涯发展与规划［M］. 侯志瑾，伍新春等译. 北京：高等教育出版社，2005. 7.

成长过程之中的事情。[①] 每一个人生活和经历的独特性构成了他与众不同的生涯。

(4) 生涯是带有价值取向的能动选择的过程。生涯对个人来说是有意义和有价值的，它不是偶然出现或应运而生的，而是需要规划、思考、制定和执行的。生涯因个人的动机、抱负和目标而形成与发展，它反映了个人的价值观和信念。同时，它也是一个人的愿望与可能性之间、理想与现实之间妥协和权衡的产物。生涯发展是一系列选择连续进行的结果，人们作出选择时，需要权衡这些选择的收益以及代价和风险。对一个人来说，没有"十全十美"的生涯道路，但也许会有最适宜的生涯道路。生涯是每个人在不断认识自我、不断调整自己的方向，以寻求很好的发展并最终实现自我的动态的过程。

(5) 生涯是人生所有角色的综合。生涯不仅是一个人的职业或工作。它包含了工作、家庭、自我、爱情、休闲、健康等多个层面，它与一个人所有的生活角色如家长、配偶、持家者、学生等交互作用，并包含人们整合与安排这些角色的方式。

(二) 职业生涯的概念

"职业生涯"是一个与生涯相伴而生的概念。1957 年，舒帕出版《职业生涯心理学》一书，这是学术界使用"职业生涯"这一概念的开始。目前，国内外学者们对职业生涯的定义见仁见智。例如，舒帕认为，职业生涯是生活中各种事件的演进方向和历程，它综合了个人一生中各种职业和生活角色，由此表现出个人独特的自我发展形态；它也是人生自青春期至退休后，一连串有酬或无酬职位的综合，除了职位之外，它还包括与工作有关的各种角色，如学生、退休者，甚至包含了副业、家庭和公民的角色。[②] 美国组织心理学教授施恩（Edger H. Schein）将职业生涯分为内职业生涯和外职业生涯。外职业生涯是指经历一种职业（由教育开始、经工作期直到退休）的通路，包括职业的各个阶段：招聘、培训、提拔、解雇、奖惩、退休等。内职业生涯表示职业生涯的主观特征，涉及个人的价值观、态度、需要、动机、气质、能力、发展趋向等。[③] 台湾学者林幸台认为，职业生涯包括个人一生所从事的工作，以及其担任的职务、角色，同时也涉及其他非工作或职业的活动，即个人生活中衣食住行娱乐各方面的活动与经验。[④] 大陆学者程社明认为，职业生涯就是指以人的心理开发、生理开发、智力开发、技能开发、伦理开发等潜能开发为基础，以工作内容的确定和变化、工作业绩的评价、工资待遇、职称职务的变动为标志，以满足需求为目标的工作经历

---

① ［美］里尔登等著. 职业生涯发展与规划［M］. 侯志瑾，伍新春等译. 北京：高等教育出版社，2005.8.

② 转引自姜艳. 大学生职业生涯发展的研究［D］. 北京理工大学硕士学位论文，2002.

③ ［美］施恩. 职业的有效管理［M］. 仇海清译. 北京：三联书店，1992.1.

④ 同②.

和内心体验的经历。①

一般来说，职业生涯有广义与狭义之分。广义的职业生涯是指一个人从具备从事职业劳动的道德、知识和能力、培养职业兴趣，到选择适合自己的职业、开始从事职业劳动，直至最后完全退出职业劳动这样一个完整的职业发展过程；狭义的职业生涯则是指一个人直接从事职业劳动的这段时间，其上限起始于职前的职业学习和培训。它是个人从事社会工作，扮演社会分工角色的发展变化过程，明显地包括了个体、职业、时间、发展和动态这几个本质含义。

首先，职业生涯是一个个体性的概念，它的主体是个人而非群体或组织的行为经历。不同个体的行为经历，在形态方面或有类似之处，但其实质可能有诸多的不同。个人在不同的人生阶段中曾有不同的追求，这些追求促使个人不断地变化与成长，于是，呈现出每个人职业生涯的独特性。

其次，职业生涯是一个表征职业性质的概念，实质是指一个人一生中的职业经历或历程。

再次，职业生涯是一个时间的概念，是指个人从初始从事某种职业工作到退出社会职业工作的职业生涯期。这个周期是漫长的，它影响着人的其他生活，甚至决定着人的生命的质量。这个周期中各个阶段都是衔接的，其过程是一种与工作相关的连续经历。实际的职业生涯期在不同个体之间的差别很大，有长有短。

最后，职业生涯还是一个具有变化性质的概念，包含着个人对职业的选择、转换，在职业中的职务晋升、下降，职业发展不同阶段的成功与失败等职业变更内容以及职位与事业发展变化的动态过程。同时，它也是多种因素互动的结果。职业生涯不完全受个人所支配，除了本人对职业生涯的设想与计划之外，家庭中父母的意见与配偶的理解和支持、组织的需要与人事计划、社会环境的变化等，都会对职业生涯产生影响。这些外在影响因素的不确定性使得职业生涯处于动态变化中。

（三）教师职业生涯的概念

简而言之，教师职业生涯，是指一个人作为教师从事教师职业的整个过程。它有以下几个鲜明的特点：

（1）教师职业生涯少有职务的升迁变化。教师职业的特殊性，使其不像其他职业那样存在着明确的职位序次或级别变化。在教师的职业生涯中，除少数教师担任行政工作外，大部分教师无所谓职务上的晋升问题。所谓的级别晋升，也就是指随着教龄的增加，教师职称（专业技术资格）有所提升而已。在其职业生涯中，几乎没有职务晋升、下降，没有职位的高低之别，所有教师的身份都相同，“老师”便是通用的称呼。因此，有学者将教师的职业生涯称为“无生涯阶

---

① 转引自姜艳. 大学生职业生涯发展的研究［D］. 北京理工大学硕士学位论文，2002.

梯”或“弱生涯阶梯”的生涯。[①]

（2）教师的职业生涯宁静淡泊。“淡泊明志，宁静致远”，这种中国教师历来所追寻的人生境界，它既是教师职业生涯的特点使然，也体现了教师对自己职业生涯特点的认识。在教师的职业生涯中，教书育人是其主要工作。教学工作的特点需要教师更多地将自己投入其中，独自开展工作，如备课、搜集资料、测验、评定学生成绩等。除了面对教育对象，除了教师间偶尔的教学合作与经验交流外，大多数时候教师都需要一个人静静地完成自己的教学工作。对于以教师为终身职业的人来说，这种宁静漫长、周而复始的工作将持续整个职业生涯，难免会使教师产生孤寂感和与社会的疏离感。同时，教师这一职业付出多于收获，所得回馈主要来自精神上的。因此，相对其他职业而言，教师的职业心态更为淡泊，其职业生涯也更少受外界的影响，显得相对平和稳定。

（3）教师的职业劳动的工作量和劳动价值难以评价。首先，教师劳动的各个组成部分都是人，其劳动对象是人、劳动者是人、劳动产品还是人。整个劳动过程自始至终都是人相互作用的过程，是一种极其复杂、细致的“精神生产”，其成果具有很大的隐蔽性。其次，个人的成长受到众多因素的影响，因此无法或很难单独分离出一个教师在其中的作用。很难说某个教师培养了多少人才，因为人才的培养是教师集体的成果。再加上教师无论是在工作时间还是在工作效率上都具有很大的“伸缩性”，劳动工作量和劳动价值主要取决于教师的自我要求和自我监督。因此教师职业生涯中的内职业生涯发展是其整个生涯健康发展的重要条件。

（4）教师的职业生涯越长，与学生的年龄差异越大。教师生涯中所面对的学生大都处于相对固定的年龄组，而教师在其职业生涯中年龄逐渐增加，与所面对的学生之间年龄差异日渐增大，师生之间的代际关系也在发生变化。由任教初期的“大哥、大姐型”转变为“爸爸、妈妈型”直至最后成为“爷爷、奶奶型”教师。教师生涯中常常令人有“年华老去”的感慨，所以教师职业生涯也是个需要不断进行心理调适的过程。[②]

二、教师职业生涯与教师专业发展的关系

首先，教师职业生涯与教师专业发展的内涵存在着一定的差异。教师职业生涯是一个中性的概念，任何一个以教书为职业的人都可以视为处在教师的职业生涯当中，不管他是否在主动地寻求发展。教师的专业发展则带有目标和价值性，意味着教师作为专业人员在从事其职业的整个期间寻求自我不断发展的过程。一个得过且过、不思进取的教师仍然可以拥有自己的职业生涯，却不可能拥有作为

① 傅道春．教师的成长与发展［M］．北京：教育科学出版社，2001．4．

② 同①．

教师的专业发展。另外，教师的专业发展更加强调个体内在的、主动的发展，影响发展的因素主要源于教师本身，发展的结果是教师专业素质的提升，以及教师达至专业成熟的境界。教师的职业生涯则更显出受动性，教师在一生的职业生涯中是否会变动其职业岗位和工作职位，更主要的是受外在环境和因素的制约。

其次，教师的专业发展是贯穿于整个教师职业生涯的动态过程。对于对教育事业具有理想和热爱的教师来说，在其整个职业生涯过程中，一定会追求自身的专业发展。即使一些教师缺乏教育理想和追求，但目前教师专业化运动的推动，也会使他们卷入被动的专业发展过程之中。这样看来，教师专业发展与教师职业生涯是形影相随、同步前行的。由于教师的职业生涯既受制于个人因素，又受制于外部的客观条件，因此，教师的专业发展也并非按照某种专业发展的阶段模型的先后顺序逐步进行的，在教师职业生涯的进程中，教师的专业发展不断地经历着高潮和低谷，呈波浪式发展的状态。美国教师生涯理论专家费斯勒（Ralph Fessler）和克里斯坦森（Judith C. Christensen）指出："虽然教师入门培训课程日益受人注目，这是区分教师职业生涯全过程的不同阶段的教师教育需求的重要发展，但是我们不应该把入门培训课程看做教师个人对专业发展的最后需求。当教师在职业生涯周期中向前迈进时，会产生各种特定的需求。"① 这些特定的需求，要求教师通过培训、进修或自学等途径提升自己的专业发展水平，从而使教师专业发展成为一个贯穿教师整个职业生涯的动态过程。

最后，教师的专业发展提升教师职业生涯的质量。教师在其整个职业生涯中，通过持续的学习、实践、反思，使其专业道德和信念、专业知能、专业情意等不断地变化和提升，整体的教育教学能力也不断提高，成为一个良好的教育专业工作者。在教育实践过程中，教师通过实施自主的专业工作，促进学生的综合素质向良好方面发展，为社会和人类培育一代代合格甚至优秀的新生力量。不断的专业成长，能够使教师承担多元角色，胜任多重专业工作，完成社会赋予的教育和文化使命。另外，教师的专业工作还具有效率高和质量好的特征，而且其劳动所产生的巨大的社会价值，能够使教师在职业生涯中获得人生的成就感、职业的满足感和教育人生的幸福感，教师的整个职业生涯表现出鲜明的质量高、价值大的特色。

三、教师成长周期

（一）教师成长的内涵与特征

教师成长，即教师作为专业工作者，在其专业发展过程中通过持续的学习、实践和反思，不断获得专业知识技能和专业情意的发展，从而表现其专业水平，

---

① ［美］费斯勒，克里斯坦森. 教师职业生涯周期——教师专业发展指导［M］. 董丽敏，高耀明等译. 北京：中国轻工业出版社，2005.1.

强化其职业形象，最终达到其专业成熟的过程。这个过程贯穿教师整个职业生涯并推动其职业生涯的发展。从这个意义上说，“教师成长”“教师专业成长”“教师专业发展”“教师职业生涯发展”的意蕴大体相同。学者们在使用这几个术语时，往往根据自己的喜好或需要，选用其中的一种或几种笼统使用。本书在以下的阐述中，也不特别区别这几个术语。

教师成长具有以下基本特征：

（1）独特性。教师成长针对的是教师个体的变化与发展。即使受过相同的教育与培训，处在同样的学校环境中，不同的教师也会呈现出不同的成长轨迹，这主要归因于教师个性的差异。比如，热爱教师职业的教师善于从工作中找到发展的动力，能够创造成长的机会，其成长显然不同于那些仅仅将教师职业作为谋生手段的人。习惯反思的教师能够从自己的体验、别人的经验、相关的理论中汲取成长的营养，提高自己的专业素质；相反，没有反思意识的教师就无法从中受益，有的甚至不顾自己的教学特点和具体的教学情境，生搬硬套优秀教师的经验或理论，出现削足适履的尴尬。个性是个体习惯化的行为方式，它还包括个体的认知因素和情感因素。教师个性的不同决定了他对同样的环境有着不同的认知、不同的反应和不同的态度，这些决定了他们有不同的成长道路。因此，教师的成长在共性中包含着因个体差异而致的独特性。

（2）动态性。从普遍意义上说，人的成长的未完成或未成熟状况，使他总是处于一种自我更新、自我补充、自我扩展的变化发展过程中，并且这一过程每天都在发生着。教师成长的动态性便是由这种变化与发展决定的，主要表现在三个方面：第一，教师的成长存在着质与量的改变。不管量的变化是外显的还是内隐的，也不管变化的大与小，它都不是静止不动的。这一量变最终导致教师质的提高，指向教师的成熟与进步。尽管教师成长的每一个阶段都呈现出或多或少的差别，但从总体上看，处于后一阶段的教师成长状况往往比前一阶段更好。第二，教师的成长不是一帆风顺的，其间可能会经历一个挫折、厌倦、沮丧而无所适从的“危机阶段”。教师的成长并非总是处于直线发展状态而是常常处于曲线发展状态中，费斯勒在其教师职业生涯研究中将教师专业成长分为八个阶段，其中第五个阶段为“职业挫折阶段”。在这一阶段，教师在教学中遭受挫折，怀疑教学生涯的意义和重要性，教师的职业满意度减弱，教师职业倦怠大多出现在这一时期。但真正追求自我实现的和专业成长的教师必定能够战胜挫折、克服危机。第三，教师的变化和发展是一个持续终生的过程。在这个过程中会出现一个阶段，教师的条件符合体制内合格教师的种种标准，胜任教师工作，我们可以说这个教师成熟了，但是并不意味着他的成长就到此为止，也就是说教师的成长是一个“活到老，学到老”的不断发展的过程。

（3）实践性。教师的成长是教师主体与环境积极相互作用的结果，通过主体的各种实践活动来实现，教育实践成为他成长的根本动力。教师的成长过程也是教师教育机智的形成过程，这一过程绝不仅是由理论到实践的直接运用和过渡，它需要教师在实际的教育情境中，面对复杂而具体的实际问题，经过观摩、领悟、反思并通过反复实践而获得。只有在教学实践中不断探索，教师才可能具有敏锐的感受力，才能准确把握教育时机，很好地驾驭教学情境。教师的专业成长过程可以说是一个“基于教育实践、在教育实践中、为了教育实践”的过程。

（二）教师成长周期

为了研究方便，研究者往往将教师的成长过程划分为若干个阶段。将这些阶段按先后次序加以组织，便构成了教师的成长周期，它实质上体现的仍然是教师的职业生涯过程，因此，教师成长周期也可以称为教师职业生涯周期。

1. 国外学者关于教师成长周期的研究

20世纪60年代，美国学者弗朗斯·富勒（Fuller，F. G.）以其编制的著名的“教师关注问卷”揭开了教师职业发展理论研究的序幕。富勒认为，“个人成为教师的这一历程是经由关注自身、关注教学任务，最后才关注到学生的学习以及自身对学生的影响这样的发展阶段而逐渐递进的”[①]。之后，西方国家日益关注并研究教师成长周期问题。主要的研究成果有：

（1）费斯勒的“教师职业生涯周期模型”（Teacher Career Cycle Model）。

从1980年起，费斯勒和他的同事历时八年，通过广泛的文献资料研究和对一百六十多位教师的访谈，建构了“教师职业生涯周期模型”。这一模型将教师的职业生涯分为八个阶段：①职前期——教师专业角色的准备阶段，是指在学院或大学里的初始培训阶段；②职初期——指教师受雇的头几年，是教师在学校系统中的社会化时期；③能力建构期——教师努力提高教学技能和才智的阶段。这一阶段的教师容易接受新观念，积极参与各种学习和交流，视工作为挑战，渴望改进自己各方面的技能；④热情与成长期——这一阶段，教师的工作能力已达到较高的水平，但专业能力仍在继续进步；⑤职业挫折期——这一阶段教师的工作满足感变弱，开始产生职业倦怠；⑥职业稳定期——此时进入教师职业生涯的高原期，教师正处于逐步退出所承担的教学义务的过程之中，有些教师开始停滞不前，但也有教师仍对教学拥有热情；⑦职业消退期——这个阶段，教师准备离开岗位，其持续时间可能长达几年，也可能只有几周或几个月；⑧职业离岗期——指教师离开教学工作后的一段时间。此时教师可能退休，也可能选择其他职业，或转岗到教育系统的非教学工作。[②] 费斯勒率先认识到教师的成长是一个曲线发展过程，教师会在漫长的职业生涯中遭遇挫折甚至停滞不前，由此提供了一个较为完整的纵贯教师生涯全过程的理论架构，具有较高的理论价值。

（2）斯德菲（Steffy，B.）的“教师生涯人文发展模式”。

---

① 转引自王俊生，陈大超. 教师个体职业生涯发展阶段初探［J］. 辽宁教育研究，2004（12）.

② ［美］费斯勒，克里斯坦森. 教师职业生涯周期——教师专业发展指导［M］. 董丽敏，高耀明等译. 北京：中国轻工业出版社，2005. 40～42.

斯德菲依据人文心理学派的自我实现理论，建立了教师生涯发展模式或称为人文发展模式。他将教师的发展分为五个阶段：①预备生涯阶段——主要包括初任教职的教师，或重新任职的教师；②专家生涯阶段——这一阶段的教师已具有较高水平的教学能力与技巧，对学生抱有很高的期望。同时，也能激发自我潜能，达到自我实现的目的；③退缩生涯阶段——包括初期退缩、持续退缩和深度退缩三个阶段；④更新生涯阶段——此阶段的教师致力于追求其专业成长，吸收新知，仍需要外在的支持，更需要学校行政部门的支持与协助；⑤退出生涯阶段——到了退休年龄，或由于其他原因而离开教育岗位。斯德菲认为，当教师个体处于发展的低潮时，如果给予其适时、适当的协助与支持，教师个体是可以度过低潮期而继续追求其专业成长的。①

（3）利斯伍德（K. Leithwood）的“教师心理发展阶段论”。

以利斯伍德为代表的学者们把教师当做一个成年的学习者来看待，从心理发展的角度将教师的成长分为四个阶段：第一阶段的教师世界观非常简单，坚持原则，相信权威；第二阶段的教师主要表现为墨守成规；第三阶段的教师有了较强的自我意识，能够意识到某些教学情境下的多种可能性；第四阶段的教师较有主见，尊重课题，能够从多角度分析遇到的课题情境。②

2. 国内学者关于教师成长周期的研究

国内关于教师成长阶段的研究较少，部分学者根据对我国教师实际情况的研究也对教师成长阶段进行过划分。傅道春把一般教师成长为优秀教师的过程归纳为三个阶段：积累期、成熟期和创造期。积累期是在教师基本适应教育教学工作之后，在教育教学的知识、能力以及教学实践经验方面逐渐积累的时期，也是优秀教师区别于一般教师而逐渐成为学校教学骨干，逐渐走向成熟的阶段；成熟期是优秀教师完全适应教育教学工作的时期，也是其完全掌握了教学主动权，各方面都成熟后成为学校教学骨干的阶段；创造期是教师开始由固定的、常规的、熟练化的工作进入到开始探索和创新的时期，是形成自己的独到见解和教学风格的时期。③

钟祖荣将骨干教师的成长周期划分为准备期、适应期、发展期、创造期四个阶段，与其相对应的分别是新手教师、合格教师、骨干教师和专家教师。④

王俊生和陈大超认为，根据终身教育思想和教师专业化的特征，可以把教师个体职业生涯发展划分为六个阶段：①学知、引导阶段（1～7年）。这个阶段属于教师教育中的职前培养和教师个体任教的前2～3年，通常在师范院校或其他

① 转引自王俊生，陈大超．教师个体职业生涯发展阶段初探［J］．辽宁教育研究，2004（12）．

② 教育部师范教育司．教师专业化的理论与实践［M］．北京：人民教育出版社，2001.49．

③ 傅道春．教师的成长与发展［M］．北京：教育科学出版社，2001.42～43．

④ 钟祖荣．现代教师学导论——教师专业发展指导［M］．北京：中央广播电视大学出版社，2001.265．

综合性大学进行培养。②成长、成熟阶段（8～12年）。在进入教学的4～8年间，教师个体的知识较为丰富，逐渐适应了课堂教学，对教师职业较为投入。③稳定、发展阶段（13～26年）。处在这一阶段的教师个体已具有较高的教育教学能力和技巧，能在自我的工作、生活中激发潜能，实现自我价值。④“高原”、停滞阶段（26～30年）。在这一时期，教师的成就暂时会停滞不前，出现倦怠感，教师的表现不是最好也不是最坏，容易被忽视。绝大多数教师都能顺利度过，但少数人心理上会出现问题。⑤超越、专家阶段（30～35年）。度过“高原”阶段之后，教师个体在教育教学、生活和事业成就上又有了新的提高，对教师工作充满自信，已成为本专业的专家或行家里手。⑥夕阳、退出阶段（36～39年）。即教师个体职业生涯发展的终结，此时的教师个体失去了专业发展的热情和精力，其兴趣在于“做自己的事”或继续追求生命的第二春。①

3. 本书关于教师成长周期的看法

（1）我们比较赞同费斯勒等生涯理论学者们对教师成长周期的阶段划分方式。一个完整的教师成长周期从时间上来说应贯穿教师的整个职业生涯，包括教师成长发展的整个历程，将职前教师培育与在职教师的成长联系起来，视为一个连续的过程。它的起点应该是一个“准教师”阶段，即为将要从事教师职业而开始所做准备的时候，通常是指在学院或大学里的初始培训阶段，可能也包括教师为扮演新角色或承担新任务而接受的再培训。它的终点是退出教师职业。从内涵上来讲，教师成长周期的划分应当具有普适性，即尽可能多地考虑到不同个体成长中的差异性；从发展方式上看，教师成长周期应当是动态的曲线式发展，“应该是一个动态的涨落过程：教师在应对来自个人环境和组织环境两方面影响的过程中，在各个阶段来回转换”②。

（2）尽管研究者关于教师成长周期的划分视角不同，提出的观点各异，但他们都能完整地看待教师的成长历程，将教师成长视为一个连续的过程，并能反映出处于不同发展阶段的教师有不同的专业水平、需求、心态、信念等。他们的研究无论从理论角度还是从现实角度来说，对教师的成长都具有极为重要的意义。通过对教师成长发展过程的研究，有利于找出教师成长过程中带有规律性的东西，总结出完善教师行为的方式和途径，有效地促进教师行为在较短的周期内得到优化；有助于教师对自己的成长过程有所了解，从而有效地规划自己的专业人生；有利于学校管理者和教育培训者依据教师成长的规律实施管理与培训，从而更好地推动教师的专业发展。

（3）教师成长周期应该是一个相对意义上的研究。首先，对教师成长周期的研究是一个逐渐进步、逐步完善的过程。例如，从研究内容上看，以富勒为代

---

① 王俊生，陈大超．教师个体职业生涯发展阶段初探［J］．辽宁教育研究，2004（12）．

② ［美］费斯勒，克里斯坦森．教师职业生涯周期——教师专业发展指导［M］．董丽敏，高耀明等译．北京：中国轻工业出版社，2005. 42.

表的早期研究者以教师成长中的关注点的变化这一个侧面来划分教师成长过程，后来的研究者们重视教师成长全程的表现。早、中期的研究者们把所有成熟教师混为一谈，没作进一步细分，费斯勒则突破了这一局限，对教师在整个教学生涯的发展与变化进行了更为合理的划分，并且包括了教师的职前培训期。其次，对教师成长所划分的“阶段”只是一个个概念框架，并不是清晰的边界。任何阶段理论都是描述性的，不能充分解释说明从一个阶段向另一个阶段的过渡。有些研究者试图把教师成长的周期划分得十分具体、详尽，却背离了教师真实的成长状态。因为实际生活中教师的成长过程是渐进的，阶段与阶段之间的分野以及阶段之内的稳定都是相对的。教师成长的过程中有很多复杂的相互联系的因素作用其中，使得教师的成长过程充满艰辛和困难，有停滞和低潮，甚至有倒退和反复。将复杂问题简单化的划分教师成长周期阶段的做法，实质上不过是一种理论层面上的努力，或是为了研究之便利所作的描述。最后，教师成长的内涵丰富且极具个体差异性。在现实生活中不同教师所处的生活情境存在着差异，不是所有教师都同等地承担着教学的责任和义务，也不是所有教师都关心自己实践的改进，还有一些无法预测的偶然事件，所有这些都在影响着他们的成长道路。在我们看来，做教师是一种过程而不是结果，是一种历程而不是终点。任何教师的成长发展都从未停止过，要么不断前进，要么退缩，发展就是在个人和环境的相互作用下动态流变的过程。因此，在不同的理论中对教师成长的某一阶段的共性的理论阐释，也都是相对意义上的，只是给我们的相关工作提供了参考。

四、教师职业生涯规划

（一）教师职业生涯规划的概念

1. 职业生涯规划的概念

对于如何界定“职业生涯规划”，人们因研究的角度不同也有着不同的理解。著名管理学家诺斯威尔从职业设计的角度指出：“职业生涯规划，就是针对职业生涯所做的设计。职业生涯设计就是个人结合自身情况以及眼前的制约因素，为自己实现职业目标而确定行动方向、行动时间和行动方案。”① 我国则有学者从个体的角度出发，认为：“职业生涯规划是个人对自己一生职业发展总体计划和总轮廓的勾画，具有粗略性、目标性、长期性和全局性的特点，它为一生的职业发展指明了途径和方向。”② 还有研究者从职业生涯规划的内容方面描述了职业生涯规划，认为它是指一个人对其一生中所有与职业相关的活动与任务的计划或预期性安排。职业生涯规划涉及两个方面的内容：第一，个人对于人生理想、职业价值观、兴趣爱好、个性特征、能力状况等主体方面的认识；第二，个

---

① 王一敏. 当代青年的职业选择与指导［M］. 上海：上海教育出版社，1998. 126.

② 参见徐晶. 关于当代大学生职业生涯规划的思考［J］. 江苏技术师范学院学报，2005（5）.

人对其一生中职业发展、职位变迁及工作理想实现过程的设计。[①] 这种界定既考虑到了个体层面，又考虑到了组织层面。

尽管学者们表述的角度不一，但都表达了职业生涯规划是指个体为未来职业发展所作的策划和准备这层含义。由此，我们认为：职业生涯规划是指个人根据对自身的主观因素和客观环境的分析，确立自己的职业生涯发展目标，选择实现这一目标的职业，以及制订相应的学习、培训和教育计划，并按照一定的时间安排，采取必要的行动来实现自己职业生涯目标的过程。其主要内容包括：确立阶段性和长期性的职业目标，确定适合自己发展道路的方式、方法，明确将要进行的调整和各项准备，等等。

2．教师职业生涯规划的概念

结合我们对职业生涯规划的理解，以及学校和教师生存环境的实际情况，我们认为，教师职业生涯规划可以简单地界定为：对有关教师专业发展和职业生涯的各个方面所进行的设想和规划。教师职业生涯规划的具体内容包括：对教师职业的选择、对教师职业目标与预期成就的设想、对工作单位和岗位的设计、对成长阶段步骤以及环境条件的考虑、对教师专业生活的思考，等等。与一般意义上的职业生涯规划相比，教师职业生涯规划最突出的特点之一就是，规划的主体可以是教师本人，也可以是教师工作的教育机构，它既可以是个人行为，也可以是组织行为。这意味着，教师的生涯规划改变了过去学校仅仅是使用教师、管理教师的传统观念，让学校管理者站在教师整个成长的角度去考虑如何开发和更加有效地利用教师这种重要的人力资源；同时，教师生涯规划改变了传统教育过程中只工作不发展，或者根据上级领导的意愿和安排被动发展的状况，促使教师主动设想与规划自己的职业生涯，把自身的发展与学校的发展有机结合起来，既达到个人的职业目标，也达到学校的组织目标，实现教师与学校的双赢。

（二）教师职业生涯规划的意义

目前，我国教育领域在教师职业生涯规划方面大多还停留在理论研究和学术呼吁的层面，绝大多数的学校还没有做教师职业生涯规划的相关工作，教育行政部门也没有关于教师职业生涯规划的相关政策要求。然而，“在当前社会潮流下，（教师）最重要的专业发展能力有：教师生涯规划，自我成长；能获得知识，充实自我；能反省批判，自我更新”[②]。教师职业生涯规划已被置于教师专业发展能力之首位，其重要性由此可见一斑。当然，教师职业生涯规划的重要意义不仅仅针对教师个体而言，对于学校或其他教育组织来说，做好教师职业生涯规划同样是十分重要的。

1．教师职业生涯规划有助于教师的专业发展

---

① 罗双平．职业生涯规划［J］．集团经济研究，2005（1）．

② 欧用生．迈向师资培育的新纪元［M］．台北：康和出版股份有限公司，1996. 99.

一个人的职业生涯是其生命、生活的重要组成部分。选择了一份职业，就是选择了一种社会角色和一种生活方式。教学工作是教师终生的职业，是教师一生值得奉献的专业。要想使自己的职业充分体现教师的个体价值和社会价值，教师必须具有专业发展的意识和愿望，并结合自身特点和学校的发展前景进行职业生涯规划。教师在把握自我、了解工作环境的基础上进行职业生涯规划，能够使自己理智地找到职业生涯的起跑线，筹划未来的发展愿景，做好专业发展计划，据此调控职业生涯中的教育活动和学习活动。从这个意义上说，良好的生涯规划可以促进教师的持续发展和成长，同时，它又是教师专业发展的必要内容。

2. 教师职业生涯规划有助于教师的自我实现

美国心理学家马斯洛（Maslow，1908—1970）提出了著名的“需求理论”，指出人的需求由低级向高级层次推进，即生理需求——安全需求——友爱和归属的需求——受尊敬的需求——自我实现的需求，而所有这些需求又必须通过职业生涯活动来实现。我们可以通过从事一份职业来获得生理、安全、友爱和归属、尊敬的需求，我们更需要通过从事一份职业来发挥自己的潜能，体现自我价值。然而，有一份工作并不能保证我们实现所有需求。每个人都希望能在自己的职业生涯中有所成就，特别是新教师，对未来的事业充满很高的期望，并愿意为成功付出勤奋和努力。但是，成功仅有主观努力是不够的，还要看是否选择了正确的方向。因此，一份正确的职业生涯规划，能为实现自我价值创造机会，并能够促使教师们扬长避短，最终迈向成功。还必须认识到的是，教师生涯是一个意义深长的生涯，通过有效的规划，将使教师个人的思考、生活、学习、工作与行动，健康、婚姻与家庭以及知识、情感与技能等各方面都能得到整体的发展，从而获得真正的人生幸福。

3. 教师职业生涯规划有助于克服教师职业倦怠

在以往的教育过程中，由于缺乏生涯规划的概念和意识，不少教师并不能很清楚地了解自己的优势和劣势，对于自己的教师职业最终要达到的人生目标和社会目标，以及自己在整个一生中所经历的发展阶段等，更是缺乏思考和设计。在日常工作中，大多数教师的主动性和自觉性不够，只是被动地听从领导安排，随波逐流，以完成每学期的教学任务为目标。当对工作感到不满意时，往往归因于工资水平不高、学校条件不好、学生基础不牢等外部因素。同时，由于缺少经常性的训练，教学水平和能力往往处于高原状态，没有成就感和发展感，久而久之，教师会因无法应付外界超出个人能力和资源的要求而产生职业倦怠。为了克服这种现象，学校要帮助教师掌握职业生涯的有关理论，使教师树立明确的生涯规划意识，掌握生涯规划的方法，通过组织手段引导教师对自己的职业生涯进行理性的思考，让教师做好自己的职业生涯规划。通过有效的职业生涯规划，教师可以认识到自身的个性特质、现有和潜在的资源优势，以及自身的价值，树立职业发展目标和职业理想。有了理想和目标，教师就可以自觉地规划自己的工作、学习和生活，并主动地为实现自己的理想和目标打基础、做准备并付诸行动，在行动过程中获得巨大的动力和充满生机的活力，有效地克服职业倦怠。

4. 教师职业生涯规划有助于教师满足新世纪社会发展对他们的新需求

1996 年，联合国教科文组织国际 21 世纪教育委员会就指出，21 世纪是一个知识化的时代。“在这个时代中，遍天下的所有个人和公共机构将不仅把追求知识视为达到某种目的的一种手段，而且也视为目的本身。”① 在这样一个知识化时代，联合国教科文组织的设想是“鼓励每个人抓住一生中可得到的各种学习机遇，而且每个人都会有抓住机遇进行学习的可能性”，而“这意味着我们对教师期待更高，要求更严，因为这一设想的实现在很大程度上取决于他们”②。现在的社会是一个价值多元、全球一体、各种变革此起彼伏的社会，“教师作为变革的因素，在促进相互理解和宽容方面，其作用的重要性从未像今日这样不容置疑”③。当今还是一个开放的时代，“在课堂和外部世界的分隔变得不甚严格的情况下，教师还应努力把教育过程延伸到校外”④。总之，在当今社会中，“人们对教师的要求甚多，而应予满足的要求又似乎是无限的”⑤。这就使得教师面临的内外环境愈来愈复杂，所要处理的问题也愈来愈多。除了应对学校里教学等诸方面的事情，还要面对社会、科技、家庭所带来的各种挑战。在这种情况下，教师必须进行有效的职业生涯规划，才能够更好地适应社会对教师角色新的多元需求，不辜负社会对自己的厚望，不会让自己在接踵而来的挑战面前失去前进的方向。

5. 教师职业生涯规划有助于学校的良好发展

教师个体的发展与学校整体的发展是紧密相关、相辅相成的。学校可以通过帮助教师做好职业生涯规划，并对教师的职业生涯进行科学的管理，使教师个人的专业发展与学校的组织发展协调一致。通过教师职业生涯规划，学校可以了解本校教师队伍的整体优势与不足、教师的发展需求与职业理想等，这些信息可以帮助学校调整组织发展目标，或帮助某些教师修订个人的发展目标，使之与正确的学校发展目标相协调；还可以帮助学校明确本校师资队伍建设的方向，制定教师专业发展的校本培训内容，合理地使用教师，使教师做到人尽其才，才尽其用。学校还可以通过科学的教师职业生涯管理，帮助教师尽快地成为成熟的教师，为学校的进步和发展作出更多的贡献，从而促进学校的快速发展。

---

① 联合国教科文组织总部中文科．教育——财富蕴藏其中：国际 21 世纪教育委员会报告［M］．北京：教育科学出版社，1996. 134.

② 同①.

③ 同①.

④ 同①，136.

⑤ 同①，137.

第二节　教师专业生活

一、教师专业生活的概念

（一）解读“生活”

生活是个复杂的概念，人们对它的理解更是丰富多样的。美国教育家杜威认为：“生活包括习惯、制度、信仰、胜利和失败、休闲和工作。我们使用生活这个词来表示个体和种族的全部经验。”[①]“生活是一种技能，一种无所不包的活动，其中包括机体，也包括环境。”[②] 而我国的梁漱溟先生把生活等同于生命，他说：“生命与生活，在我说实际上纯然一回事；一为表体，一为表用而已”，“‘生’与‘活’二字，意义相同，生即活，活亦即生。所谓‘生活’者，就是自动的意思”，“生命是什么？就是活的相续”[③]。

综合中外学者的见解，我们认为，生活的本质是人在自然和社会空间中，通过享用、占有、内化并创造人类物质文化、精神文化和制度文化，围绕人的生命存在和发展，实现人生价值的能动的活动。人的生命存在是生活的基点，人的发展是生活的动态过程，而人的生命价值的实现是生活的归宿。

（二）教师专业生活的概念

“教师专业生活”这一概念鲜见于文献，然而“专业生活”已经进入人们的研究视野。有学者指出，人的生活按其内容可区分出专业生活、职业生活和业余生活等不同的类型。专业生活是在某种特定的专业领域中进行的生活，它需要特定的专业知识技能、特定的专业情景，并受到特定的专业精神的支配，专业生活具有明确的指向性，它在专业人的生活中占据着核心地位。[④] 它不同于职业生活，作为专业的职业，它既具有职业的一般特性，又具有专业的特性，如对从业人员在知识技能、专业操守方面有更高的要求；它不同于业余生活，业余生活不具有专业生活那种明确的专业特征和专业的指向性，它是在专业情景和职业情景以外进行的生活，是一种闲暇生活。但它与业余生活并不是截然对立的，而是张与弛、藏与息、紧张与活泼的关系。

我们尝试性地将“教师专业生活”界定如下：

教师专业生活是教师在特定的教育环境和自己的专业领域内，以学习、思考

---

① ［美］约翰·杜威．民主主义与教育［M］．王承绪译．北京：人民教育出版社，2001.3.

② ［美］约翰·杜威．杜威教育论著选［M］．赵祥麟，王承绪译．上海：华东师范大学出版社，1981.273.

③ 马秋帆．梁漱溟教育论著选［M］．北京：人民教育出版社，1994.263.

④ 郭元祥．生活与教育——回归生活世界的基础教育论纲［M］．武汉：华中师范大学出版社，2002.102.

和教育活动为核心内容，以不断提升自己的专业发展水平并运用所获得的专业素质促进学生全面发展为目的的一种生命活动过程，也指这一生命活动过程所达到的程度或取得的结果。

上述定义，包含着如下主要内涵：

1. 教师专业生活在特定的教育环境和条件下展开

生活离不开一定的环境和条件。教师专业生活的重要特质之一，就在于它不是教师在所有环境下的生活状况的反映，而只是对教师在特定的教育环境下的生活过程或状况的表征。在现代社会中，这种特定的教育环境主要是指学校。学校是人们专门创设出来用以育人的场所，学校环境不同于一般社会环境之处在于它对生活于其中的人——主要是学生——的发展有一种目的的限定。学校设定专门的课程体系、专门的教学组织、专门的教学计划、专门的教育设施，以有效地促进学生的健康成长。教师是实施教育目的、教育内容、教学计划的主要主体，是教育设施的主要使用者，他们在这个特定的教育环境中，运用自己的专业能力和一定的教育手段（这些是主要的教育条件），对学生的发展施加专门的影响。教师的专业生活就是教师本人与这些主体因素之间直接的或借助于一定媒介的间接的互动。教师作为专业实践的主体，身处教育现场，贴近教育本身，时时感受、体验着发生在校园、课堂、师生之间、生生之间、师师之间以及教师内心的各种教育事件、教育故事、教育问题和教育现象的丰富意义。在这种专业实践中，教师感受着来自学生、来自环境、来自时代的种种机遇和挑战，感受着成功的喜悦和失败的沮丧，感受着学生成长所带来的欣慰和幸福。在这些感受中，教师也在不断地探寻、发现自己专业实践的生活意义，从而产生一种由衷的自豪感和成就感，使专业生活更感充实，生命价值更感充盈。

2. 教师专业生活的核心内容是学习、思考和教育

教师专业生活反映的是教师在特定的教育环境下的生活过程和状况，但不是教师在特定教育环境下所有的生活状况，它关注的是当一个人承担教师这种社会专业角色，从事教育专业工作时的生活过程与状态。也就是说，它要关注的是当教师从事其专业工作时应该做些什么，而不涉及教师作为一般社会个体的日常生活或者当他承担其他社会角色时的生活状况，尽管可能这个人还处在特定的教育环境之中，比如，婚姻、家庭、日常休闲、社会交往等，均不在教师专业生活的视域之内。

从教师专业的特征出发来考量，教师的专业生活内容主要有三个方面：学习、思考和教育，其中学习是基础，思考是将学习到的文化知识转为教育资源的关键性中介环节，教育是教师专业生活的根本体现。思考、教育交织在教师专业生活之中，伴随教师职业生涯的全过程。对于一个教师来说，他一生的专业生活内容就是永无止境的学、坚持不懈的思、充满激情的教，这是教师专业生活的“三部曲”，是教师专业生活的主旋律。

3. 教师专业生活的目标在于促进教师自身的专业发展和学生的全面发展，其根本目的在于促进学生的全面发展

生活是作为主体的人在不断地处理与自然世界、社会世界和主观世界的关系中展开的，是主体的人生存和发展的过程。在教育世界中，教师和学生都是发展中的人。教育的理想境界之一就是师生在共同的教育世界中教学相长，学生在教师的发展中成长，教师在学生的成长中发展。教师专业发展与学生健康成长的共同之处在于：随着教育生活的渐次展开，教师和学生在道德、知识、能力、情感等方面获得了新的内涵，取得了不同程度的进步，教师度过了其教师生活，学生度过了其学生生活，两种生活体现的都是教育生活特别是学校教育生活的特色，如目的性、计划性、组织性、强制性、发展性、竞争性等。① 教师专业发展与学生健康成长的不同之处在于：教师和学生在道德、知识、能力、情感等方面所获得的具体内容是不一样的。教师的发展是教师在专业方面的提升，而学生的成长是学生在学习成为合格的社会成员方面的进步和成熟。

教育就是为了人的发展而创设的，因此教育生活的价值首要地体现在教育能够促进生活在教育世界中的人的发展。对于教师而言，在特定的教育世界中获得专业发展既是其专业生活的一个目的，同时又是一个手段，因为他要运用所获得的更高水平的教育素质和能力，在教育教学活动中更好地引导和促进学生的全面发展。自己获得专业发展，体现的是教师专业生活的个体价值；而促进学生的全面发展，体现的是教师专业生活的社会价值。在一定意义上说，教师专业发展是教师更好地促进学生全面发展的准备条件和资源，学生的全面发展才是教师专业生活的最终目的。如果一个教师只是实现了其专业生活的个体价值，而没有实现其专业生活的社会价值，从根本意义上说就没有真正实现其生命价值。

二、教师专业生活与教师专业发展的关系

教师专业生活与教师专业发展是同时并存的关系，它们从不同的侧面表征着教师的专业性质。教师专业生活是促进教师专业发展的有效途径之一，而教师专业发展反过来又能有效地提升教师专业生活的质量。二者互为依托，相辅相成。

（一）教师专业生活是教师专业发展的重要途径

教师专业发展是教师个体专业不断发展的历程，是教师不断接受新知识、增长专业能力的过程。这一过程以教师持续的学习为手段、以反思为媒介，并通过教育实践来使自己达到专业成熟的境界，实现教师的人生价值。学习、思考和教育，这就是教师专业生活应有的全部内容。可见，教师专业生活是其获得专业发展的必由之路，离开了教师专业生活，教师的专业发展——特别是自主性教师专

① 关于学校生活的特点，参见全国十二所重点师范大学．教育学基础［M］．北京：教育科学出版社，2002. 207～225.

业发展的实现程度就可能大打折扣。关于这一点，佩里（Perry，P.）说得十分清楚："教师专业发展意味着教师在个人专业生活中的成长。"①

（二）持续的专业发展有助于提升教师专业生活的质量

专业生活是教师生活的重要内容，它占据了教师生命中大部分的时间和精力。专业生活的质量直接影响着教师的生活境况。高质量的教师专业生活体现于教师与学生的共同发展和共同成功方面。教师专业发展强调的是以教师的发展促进学生的发展，寻求的是师生间的共同发展。在教师专业发展的过程中，随着专业理想和道德、专业理论和一般文化知识、专业技能和专业情意的不断提升，教师的人生境界更加高尚、专业理念更加明确、专业能力更加出色，这些因素都有助于教师获得教育教学事业的成功以及由此带来的成就感和荣誉感，有助于丰富教师专业生活的内涵。在不断获得专业发展、体验专业满足感的过程中，教师的专业生活质量不断得到提升。从这种意义上说，教师专业发展是教师焕发精神动力、实现人生价值和获得幸福生活，从而获得高质量专业生活的关键。

三、教师专业生活的内容

（一）永无止境的学

1. 学习对于教师的意义

从知识传承的角度来看，教师是要将人类文化知识传递给社会新生代的专业人员，具有丰富的知识是教师的基本条件。教师要传播知识，就要先拥有知识，为了教书育人，就必须学识丰富，走在学生的前面。而要拥有知识，必须通过学习。只有拥有广博的文化背景知识，教师才能在教学过程中，让学生通过其讲课了解相关的知识，激发起强烈的求知欲，从而拓展学生的精神世界。一位好老师首先应该是一位学识渊博的大师，才能在课堂上旁征博引、挥洒自如，用自己的学识魅力吸引住学生。这就要求教师必须将学习作为自己专业生活的必要内容。特别是在今天这样一个信息时代，知识的更新日新月异，知识量以几何级数递增，这一切都对人才的培养和教育提出了更新更高的要求，同时也对教师的知识结构提出了挑战。教师任教之前在师范院校或相关高等教育机构内学习的文化科学知识已远远不能使教师胜任现代社会的教育专业，而要在工作过程中结合自己的教育实践不断地继续学习。因此，教师不但要学习，而且要终身学习，无止境的学习。

从教师专业发展的角度来看，中外学者对教师专业发展的理解中，都包含着一个基本的事实：学习在教师专业发展中起着至关重要的作用，它是教师获得专业发展的必备前提。学习作为教师专业生活的基本内容，融于教师成长的整个历程中，教师通过各种途径的学习，不断改善自己的知识、能力、态度、教学方

---

① 转引自蒋竞莹. 教师专业化及教师专业发展综述［J］. 教育探索，2004（4）.

法、思想品德和行为习惯，从而不断丰富和完善自己的专业知能和专业情意，最终达到专业成熟。在专业发展过程中，教师取得的每一点进步，都离不开其努力学习。教师职业生涯是一个不断完善的人生历程，教师首先必须成为一个主动学习的人，并具备学习的能力，才能获得持续的专业发展。

从当今社会发展的趋势来看，人类已处于一个终身学习和价值多元的时代，终身学习已成为国际社会共同的重要理念。1994 年 11 月在罗马举行的“首届世界终身学习会议”上明确提出：“终身学习是 21 世纪的生存概念——是通过一个不断的支持过程来发挥人类的潜能，它激励并使人们有权力去获得他们终身所需要的全部知识、价值、技能与理解，并在任何任务、情况和环境中有信心、有创造性和愉快地应用它们。”① 在“终身学习”理念的框架下，学校教育的基本功能不再是满足于人类已有文化知识的传递与继承，更要求唤醒和提升学生的学习需求和动力，逐渐完成从受教育者向主动学习、自主选择、健康发展的转换，即学生自我教育与自我超越能力的提升。这就要求教师首先成为终身学习的实践者，否则，教师就不能适应社会正在发生着的深刻的教育变革，不能体现终身学习的真谛和要求，不能改变传统教育中见书不见人、机械、划一、僵化、灌输等根深蒂固的顽疾，也就不能培养出具有终身学习能力的学生。这一点也说明教师不但要学习，而且要终身不停的学习。

2. 教师学习的内容

教师专业的特点要求教师应当成为“专”与“杂”兼备的“U”型人才，即作为文化传播者的教师，承担着教书育人的责任，要能博采众长；作为从事专业工作的教师，又要学有所专。这就要求教师的学习既要强调专业性，又要突出全面性。面对扑面而来的各种信息，面对浩瀚如烟的知识，教师不但要学会学习、善于学习，还要根据自己的需要对学习内容有所选择、有所取舍，使之有利于自己的生活和工作，提升自己适应环境的能力和人生品位。每个基于自身的需求，对学习内容的选择可能不尽相同。但是，专业知识、专业技能、专业情意（专业价值观念和态度）应当是每位教师学习的基本内容。总之，作为一个教师，在其职业生涯过程中，既要学习广泛的文史哲的基本理论和精深的专业学科知识，也要学习教育科学、心理科学、管理科学的知识，同时对于现代信息技术、语言学、美学等方面的理论知识也要有较多的涉猎。对此，已有相当多的研究成果，这里不再赘述。

3. 教师学习的主要方式

教师的学习是一个既复杂又方便的活动。一方面，教育专业的复杂性以及学校教育活动中的创造性，要求教师具备多方面的知识。教师只有经常不断地学习

① 转引自高志敏等. 终身教育、终身学习与学习化社会［M］. 上海：华东师范大学出版社，2005. 11.

广博的文化知识，不断地思考和研究有效的学习方式，才能很好地承担起在专业领域内的多元角色，因此，教师的学习是一项复杂的活动。另一方面，教师所处的环境又为他们有效的学习提供了较为方便的学习资源。在学校教育环境中，教师可以自学、可以向其他同事学习，甚至可以向学生学习，教师的学习时间在一定程度上又是可以自由支配的，所以说教师的学习又是一项方便的活动。这里简单介绍几种教师学习的主要方式：

（1）经验性学习①。

经验性学习即教师要从经验中学习。

经验在教师的专业工作和专业发展方面具有十分重要的作用。在追求教育科学化的语境下，人们往往看不起教师的经验，认为它是局部的、个性的、零碎的。当后现代主义的思潮流行之后，人们又重新认识到经验等缄默性知识对于教师和教育工作的不可或缺性。

教师的经验来源于两个场景：一个是学校教育场景，另一个是家庭、社区等日常生活场景。在学校教育场景中，教师经验的主要来源有三：一是教师自己的教育教学实践，二是观摩别人的教育教学实践，三是接触学校的教育传统习俗。在日常生活场景中，教师经验的来源主要包括参与和体验日常教育活动、观察和模仿日常教育活动、有别于日常教育活动的一般性社会活动、习俗、道德、宗教、舆论等社会文化因素的影响等。

教师的经验性学习又可分为自发的经验性学习和自觉的经验性学习。前者是教师在日常教育情景和生活情景中经历了多种活动、接触了多种文化和文化载体之后，自然地获得一些感受、理解和认识的一种学习；而后者是教师通过反思在学校教育场景和日常生活场景中经历的多种活动、接触的多种文化和文化载体等自觉行为，积极地建构个人理解和认识的过程。两种学习对于教师知识的增长和教师专业发展都具有独特的积极作用。

（2）校本学习。

教师校本学习是在学习型组织理念影响下而产生的一种教师学习理论。它指的是教师以学习者的身份，根据自己学习、工作的特点、需要、目的以及学习的内容、条件、性质，立足于学校，或为了学校的进步，在学校里进行的学习，其目的主要是为了促进教师专业可持续高质量的发展。② 校本学习立足于教师专业发展，强调的是教师自发的学习与研究，而不是在外界要求下的被动学习，其主要有三层含义：第一，教师发展与学校发展同步；第二，教师是学习者，教师要学会“享受”学习；第三，教师是学习文化的建设者。教师校本学习主要是指

---

① 该部分内容主要参见陈振华．论教师的经验性学习［J］．华东师范大学学报（教育科学版），2003（3）．

② 李志厚．教师校本学习研究［D］．西北师范大学教育学院博士学位论文．2004．

教师的有效读书和以问题为中心的学习。①

（3）行动学习。

"行动学习是一个以完成预定的工作为目的，在同事支持下的持续不断的反思与学习过程。行动学习中，参加者通过解决工作中遇到的实际问题，反思他们自己的经验，相互学习和提高。"②

行动学习法产生于20世纪50年代的英国，由行动学习之父英国曼彻斯特大学的雷格·雷文斯（R. Revans）教授加以系统化。对于教师学习来说，行动学习强调教师将学习贯穿于教师日常教学实践中，以小组为单位，致力于解决教学实践中的实际问题。在解决问题的过程中，小组成员相互支持，从解决问题的过程中进行学习，同时从相互交流中进行学习和提高。学习的内容主要来自学习者试图解决的生活和工作中实际遇到的问题，以及教师对这些活动的反思。行动学习将学习贯穿于解决实际问题的过程中，以及实施解决问题措施的过程中。一旦参加学习共同体的成员能够全身心参与，贡献各自不同的思想，彼此真诚合作，那么这种共同体就能够产生行动学习所需要的氛围。

教师的学习无论采用什么样的学习方式，都是基于学校教育环境，围绕自身专业发展而展开的。根据学习型组织的理念以及我国建构学习型社会的新的发展趋势，教师的学习也应该是创设学校教师的学习型组织，作为教师专业发展的有效手段。在教师学习型组织中，要强调教师的终身学习、全员学习、团体学习、全程学习、自主学习和创新学习，使教师在不断的学习过程中丰富知识、更新思想、提升素质，创造教育新业绩。

（二）坚持不懈的思

1. 思考对于教师的意义

对于教师个体来说，在终身学习的时代里，学习就是教师专业生活的一种形式和内容，学习本身就是目的。但是对于教师的专业工作来说，学习是在为教师更好地从事专业工作奠定基础，在这个意义上说，学习是一种手段和条件，而要使教师将学习到的丰富的文化知识转化为可用的教育资源，成为教师专业发展不可或缺的"食粮"，则必须经由思考。思考也是教师专业生活的必要组成部分，没有思考的生活，是称不上教师专业生活的。

教育人，不仅仅是把人类的文化知识传递给社会的新生代，更要培养他们"成人"，"成人"的基本特征就是一个人除了有知识之外，还要有良好的道德品质，有关于自然界、人类社会的科学的思想观点。有思想就是有灵魂，有灵魂才能成为真正的社会人。要培养学生有思想，教师首先必须得有思想。任何真正意义上的教师都应该是思想者。有思想的教师，就有自己对自然、社会、人生、教

---

① 熊焰．教师校本学习的理念与实践［J］．课程·教材·教法，2005（11）．

② 张培，狄雁．教育硕士教学方式的转变：从理论教学、案例教学到行动学习［J］．中小学教师培训，2003（8）．

育等独特的见解，有了自己独特的见解，才能在教育教学过程中教学生学会思考，将教学过程运作成为师生思想碰撞、观点迸发、文化传承与创造的主体间的互动过程，而不仅仅是知识信息的流动，才能将教育生活演绎得深邃而广袤。而教师要成为思想者，就必须不断地在学习的基础上进行思考。通过思考，教师将外在的客观知识转化为自己的文化理解和教育智慧，将教材中的静态知识转化为与师生生活时代相映成辉的动态知识，将原本与教育生活关系不大的文化知识转化为教育学生的素材，以丰富教育的知识资源。通过思考，还可以提升教师的人生境界和学识，有助于树立教师在学生心目中的良好形象，帮助教师顺利地从事教育专业工作。

教师专业发展也离不开教师的思考。首先，思考有助于教师从经验中学习和发展。教师的专业工作在一定程度上依赖其专业经验的积累，因而作为个体性知识之一的专业经验在教师专业发展过程中是不可忽视的。然而，这并不是说教师在其专业发展和专业工作过程中仅仅有经验的积累就够了，中国长期以来大多数教师的职业生涯告诉我们：虽然教师每天都在经历着教育教学实践，对教育教学有着丰富的体认，但如果不对已有的体认进行思考、凝炼和提升，那么这些认识永远只能停滞在肤浅的感性层面，教师难以从中学到更多有用的东西来指导自己的教学实践。关于这一点，澳大利亚的斯坦托姆博士也说得很清楚："我们已经注意到，二十年的教学经验也许只是一年经验的二十次重复；除非我们善于从经验中提取教训，否则我们就不可能有什么改进。"① 教师只有不断地对自己的或别人的教育教学经验进行思考和提升，并将提升后得到的教育观念、知识和技能运用到实践中去，并进行再思考和再提炼，才能形成自己的教育实践知识和教育智慧。这就是杜威所说的"从经验中学习"②。其次，教师的反思有助于促进教师的专业发展。与学习一样，教师的思考是伴随着教师的日常专业工作而展开的，思考的形式也多种多样。在众多的思考形式中，反思已被广泛地看做教师职业发展的重要制约因素。波斯纳（G. J. Posner）曾提出过一个教师成长的简要公式：经验＋反思＝成长。③ 这一公式揭示了反思对于教师成长的重要意义。反思可以帮助教师了解自己的状态，找出自身存在的问题，确定某一个特定阶段专业发展的目标及要改进的内容。一旦这些方面都被确定了，一个重新加速成长的时期就随之而来。为了保持专业成长，教师必须不断地反思。

2. 教师的教学反思

鉴于反思在教师专业发展中的重要地位，而且考虑到教师的反思集中在对教学的反思上，因此我们专门就教师的教学反思略作叙述。

---

① ［澳大利亚］斯坦托姆．怎样成为优秀教师［J］．外国教育动态，1983（1）．

② 参见［美］约翰·杜威．民主主义与教育［M］．王承绪译．北京：人民教育出版社．2001. 153 ~154.

③ 皮连生．学与教的心理学［M］．上海：华东师范大学出版社，2003. 28.

（1）教学反思的内涵及特征。

早在20世纪30年代，杜威在《我们怎样思维》一书中界定了“反思”并阐述了反思性思维在教学中的重要性。他认为，反思是“对于任何信念或假定性的知识，按其所依据的基础和进一步结论而进行的主动的、持续的和周密的思考”；反思性思维“把我们从单纯冲动和单纯的一成不变的行动中解脱出来……使我们能够以预见指导我们的活动，能够按照预定的目标或我们意识到的目的来进行计划，能够以深思熟虑和带着目的的方式开展行动”。[①]

教师的教学反思，是指教师以自己及自己的教学过程为思考对象，对自己的教学理念、教学设计、教学行为、教学结果进行审视和分析，并不断改进自己的教学实践使之更具合理性的思考过程。

教师的教学反思贯穿于教师的整个教学过程，实质上是一种探究教育问题的方式。它不是一个人独处时的静坐冥想，而是对自己已经完成的教学过程进行的一种反观、一种需要理智的思考和批判的态度和方法，而且常常要与其他教师合作进行。从这一点上看，教学反思与一般的独立思考有着明显的区别。[②] 有学者指出，教学反思的价值追求有两个方面：学生学会学习和教师学会教学。学会学习是教学反思的终极目的，学会教学是教学反思的直接目的，教师学会教学是为了使学生更好地学会学习。可见，教学反思以教师专业发展为直接指向，它理应成为教师专业发展的有效途径。[③]

（2）教师教学反思的一般过程。

教师教学反思的过程一般分为四个环节：一是具体问题审视，教师通过对实际教学的感受，意识到自己教学过程中存在的问题，并确定问题的性质和结构。二是观察与分析，教师广泛收集并分析有关经验，以判断的眼光反观自身，审视自己的行为结果与期望是否一致，从而明确问题的根源所在。三是重新概括，教师在认识问题成因之后，重新审视自己教学中依据的思想，并积极寻找新思想、新策略来解决所面临的问题。四是积极验证，检验上一环节所形成的假设和教学方案，它可能是实际尝试也可能是角色扮演，在检验的过程中，教师会遇到新的具体经验，发现新的问题，从而进入新阶段，开始新循环，不断步入理想上升的新境界。

（3）教学反思的常见方法。

目前，人们提出了许多教学反思的方法。例如，有人提出了四种常见的方法：以日志和日记记录自己每日所历、所思、所感；与同事对话，主动获取同事对自己的看法以及评价；以填写问卷调查表来了解自己的特点；召开学生座谈会

① ［美］约翰·杜威．我们怎样思维［M］．姜文闵译．北京：人民教育出版社，1991.6，13.
② 朱玉东．反思与教师的专业发展［J］．教育科学研究，2003（4）.
③ 陈玉梅，查啸虎．教学反思与教师专业发展［J］．天津师范大学学报（基础教育版），2003（3）.

来了解学生对自己的看法和建议。[①] 也有学者指出较常见的反思方法有：①记反思日记。在一天的教学工作结束后，教师写下自己的教学经验，并与其指导教师共同分析。②详细描述教学情景。教师相互观摩彼此的教学，详细描述他们所看到的情景，教师对此进行讨论和分析。③进行交流讨论。来自不同学校的教师聚集在一起，首先提出课堂上发生的问题，然后共同讨论解决的办法，最后得到的方案为本校全体教师及其他学校的教师所共享。④进行行动研究。为弄明白课堂上遇到的问题的实质，探索用以改进教学的实际方案，教师及研究者进行调查和实验研究，它不同于研究者由外部进行的旨在探索普遍法则的研究，而是直接着眼于教学实践的改进。[②] 还有人提出了三种教学反思的方法，认为这三种方法"对大多数教师而言是比较容易操作的，而且具有一定的可行性，因为，它们并不需要花费过多的时间，而且不需要太多的专业技术和方法，具有较大的实用性"[③]。这三种方法是：①撰写教学日记。教学日记是教师积极、主动地对自己教学活动中具有教育价值的各种经验以及在此基础上所进行的批判性的理解和认识予以真实的书面记录和描写，通过书写教学日记可以不断更新教育观念，改进教学工作，促进自身专业发展。教学日记没有固定的格式和要求，教师可按自己喜欢的方式及感兴趣的内容予以记录，自由展示自己的撰写风格和特色。比较常见的教学日记形式有：点评式、提纲式、专项式、随笔式等。教学日记的内容可以包括：教学中的成功或不足、教学中的灵感闪光点、教学中学生的感受、教学中的改革创新等。②利用教学录像进行反思。教师借助现代教育技术（主要是教学录像）进行教学反思，可以自行浏览自己的或其他教师的教学录像带进行反思，也可以与同事一起观看教学录像带，共同进行教学交流和探讨，对教学现象或问题进行比较深入的分析和思考。如果有专家从旁帮助进行分析和评价，效果会更好。③教师间的交流讨论。教师在时间和条件允许的情况下，可以通过与同事间的交流对话进行反思。与同事进行对话，不仅可以使自己的思维更加清晰，而且来自交流对象的反馈往往会激起自己更深入的思考，激发自己更多的创意和思路。教师个体可以以中心发言人的形式，将自己对某一问题的思考和解决过程展现给同事，在充分交流、相互诘问的基础上，反观自己的意识和行为，从而进一步加深对自己的了解，并了解和借鉴其他人的不同观点。另外，教师间的交流讨论也可采用主题或专题的形式，或者创设一定的问题情境，教师可围绕共同的话题进行畅谈，也可分小组进行讨论。

以上研究者的观点虽然表述不尽相同，方法却是大同小异。我们认为，正如教无定法，思考也没有固定的模式，教师们在实践中，可以根据自己的实际情况

---

① 钟祖荣．现代教师学导论——教师专业发展指导［M］．北京：中央广播电视大学出版社，2001. 281 ~ 282.

② 张大均．教育心理学［M］．北京：人民教育出版社，1995. 349.

③ 李彦花．教学反思——促进教师专业发展的一种有效途径［J］．中小学教材教学，2003（36）.

灵活运用这些反思方法，不能生搬硬套。

（三）充满激情的教

教育，或者教书育人，是教师的根本天职，是教师最基本的专业工作。不做教育工作，就难以称为教师。前面谈到的永无止境的学和坚持不懈的思，也就没有了最终的归宿。教与学、思一起，构成了教师专业生活的核心内容。教，也是教师专业发展水平的根本体现。

一个学识渊博、富有思想、专业素质好的教师，其教育活动必定不是机械呆板的“留声机”式的传递知识信息，而是充满教师特有的激情来阐述自己独到的见解和观点，点评历史长河中的善恶忠奸，评说科学天地里的是是非非，评点文艺作品中的恩恩怨怨……将自己的悲欢与思想、哭笑与知识、喜怒与见解一起呈现给学生。优秀的教育是充满了情感因素的教育，是人性十足的教育，是意义充分的教育。因此，教师的教一定是充满激情的教，而不是毫无表情的教、麻木不仁的教。

教师要做到充满激情的教，就要知晓教师情感及其意义，知道如何培养自己的专业情感。

1．教师的情感及其意义

（1）教师情感的概念。

情感是一种复杂的心理现象。一般来说，情感是主体对客体事物是否满足自己需要时所持的态度体验，它基于人的需要，又贯穿于人的兴趣、动机、态度、意志活动的始终。情感活动作为完整的人的心理活动的有机组成部分，总是发生发展和表现于人的一切活动之中，体现在个人对学习、生活、劳动、艺术、社会、他人、自然以及自我的动机态度和行动之中。

基于对情感的理解，我们认为，教师情感是对宏观的教育发展状况、自己所处的具体的教育环境内的各种客观存在（如教育内容、教育设施等）、自己和学生共同构建的教育过程、自己和同事的教育行为等是否满足自己的主观愿望和专业发展、专业生活的需要所产生的心理体验。

情感有广义、狭义之分。广义的情感与情绪相通。我们一般将与机体需要相联系的体验称为情绪，是人与动物所共有的；与社会需要相联系的体验称为情感，是人所特有的。[①] 教师情感包括教师的情绪在内，但从教育专业的角度来看，我们探讨的教师情感主要限定在狭义的、具有社会性的专业情感范围之内。

情感具有两极性，即积极的情感和消极的情感。前者是一个人对来自内外的各种刺激产生的喜爱、快乐等肯定性的心理体验；后者则是一个人对来自内外的各种刺激产生的憎恶、痛苦等否定性的心理体验。教师情感也有积极情感和消极情感之分，前者一般对教育教学工作产生正面的作用，而后者对教育教学工作产

① 参见顾明远．教育大辞典·增订合编本（下）［Z］．上海：上海教育出版社，1998. 1227.

生负面的影响。

人们从不同的角度对教师情感进行了分类。例如，卢家楣从教师的教育教学过程将教师情感分为对教育和教学工作的情感、对学生的情感、对所教学科的情感、对具体教学内容的情感、对教学过程和效果的情感体验、教师的自我效能感、对教学环境的情感体验等。① 也有学者基于前人的研究，从教师职业成长的角度出发，指出教师情感包括三个方面的内容：教学工作中的教学效能感、职业承诺和职业倦怠感；一般生活中的主观幸福感；人际交往中的社会支持感。它们之间的关系不是截然分开的，而是相互作用、相互影响的。②

（2）教师情感的意义。

教师情感是教师专业发展的重要内容，也是教师专业发展的重要因素。教师经常性的积极情感，会帮助教师树立坚定的职业信念和对教育事业的热爱之心，用稳定而积极的态度看待自己所从事的专业工作，主动地做好自己的每一项具体任务；也有助于教师产生专业道德自律，勇于为自己的专业工作负责任，在工作中严格要求自己，通过各种有效途径自觉地提高自己的专业素质。

教师情感对学生的成长也具有重要的意义。首先，教师正常而积极的情感体验，对于学生的健康成长具有重要的积极作用。形成正常而积极的情感体验，是学生健康成长的重要方面，同时也在学生的成长过程中起着重要的制约作用。例如，在学生的道德发展过程中，道德情感既是学生道德品质重要的心理成分，又在学生从道德认识向道德行为习惯的转化过程中起着重要的调节作用。教师对学生产生的热爱、尊重、信任等情感，本身可以对学生的情感发展起到示范作用；教师正常而积极的情感体验及其运用，又可以激发学生的情感体验，对学生的情感发展起到引导作用：教师在颂扬良好品行时能唤起学生的敬仰、爱慕之情，在鞭笞劣行时能激起学生的愤慨、羞恶之情……学生情感的健康发展，会对学生的素质的综合发展起到积极的促进作用。其次，情感丰富且善于表达的教师具有较好的教育魅力，在教学过程中容易感染学生，激发学生学习的主动性，提高学生的学习效率和效果。研究表明：一个人愉快时，更容易通过感知觉接收信息，记忆力增强，记忆效果好，思维也会变得格外灵活、敏捷，头脑显得尤其清晰，分析判断也容易正确，创造性也比较高等。相反，当一个人情绪低落时就容易闭塞外界信息，记忆力下降，记忆效果差，思维迟钝，头脑模糊，判断出错。在教育教学过程中，教师以自己对学生的良好情感去引发学生的积极情感反应，创设师生情感交融的氛围，以发展和谐的师生关系，积极的情感将由内而外地散发出来从而产生兴趣、激情和毅力，师生达到情感同步，学生就会自觉、主动地投入到“教”与“学”的过程中去，从而收到更好的教育教学效果。

---

① 卢家楣. 以情优教——理论与实证研究［M］. 上海：上海人民出版社，2002.12.

② 王志红. 论教师成长中的情感特征［D］. 福建师范大学硕士学位论文，2003.

2. 教师情感的养成与发展

教师情感的养成与发展需要教师在职业生涯过程中不断的学习、思考和实践，在提升自己的专业发展水平过程中不断的积累，其养成与发展的途径和方式也是多样的，这里仅陈述其要点。

(1) 追求卓越，增强专业的荣誉感和使命感。

教师情感是教师对生活、对工作、对学生等心理体验的自然流露。要形成积极的教师情感，首要的一点就是必须提高教师自身的思想修养，使自己具有崇高的专业理想，有爱岗敬业的专业精神，有热爱学生、对业务精益求精的专业态度。正如德国著名教育家第斯多惠所言："他选择了培养和教育的事业作为自己一生的使命，由于这一点，在他一生中的自我教育的任务就具有更加崇高的意义。他希望引导别人走正确的道路，激发别人对真和善的渴求，使别人的素质和能力得到崇高的发展，因此，他应当首先发展他本身的这些优秀品质。"①

(2) 终身学习，积累扎实的文化功底。

教师情感素养的形成和发展，以广博而精深的文化科学知识为基础。因此，教师在专业工作过程中要不断学习新理论，丰富自己的知识内容，形成对文化知识的独特理解。

(3) 勤于实践，积累丰富的生活经验。

教师在个人活动和社会交往中积累的丰富生活经验，能够丰富和深化教师相应的内心感受，成为教师发展自己情感素养必不可少的条件。教师的生活经验越丰富，他对生活的感受就越深刻，联想和想象的天地也就越广阔。对教师来说，勤于实践，重视实际生活经验的形成和积累，在丰富的生活经验的基础上拓展自己的情感素养，是自外而内发展情感素养的必由之路。

(4) 自我调整，保持健康的心理。

今天，社会系统和教育内部的形势纷繁复杂，这对教师心理造成很大的影响。身处复杂环境之中，教师如果不能很好地调整自己的心理状态，就容易产生一定的心理问题，进而影响其正常的情感体验。所以，要养成教师正常的情感，就需要教师经常调整自己的心态，保持健康的心理状态。

(5) 挖掘教材的情感内涵，增强自身情感体验。

教师天天使用的教材中蕴涵着丰富的情感因素，教师在研究教材、备课讲课过程中，不但能够深化对教材的认知，而且能够不断感受其中情感、哲理、审美等方面的影响，产生强烈的情感体验。因此，认知教材的过程，也是培养教师情感的过程。教师通过教材内容产生的情感体验如果在教学过程中与学生产生情感共鸣，又能够进一步强化教师的情感体验，促进其情感发展。

3. 教师情感在教育教学过程中的运用

---

① 张焕庭. 西方资产阶级教育论著选［M］. 北京：人民教育出版社，1979. 350.

（1）用对学生的爱激发学生的学习动力。

教师对学生真心真意的爱中包含着对学生的期待，可以通过声音、笑貌、动作、眼神等微妙地传递给学生，当学生感受到教师的关爱后，就会备受鼓舞，激发努力学习的动机，并进一步增强自尊心和自信心。大量的教育案例告诉我们，凡是得到教师爱护和帮助的学生，必定喜欢和尊敬教师，而这种对教师的好感又往往迁移到对教师所教学科产生兴趣和喜爱，从而主动、积极地学好功课。因此，对教师来说，要使教学获得成功，要使学生获得发展，不仅要有丰富的知识，更重要的是有一颗热爱学生的心，用深深的师爱推动学生的可持续学习和发展。

（2）用教师情感与学生进行积极有效的沟通。

教师情感是师生有效沟通的重要中介。教师情感的信息往往是通过教师的肢体、言语和面部表情等来体现的。教师在教育教学过程中说话声调的高低，语速的快慢及与之相伴的喜、怒、哀、乐、爱、恨等面部表情和肢体动作都具有信号交际的功能。在课堂教学中，教师响亮的声音、有力的动作、甜美的微笑等，都会深深地吸引学生的注意力，使学生融入教师的情感状态中，心领神会地与教师进行情感的有效沟通和交流。

（3）从情感角度处理教学内容和组织教学，培养学生的情感。

教师要以情感为手段，巧妙地处理教学内容和组织教学（包括课堂的组织、教学材料的分析和小组活动等），充分调动情感因素的功能，促进学生情感等各方面素质的发展。教师还可以情感为目标，有效地利用教学内容中的情感资源，引发学生积极的情感体验。在教学过程中，教师要注意观察学生的言行举止，一旦发现学生有消极的情感体验，就要采取有效的措施及时给予帮助和引导。

（4）用情感营造教学氛围，创造最佳教学效果。

教学气氛是一个很重要的因素，教学气氛的浓淡，可以推进或阻碍教学进程，提高或降低课堂的教学效果。能否营造浓厚活跃的课堂气氛，关键在于教师能否将自己的情感体验渗透在课堂教学过程之中。教师进入课堂，就必须像演员一样忘掉自己在课堂以外充当的各种角色，完全进入“教师”角色，酝酿符合课堂需要的情绪，营造轻松、和谐的教学氛围，让学生在课堂上可以轻松愉快地学习及接受知识，让整个课堂活动心情愉快，思维活跃，精神饱满，师生沉浸在愉悦的空间里，迸发出创造性的火花，共同创造最佳的教学效果。

四、教师教育魅力：教师专业生活的结晶

（一）教师教育魅力的概念

“魅力”，一般解释为“很能吸引人的力量”。教师的教育魅力是指教师在实施教育专业的过程中，技巧性、创造性地运用各种教育要素，驾驭教育条件，使教育活动达到精湛的艺术境界，从而形成能够对学生产生独特影响的艺术吸

引力。

教师的教育魅力是一种非权力性影响因素，是教师专业生活的浓缩与提炼，是教师在永无止境的学习、坚持不懈的思考、充满激情的教书育人的专业生活中，不断地提升与完善自我而逐步形成的。教师学之所得、思之所获、情之所聚，有机地结合并外现出来，便构成了教师教育魅力。同时，它也是教师多方面素养和品质的综合表现。

（二）教师教育魅力的内容

教师的教育魅力由教师的师爱魅力、人格魅力、学识魅力、形象魅力、才能魅力等构成。其中，师爱魅力是源泉，人格魅力是核心，学识魅力是起点，形象魅力和才能魅力则是教师形于内而现于外的教育魅力。

1．教师的师爱魅力

师爱，即教师对全体学生中每个人的热爱和尊重、理解和期待。师爱是教师的一种高尚的道德情操，是教育的灵魂，是教师魅力的源泉，是教育的前提。"这种爱在性质上是一种只讲付出不计回报的、无私的、广泛的没有血缘关系的爱，在原则上是一种严慈相济的爱。"这种爱是神圣的，是教师教育学生的感情基础，学生一旦体会到这种感情，就会"亲其师"而"信其道"。[①] 伟大的师爱对一个人的影响是终身的。热爱学生的教师，把自己的学生都看成"正在成长的生命"，相信每个学生都能成为有用的人，关注学生的思想和情感，善于跟学生进行平等的对话和沟通，成为学生最可信赖的朋友和引路人。

2．教师的人格魅力

教师人格，是指教师作为教育专业活动的主体，在其专业工作过程中形成的优良的情感、合理的智能结构、稳定的道德意识和个体内在的行为倾向性。教师人格不仅含有师德，也含有世界观、人生观、价值观、政治立场和态度、法纪观念、学识风范和行为等，并将社会上普遍需要的这些优良品格、思想、情操、才学、气质等集于一身，在教书育人的过程中展现出来。良好的人格是一个人美好情操与良好品德的反映。教师的人格魅力首先表现为爱岗敬业，无私奉献，诚信、公正、宽容和廉洁，也表现为从善如流，勇于改过。

3．教师的学识魅力

学高为师，身正为范。学生之所以崇拜教师，除去尊敬教师的高尚人格外，还在于他们能够从教师那里获取知识，得到指点，受到启迪。知识广博，学业精深，能充分满足学生的求知期待，并因此成为学生效法的榜样，让与自己交往的学生产生荣誉感，这便是教师学识魅力之所在。我国最早的教育论著《学记》中说："能博喻然后能为师。"所谓"博喻"，指广泛地启发、诱导、晓喻学生。没有深厚的知识储备是不可能做到"博喻"的。由此，真正有学识魅力的教师

① 林崇德．教育的智慧：写给中小学教师［M］．北京：开明出版社，1999.36.

在掌握了教育学、心理学的一般原理后，善于在教育教学实践中发现问题并运用科学研究的基本方法加以研究，把在研究中获得的感性认识上升到理性认识，成为一名研究型的教师。

4. 教师的形象魅力

教师的形象魅力主要是指教师的仪表风度、言谈举止、姿态表情等个体形象对学生产生的吸引力。它是一名教师道德修养、文化素养、审美情趣、精神面貌等的整体外现。教师的形象魅力主要表现为和谐自然，富有职业美和现代美，具体体现为教师的仪表美、教态美、语言美、行为美。教师优美的外部形象会对学生的心灵产生“润物细无声”的影响，使学生变得谦逊敦厚、温文尔雅。

5. 教师的才能魅力

教师的才能魅力的主要特质指教师的一专多能、才华横溢。教师多才多艺，才能在教育活动过程中突现自己的主观能动性，承担多元角色的要求，更加有效地引起和激发学生的实践意识和操作能力。苏霍姆林斯基曾言：“如果你会演奏一种乐器，那么作为一个教育者就占有许多优势；如果你身上还有一点哪怕是很少的音乐天才的火花，那么你在教育上就是国王，就是主宰者。因为音乐能使学生心灵接近，如果你不会任何乐器，那么在你的手上和心里就应有另一种对人的心灵施加影响的强有力的手段。”① 这就要求教师不但在知识上要广博，而且在能力发展方面要多样化，而不能把自己囿于所谓的“教育专业”范围之内。

（三）教师教育魅力的教育价值

1. 教师教育魅力对学生人格的感召作用

教师的教育魅力，尤其是教师的人格魅力对学生具有强大的震撼力和影响力，这可以通过一则广为流传的故事来体现。有一个秋天，北京大学新学期开学了，一位外地来的年轻学子背着大包小包走进了校园，他看见一位老人走过来，就迎上去说：“您能帮我看一下行李吗?”老人爽快地答应了。那位学子得以轻装地去办理各种入学手续。过了一个多小时，年轻人回来看见老人仍在原地看着他的行李。年轻人大为感动，深深谢过，老人就离开了。开学典礼上，当主持人一一介绍在主席台就座的校领导时，年轻人惊讶地发现：那天给自己看行李的人，竟然就是北京大学副校长季羡林先生。年轻人在强烈的震撼中想到了这样一句话：人格，才是最高的学府。这位年轻人就是白岩松。可见，教师的人格魅力具有强大的感召力和凝聚力，对学生心灵的触动和影响将是深远的，它可以给学生以撼人心魄的冲击和辐射，甚至影响学生的一生。

2. 教师教育魅力对学生学业进步的促进作用

教师高尚的理想精神、虔诚的敬业态度以及为达成教育目标而表现出来的强烈求知欲等，是鼓舞学生好学进取、发奋拓进的无声召唤。学生受教师崇高的理

---

① 转引自吴锡改．论教育魅力——素质教育施教策略研究之一［J］．中学教育，2003（1）．

想和敬业精神的深深激励，会产生自动学习的强烈动机和激情，保持求学创业所必备的奋进状态。这种因师生日常相处而对学生灵魂所产生的无形的“感动”和“震撼”作用，比课堂上人生观教育所运用的语言力量更富有魅力，更有持久性，甚至能够贯穿在学生求学的整个过程之中，成为学生学业进步的重要动力。

3. 教师教育魅力对学生情感优化的陶冶作用

教师超越狭隘功利的无私纯洁之爱，能使学生产生饱满积极的情绪体验，获得一种澄澈明朗的美好心境。既然在学生成长中教师是继父母之后的第二个影响源，那么，他们会自然地将与父母交往中产生的情感、期待和爱的要求转移到教师身上，伴随着师生课堂内外交往增多，在“校园情感场”这个特定情境中所产生的心灵和谐共振也会得到强化。教师的举手投足、一颦一笑均能点燃学生情感的火花，久之，使他们对师长形成强大的向心力和深厚的归属感，并迁移为热爱学习、探求真理的情愫。而且，更进一步将教师的这种情感立场上升为自己立身处世的行为准则，从而确立相应的关爱他人和尊重他人的情感态度。

4. 教师教育魅力对学生道德发展的示范作用

教师磊落的襟怀、突破功利羁绊的道德人格，无疑对作为道德主体的学生具有显著的示范价值，其道德行为和渗透其中的道德理念对学生构成了生动的德育主导因素，使他们能自觉意识到要按照教师所显现的具体可感的道德规范去校正自己的道德行为，并从中提升原有的道德信念。教师在诱发学生潜力、倾心将其培养成材的教育进程中所表现出来的意志力，必然会拨动教育对象的心灵之弦，使其深切地感受到托举生命者的坚强和刚毅，并把这种对意志力的心灵体验内化为自己谋求自主和自动发展的意志力，从而在自己的人生和事业进程中表现出来。

5. 教师教育魅力对教师树立威信的奠基作用

“如果一个教师很有威信，那么这个教师的影响就会在某些学生身上永远印下痕迹。”（加里宁语）教师的威信是一种无形资产，对于教师顺利开展教育专业工作具有很大的帮助作用。而教师威信的树立，一个重要的依赖就是其教育魅力。教师的仪容、言谈举止、文化素养、品德情趣以及丰富的精神内涵，都会以一种磁铁般的力量吸引学生，使他们或折服于教师出众的口才，或倾慕教师出色的记忆力、敏锐的洞察力，或惊羡教师渊博的学识，或钦佩教师严谨的工作作风，或赞叹教师坚韧不拔的意志，自然而然地就将教师视为自己的榜样甚至崇拜的偶像。可见，教师在学生中持久的威信正是来源于其教育魅力。

【本章小结】

1. 教师职业生涯，是指一个人作为教师从事教师职业的整个过程，其主要特点在于：第一，教师职业生涯少有职务的升迁变化；第二，教师的职业生涯宁静淡泊；第三，教师的职业劳动的工作量和劳动价值难以评价；第四，教师的职业生涯越长，与学生的年龄差距越大。

2. 教师职业生涯与教师专业发展之间存在着对立统一的辩证关系。教师职业生涯与教师专业发展的内涵存在着一定的差异；教师的专业发展是贯穿于整个教师职业生涯的动态过程，与教师职业生涯形影相随，同步前行；同时教师的专业发展能够提升教师职业生涯的质量。

3. 教师成长，即教师作为专业工作者，在其专业发展过程中通过持续的学习、实践和反思，不断获得专业知识技能和专业情意的发展，从而表现其专业水平，强化其职业形象，最终达到其专业成熟的过程。它具有独特性、动态性、实践性等特点。为了研究方便，研究者往往将教师的成长过程划分为若干个阶段。将这些阶段按先后次序加以组织，便构成了教师的成长周期。对此，国内外已有相当多的研究成果。

4. 教师职业生涯规划是对有关教师专业发展和职业生涯的各个方面所进行的设想和规划。教师职业生涯规划的具体内容包括：对教师职业的选择、对教师职业目标与预期成就的设想、对工作单位和岗位的设计、对成长阶段步骤以及环境条件的考虑、对教师专业生活的思考，等等。教师职业生涯规划有助于教师的专业发展和自我实现，有助于克服教师职业倦怠，有助于教师满足新世纪社会发展对他们的新需求，也有助于学校的良好发展。

5. 教师专业生活是一个新的研究课题，我们认为：教师专业生活是教师在特定的教育环境和自己的专业领域内，以学习、思考和教育活动为核心内容，以不断提升自己的专业发展水平并运用所获得的专业素质促进学生全面发展为目的的一种生命活动过程，也指这一生命活动过程所达到的程度或取得的结果。这一定义包含的主要内涵是：第一，教师专业生活在特定的教育环境和条件下展开；第二，教师专业生活的核心内容是学习、思考和教育；第三，教师专业生活的目标在于促进教师自身的专业发展和学生的全面发展，其根本目的在于促进学生的全面发展。

6. 教师专业生活与教师专业发展是同时并存的关系，它们从不同的侧面表征着教师的专业性质。教师专业生活是促进教师专业发展的有效途径之一，而教师专业发展反过来又能有效地提升教师专业生活的质量。二者互为依托，相辅相成。

7. 教师专业生活的主要内容包括：永无止境的学（学习）、坚持不懈的思（思考）和充满激情的教（教书育人）。其中，“学”是基础、前提，教师要成为终身学习的人，其学习方式有经验性学习、校本学习、行动学习等。“思”是关键性中介，其中教师的教学反思是十分重要的。所谓教学反思，是指教师以自己及自己的教学过程为思考对象，对自己的教学理念、教学设计、教学行为、教学结果进行审视和分析，并不断改进自己的教学实践使之更具合理性的思考过程。教学反思的常见方法有撰写教学日记、利用教学录像进行反思和教师间的交流讨论等。“教”是教师最基本的专业工作。没有教，永无止境的学和坚持不懈的思，也就没有了最终的归宿。教，也是教师专业发展水平的根本体现。一个学识渊博、富有思想、专业素质好的教师，其教育活动一定是充满教师特有的激情的。

8．教师情感是对宏观的教育发展状况、自己所处的具体的教育环境内的各种客观存在（如教育内容、教育设施等）、自己和学生共同构建的教育过程、自己和同事的教育行为等是否满足自己的主观愿望和专业发展、专业生活的需要所产生的心理体验。它是教师专业发展的重要内容，也是教师专业发展的重要因素，对学生的成长也具有重要的意义。教师情感的养成与发展要求教师追求卓越，增强专业的荣誉感和使命感；终身学习，积累扎实的文化功底；勤于实践，积累丰富的生活经验；自我调整，保持健康的心理；挖掘教材的情感内涵，增强自身情感体验。教师要发挥自己的情感在教育教学过程中的重要作用，就要用对学生的爱激发学生的学习动力；用情感与学生进行积极有效的沟通；从情感角度处理教学内容和组织教学，培养学生的情感；用情感营造教学氛围，创造最佳教学效果。教师的教育魅力是指教师在实施教育专业的过程中，技巧性、创造性地运用各种教育要素，驾驭教育条件，使教育活动达到精湛的艺术境界，从而形成能够对学生产生独特影响的艺术吸引力。它是教师专业生活的浓缩与提炼，是教师在永无止境的学习、坚持不懈的思考、充满激情的教书育人的专业生活中，不断地提升与完善自我而逐步形成的，由教师的师爱魅力、人格魅力、学识魅力、形象魅力、才能魅力等构成。教师的教育魅力对学生人格具有感召作用，对学生学业进步具有促进作用，对学生情感优化具有陶冶作用，对学生道德发展具有示范作用，对教师树立威信具有奠基作用。

第六章 适应教师专业发展的中国教师教育改革

【内容提要】

本章研究与教师专业发展相适应的中国教师教育改革问题。

第一节在探讨我国传统师范教育的基本特征和存在的主要问题的基础上，简述了当前我国教师教育改革的若干举措。

第二节专门探讨当前中国综合性大学举办教师教育这一创新之举，并简要介绍台湾地区综合性大学举办教师教育的举措，为大陆提供借鉴。

第三节探讨作为“一体化”教师教育必要组成部分的校本培训问题。一般认为，“一体化”教师教育主要是将传统的职前教师教育与在职教师教育连接起来的新教师教育体制和模式，而我们认为，“一体化”教师教育还应该将教师在学校的日常工作中进行的校本培训纳入自己的体系之中，这是本书的一个新观点。为此，本节重点探讨校本培训的概念、意义及实施等问题。

第一节 我国传统师范教育的终结

一、传统师范教育的基本特征和存在的主要问题

（一）传统师范教育的基本特征

1897年，清政府大理寺少卿盛宣怀于上海创立“南洋公学”，内设“师范院”，成为中国近代最早的一个培养师资的专门机构，从此揭开了近代中国师范教育的序幕。1902年，清政府拟定《钦定学堂章程》，在京师大学堂开办了师范馆，即今北京师范大学的前身，是中国近代最早实施高等师范教育的一个机构。1903年，清政府颁布了《奏定学堂章程》，使得师范教育成为独立的系统。[①] 经过新中国成立前后百余年的发展，中国的师范教育形成了培养教师的固定模式——封闭性模式，即通过专门师范院校对学生进行普通文化科目、专门科目和教育科目、教育实践的混合训练，以达到特定的培养目标。[②]

“师范教育”是特定历史的自然产物，它体现着特定历史阶段社会和教育发展水平的特征和要求。全世界的师范教育制度虽然不尽相同，但师范教育作为特

① 杨之岭，林兵，苏渭昌．中国师范教育［M］．北京：北京大学出版社，1989. 176～179.

② 张秀阁，吴江．中国教师教育：理念·模式·目标·结构［J］．现代教育科学，2002（1）.

定历史阶段的特定概念，具有一些共同的制度特征，主要是：第一，师范院校与教师培养几乎是同一概念，教师由师范院校负责培养，师范院校也只培养教师；第二，师范教育是一个独立、封闭的体系，师范院校从低级到高级自成一体，师范院校普遍实行定向招生、定向教育、定向分配和免交学费政策。在我国，还实行师资队伍只向师范生开放的政策，拒绝非师范院校毕业生进入教师队伍；第三，师范院校是单一型院校，综合水平低，学术研究要求不高，社会经济发展的变化对学校影响不直接，学校对社会经济的变化不敏感；第四，教师养成局限于职前培养阶段，终身学习、终身发展的意识尚未建立，教师的专业发展、继续教育缺乏制度保障，教师的职前培养与职后培训相脱离，缺乏整体规划。①

对于中国传统师范教育的特征，有学者概括为以下五个方面②：

（1）封闭性。教师培养封闭在独立设置的师范教育体系内，学制、课程、教材整齐划一。

（2）计划性。中国的师范教育是计划经济的典型产物，严格的计划性导致了师范教育不能敏锐地反映社会对于各种规格、各种类型的新教师的需求，造成了很大的局限性。

（3）垄断性。所谓垄断性，是说中国的教师只能由师范院校培养，行业垄断导致了师范院校严重缺乏办学活力和竞争力，造成了低水平、低层次办学的恶性循环。

（4）师范性。过于强调师范教育在培养师资方面的作用，忽视了师范院校的综合性。

（5）终结性。中国传统的师范教育一直是以教师的职前培养为中心的一次性的终结性教育，忽视教师的职后培训和终身教育，职前职后相分离。

（二）中国传统师范教育存在的主要问题

中国传统师范教育相对于新的社会发展形势的滞后及改革问题是近年来人们研究的一个热点。这虽然是一个事实，但是我们首先必须看到，新中国成立后的五十多年间，独立设置的师范教育体系支撑了世界上最庞大的教育体系，为提高全民族的受教育年限和国民素质，提供了教育人才支持和知识贡献，为教育的改革发展立下了汗马功劳。如果没有师范教育体系，中国各级各类教育所需要的数量巨大的师资根本无法得到保障，也就没有中国教育的今天。

认识到新中国师范教育的功绩之后，我们也必须正视它存在的主要问题。关于这一方面，已有学者将大家的研究进行了归纳。“这些对传统师范院校教师教育的批评或意见，比较中肯地、实事求是地提出了问题。对这些问题的认识也基

① 袁振国．从“师范教育”向“教师教育”的转变［J］．中国高等教育，2004（5）．

② 张秀阁，吴江．中国教师教育：理念·模式·目标·结构［J］．现代教育科学，2002（1）．

本上在专家、师范院校的领导和教育行政部门之间形成了共识。"① 这些问题包括:

(1) 统一由师范院校培养教师的旧格局造成了师范教育的封闭性和教师来源的单一性，不利于竞争;

(2) 师范院校专业设置单一，学科建设水平低导致教师的专业水平不高，培养口径过窄导致教师的知识与能力的局限和创新意识的欠缺;

(3) 教师职前培养和职后培训长期脱离，教育资源没有得到合理的配置，影响教育需求和供给的协调;

(4) 在师范院校内部，教师教育资源没有得到有效整合，且分散在各个学院和系中，这支队伍的建设和培养并未受到真正的重视，各专业学院都从事教师教育，既影响了各专业的建设水平，也影响了教师教育课程的建设;

(5) 师范特色不鲜明，脱离基础教育发展的需求，教师教育课程比重过低，教育见习、实习等实践环节不能有效地落实，存在重理论、轻应用的问题;

(6) 教学内容陈旧、教学方法和手段更新缓慢，脱离教师专业发展的需求，一定程度上影响了教师教育的质量。

二、传统师范教育的改革

"教育在社会经济发展中具有优先发展的战略地位；教师教育在教育发展中处于优先发展的战略地位。这是国家关于教师教育的重要命题和战略方针。教师教育优先发展的战略地位体现在它的基础性、先导性，以及在教师队伍建设和教育事业发展中的关键性和急迫性。教师是教育事业的第一资源。"② 然而我国传统师范教育的弊端已不能适应我国社会发展对它的期望和要求，与国际社会教育发展的趋势也不相符，在这种情况下，党中央和国家政府及时采取果断措施，对传统师范教育展开了大刀阔斧的改革。

(一)"师范教育"让位于"教师教育"

2001 年，在《国务院关于基础教育改革与发展的决定》中，我国第一次在政府文件中以"教师教育"替代了长期使用的"师范教育"概念，提出"完善以现有师范院校为主体、其他高校共同参与、培养培训相衔接的开放的教师教育体系"。2002 年 9 月，江泽民同志在北京师范大学建校 100 周年庆祝大会上讲话时强调:"要进一步建立和完善适应我国教育发展需要的开放灵活的教师教育体系，努力造就一支献身教育事业的高水平的教师队伍。全国各级各类师范院校，都要适应新形势新任务的要求，深化改革、锐意进取，为建设有中国特色教师教

---

① 万明钢. 师范院校的转型与教师教育培养模式探索［J]. 西北师范大学学报（社会科学版），2004（6）.

② 管倍俊. 关于教师教育改革发展的十个观点［J]. 中国高等教育，2004（2）.

育体系作出新的贡献。”

用“教师教育”取代“师范教育”，不仅仅是表述方式上的一种转化，而且是我国在师资培养方面的教育观、教育内容、教育制度等全方位的变革。关于这一点，我国高等教育界的权威潘懋元先生作了精辟的分析：

从词性来看，“师范”中的“师”有“教师”和“效法”的含义；“范”顾名思义是“模范”、“榜样”的意思。古语中还有“学高为师，身正为范”的说法。师范教育概念中的“师”蕴涵着较多伦理学和职业道德的色彩。

随着社会的进步、知识的丰富以及教育规模的扩大、教育对象的多元化，加之教育理论知识的不断丰富和成熟，教育教学不再是古代教师随意的和非制度性的活动，而是逐渐演变为一项科学性、技术性很强的活动。教师越来越成为必须经过一定专门训练的专业化职业。因此，以往仅以强调师德师风为重的师范教育必然要被强调专业性和独特地位的教师教育所取代。与伦理性的教师形象相比，教师教育视野中的教师专业化的要求和标准显得更为务实和理性。①

从上述分析可以看出，我国教师教育的价值观取向已从以前的伦理型教师培养，转向专业化教师的培养。这一新的教师教育价值取向，已为越来越多的人所认可，而且成为制定我国教师教育政策的一个基本观点。例如，教育部制定的关于“十五”期间我国教师教育改革与发展的有关文件中，在谈到教师教育改革与发展的基本原则问题时明确指出：我国教师教育改革与发展应该“坚持以提高教育质量为核心，以教师专业化为导向，深化教育教学改革，坚定不移地为基础教育服务”②。20 世纪 60 年代以后，教师专业化成为一种强劲的思想浪潮，极大地推动了许多国家教师教育新观念和新制度的建立。现在，教师专业化已成为促进教师教育发展和提高教师社会地位的成功策略，教师专业化已成为世界各国教师教育发展的共同目标。③ 我国新的教师教育价值取向的确立，标志着我国教师教育已与国际社会普遍的教师教育理念趋同。

教师教育是对教师培养和培训的统称，其内涵是在终身教育的思想指导下，按照教师专业发展的不同阶段，对教师的职前培养、入职训练和在职培训统合教育，具有开放性、一体化和可持续发展的特征。承担教师教育的机构可以是现有的各级各类师范与教师进修院校，也可以是综合大学和其他非师范类的高等学校。

教师教育的制度特征是④：

---

① 潘懋元，吴玫．从师范教育到教师教育［N］．中国教育报，2004－09－16．

② 教育部．关于“十五”期间教师教育改革与发展的意见（教师［2002］1 号）［EB/OL］．http：//www. moe. edu. cn/．

③ 参见许凤琴．教师教育与教师专业化［J］．高等师范教育研究，2003（5）．

④ 袁振国．从“师范教育”向“教师教育”的转变［J］．中国高等教育，2004（5）．

（1）教师资格制度替代师范生定向招生、定向分配制度；

（2）教师教育的学历层次明显提高，国家明确提出小学教师的学历要求以本科为目标；

（3）师范院校从单一型向综合型发展，师范院校综合实力不断加强，学科教育与教师专业教育相分离，教师教育成为师范院校的重要优势和特色；

（4）教师专业化和教师教育工作者的专业化成为教师教育的依据和导向，教师教育成为一个专门研究领域和学术领域。教师教育与所有学科一样，逐渐建立起自己的学术规范和学术标准；

（5）教师发展终身化和教师教育一体化。“一朝受教，终身受用”的观念已被更新，教师的持续发展和继续教育被认为是提高教育质量的关键。国家对教师培养和培训从理念、课程到机构、资格制度进行全程规划。

教师教育的上述特征还表明：教师教育是一个专业性活动。教师要实现专业发展，教师教育也要专业化。有人指出：“教师培养的专业化，可以理解为教师培养机构、制度获得资格认证与质量认可的过程。这就需要对教师培养和培训机构进行认可和评估，需要建立教师培训质量保障体系。它一般由以下部分组成：建立教师资格证书；建立教师资格认证；制定教师资格认证标准和确立教师资格认证考试制度；还包括教师教育培训者和被培训者的质量保障制度等。”[①] 具体而言，教师教育专业化包含以下几层含义[②]：

一是教师资格认证全面施行。教师是人才培养的工程师，是要求很高的专门职业，必须具有专门的资格，必须全面施行教师资格认证制度。发达国家很早就开始实行教师资格认证制度，并渐渐形成一个比较完善的体制。我国颁布了《教师资格条例》《〈教师资格条例〉实施办法》等法律法规和规章，这为提高教师队伍的整体素质提供了基本的保障。

二是教师培养专业化。要通过改革教学内容、方法和手段，完善人才培养模式，培养高素质的师资，使教师培养专业化。经过不断探索，我国在借鉴国外“大学加教育学院”人才培养模式的基础上，选择部分师范大学和有条件的其他高校整合优质的教师教育资源，建立“国家教师教育基地”，专门进行教师专业教育，培养高素质教师。同时，推进教师教育内容创新，充分吸纳当代自然科学和人文社会科学的最新成果，更新、调整教师专业教育类课程结构和内容，全面提高教师教育质量。

三是教师培养和培训专业化、一体化。传统模式下教师培养和培训是分离的，而在现代科学技术发展日新月异，知识更新迅速的情况下，终身学习和提高已成为教师教育的重要内涵。为保证教师专业化，我国对教师培训提出了更高的

---

① 袁振国．从“师范教育”向“教师教育”的转变［J］．中国高等教育，2004（5）．

② 陈文博．创新建构新型教师教育体系［N］．中国教育报，2003-09-14．

要求，要求实现培养和培训一体化，并统一由大学来完成，这已成为必然趋势。

（二）传统的“分体式”师范教育让位于现代的“一体化”教师教育

传统的师范教育是阶段性的，而且将教师的职前培养与入职培养、在职培训分为两个不同的培养系统来进行，是一种“分体式”的师范教育。随着“师范教育”向“教师教育”的转型，这种“分体式”的师范教育向现代的“一体化”教师教育转型，也成为当代中国教师教育改革的重要方面。

关于“一体化”教师教育的内涵，人们有着不尽相同的理解。

有人认为，“一体化”教师教育就是教师教育的职前培养、任职培养和在职培养系统化。“所谓教师教育‘一体化’，是指为了提高教师的素质和水平，将整个教师教育的过程分为职前培养、职初培训和职后继续教育三个阶段，并把这三个阶段视为教师终身教育体系中一个互相联系、全面沟通、连续统一的完整系统。”①

有人认为，“一体化”的教师教育应该包括两层含义：一是职前培养、入职教育、职后提高的一体化，即学历教育与非学历教育的一体化；二是教学研究与教学实践的一体化，即师范大学与中小学之间结成合作伙伴关系。②

还有学者对“一体化”教师教育作了更为复杂的理解，认为它包括内部一体化与外部一体化两个方面。教师教育内部一体化，是终身教育思想在教师教育领域中的具体贯彻和体现，包含三个方面的内容：一是长度或纵向意义上的一体化。它意指教师教育的终身性，而教师教育的终身性不仅仅意味着教师教育长度的增加（即在职前教育的基础上加上职后教育和在职教育），而且强调教师教育要打破职前教育、在职教育和职后教育各自为政、相互割裂的局面，发展成为一个内部各阶段在功能上各具特点同时又相互关联、相互补充、相互作用的结构体。二是宽度或横向意义上的一体化。它意指对各种具有促进教师发展功能的机会或资源的有效的整合。这里所说的机会，不仅仅是指大学、教育学院、进修学校等正规教师教育机构所提供的教育机会，而且包括图书馆、因特网、工作场所、博物馆等具有教育潜力的教育资源所蕴涵的学习机会；不仅仅是指教师教育者指导下的所谓“正规化学习”或“控制性学习”，而且涵盖自我导向性学习、互助性学习，以及类似的所谓“非正规化学习”（不管这种学习是否得到控制，也不管学习者是否意识到自己在进行学习）。换句话说，不仅仅是正规化学习机会内部需要一体化，正规化学习机会与非正规化学习机会更要一体化，这就是横向的一体化。三是深度或可持续发展意义上的一体化。它意指将教师的知识、技术、能力等认知侧面的发展与情感、意志、态度等社会—情感侧面的发展有机地结合起来，以保证教师具有终身学习的意愿和能力。教师教育外部一体化，是指

① 李建辉. 教师教育实行“一体化”模式的探讨［J］. 高等师范教育研究，2000（6）.

② 陈利平，范希运，于明业. 论教师教育的一体化［J］. 辽宁教育研究，2005（7）.

教师教育与学校改善或学校发展的一体化。从一定意义上讲，就是理论与实践的一体化。①

尽管大家对"一体化"教师教育内涵的表述不完全一样，但是对其本质的理解还是一致的，那就是：针对"分体式"教师教育将职前教育与在职教育相分离的弊端，以终身教育为指导，根据教师专业化发展理论，将教师的成长与发展视为一个连续的过程，将职前教育与职后教育有机地结合在一起，成为一个整体，其目的在于不断提高教师的专业素质。

"一体化"教师教育的基本特征包括②：

（1）主体性。所谓主体性，是指在教师教育中，教师是教育的主体，教师在学习过程中的主体地位、自主权利、学习选择等都应受到尊重。

（2）持续发展性。"一体化"的教师教育以终身教育的理论为根基，体现了可持续发展的教育属性。教师在一体化的教育过程中，不但主体地位得到提升，更重要的是在"一体化"的学习环境中掌握了生存本领和生存方式，把自身可持续发展的可能变成可持续发展的现实，在专业化的生涯中不再有恐慌。

（3）开放性。"一体化"的教师教育体系，把职前教育与在职教育连接起来，师范类院校和非师范类院校共同参与教师教育，使教师教育体系大大延伸和拓展，成为一种开放又有活力的教师教育体系。

（4）整体性。"一体化"的教师教育贯穿于教师职业活动的一生，体现了教师教育的整体性。在对教师实施完整的教育过程中，同时体现出这种教育活动的阶段性。教师职前与在职期间所接受的教育，是随着专业提高的需求、岗位转换的需要及自身全面发展来确定的。丰富多彩的阶段性教育，构成了这一完整的教育过程。

"一体化"教师教育在我国还处于起步阶段，在推进的过程中肯定会存在许多问题，这就需要我们在探索中不断地进行反思和改进。就目前而言，我们可以实施的"一体化"教师教育的具体目标包括③：

（1）打破条块分割的师范教育管理体制，理顺各部委和地方对师范院校的领导关系，建立统一协调的领导体制，形成上下结合、内外融通的教师教育网络。

（2）突破教师职前培养与在职培训割裂、本科教育与研究生教育互不衔接、不同教育机构不相往来的教育模式，建立起职前与在职教育、本科与研究生教育相互贯通的教师教育机构体系。

---

① 张贵新，饶从满．关于教师教育一体化的认识与思考［J］．课程·教材·教法，2002（4）．

② 参见河北师范大学教育发展研究室．建设培养培训一体化的教师教育体系［A］．中国现代化建设的理论与实践［C］．北京：中央文献出版社，2001．

③ 师范教育一体化课题组．教师教育一体化国际（实践）背景［D］．转引自谢安邦．中国师范教育改革发展的理论问题研究［J］．高等教育研究，2001（4）．

（3）统一规划和设计教师教育内容，即把职前教师培养、新教师入职辅导和在职教师提高这几个阶段的教师教育作为一个完整的过程通盘考虑，确定培养目标，选择教育内容，设置课程结构、培养途径与教学方法等。

（4）在统一规划下，重新调整和组合原来分别承担职前培养和在职培训不同任务、相互分割、互不联系的师资力量，建立一支职前、在职既各有侧重又有合作，相互融通合一的教师教育的师资队伍。

（三）全国教师教育网络联盟计划

为推进中国教师教育改革发展，解决教师的职前培养、入职教育和在职培训相分离的状况，使教师教育的质量和水平适应教师终身学习和职业发展的要求，适应我国构建学习型社会的需要，教育部集成中国教师教育的优质网络教育资源，于2003年9月正式批准成立“全国教师教育网络联盟”（以下简称“教师网联”），并颁布了《教育部关于实施全国教师教育网络联盟计划的指导意见》。2003年9月8日，教育部在北京师范大学举行了隆重的教师网联启动仪式，周济部长亲自开通教师网联门户网站。

全国教师网络联盟计划就是组织高水平的师范大学和举办教师教育的高校提供优秀的教师教育资源，借助现代远程教育手段，通过卫星电视网、计算机互联网和教师培训系统输送教师教育资源，使城乡各地教师打破时空阻隔，共同享用优质教育资源，大面积、高质量地提高教师尤其是农村教师的综合素质和业务水平。经教育部批准开展现代远程教育的8所师范大学（即北京师范大学、华东师范大学、华南师范大学、华中师范大学、东北师范大学、西南师范大学、陕西师范大学和福建师范大学）以及“三电一社”（中央广播电视大学、中央电化教育馆、中国教育电视台和高等教育出版社）成为“教师网联”的首批“第一级体系”成员。“教师网联计划”将组织全国1 000万中小学教师开展新一轮全员培训，100万名中小学骨干教师进行市（地）级研修，10万名中小学骨干教师进行省级研修，1万名中西部农村中小学骨干教师进行国家级研修，1万名高中新课程骨干培训者进行国家级研修，1 000名优秀教师进行高层次研修。①

根据《教育部关于实施全国教师教育网络联盟计划的指导意见》，实施教师网联计划具有十分重要的意义②：

（1）实施教师网联计划是构建教师终身学习体系、建设学习型社会的迫切需要。党的“十六大”提出建设全民学习、终身学习的学习型社会，在新的历史时期，教师作为先进生产力和先进文化发展的弘扬者和推动者，应当首先成为终身学习的先行者。实施教师网联计划，推动教师教育创新，构建高水平、高质

① 丁新. 创新　集成　跨越——中国实施“全国教师教育网络联盟计划”的理论与实践［J/OL］. http：//www.360doc.com/showWeb/0/22/190300.aspx.

② 教育部. 教育部关于实施全国教师教育网络联盟计划的指导意见［DB/OL］. http：//www.moe.edu.cn/.

量、高效益的开放灵活的教师教育体系，为教师终身学习提供有力的支持和服务，对于振兴教育和实现全面建设小康社会的宏伟目标具有重要的战略意义。

（2）实施教师网联计划是提高教师队伍尤其是农村教师队伍整体素质的迫切需要。教师素质是全面实施素质教育和全面提高教育质量的关键。上千万中小学教师特别是农村教师的整体素质和专业化水平关系着教育改革和发展的成败盛衰，关系着全民族素质和综合国力。我国中小学教师学历水平和专业化程度总体偏低，难以适应实施素质教育的需要。组建教师网联，充分借助现代远程教育手段，打破时空阻隔，使不同地区的教师共享优质教育资源，是大规模开展教师继续教育，大幅度提高教师尤其是农村教师队伍整体素质的有效途径。

（3）实施教师网联计划是教育信息化带动教育现代化的迫切需要。以教育信息化带动教育现代化是教育事业实现新的跨越式发展的关键。组建教师网联，加强教师教育系统、卫星电视网与计算机互联网“三网”沟通，实现教师教育领域内行业联合，建立和依托优质、高效的公共服务体系，共建共享优质资源，是推进教师教育信息化进程，以教育信息化带动教师教育现代化，从根本上提高教师教育水平的重要举措。

（4）实施教师网联计划是推进教师教育创新发展的迫切需要。实施教师网联计划是教师教育在新时期实现战略性转变和跨越式发展的重大举措和突破口，也是师范院校改革发展的重要方向和新的增长点，对于全面推进教师教育的创新发展，构建开放灵活的教师教育体系，以及教育改革发展的全局具有重要意义。

教师网联与以往教师教育形式相比较，有其新的特点，主要是：①“天网”“人网”和“地网”相结合。“天网”，即卫星电视网；“人网”，即教师教育系统；“地网”，即计算机互联网。教师网联在改革教师教育体系的同时，融通“三网”资源，充分利用现代远程教育手段，共享优质资源，提高教师教育水平。②各种教育形式相结合。学校教育和卫星电视教育、网络教育、函授教育、自学考试，以及面授、辅导等多种形式有机结合，相互补充，学历教育与非学历教育有效沟通。③政府支持与市场机制相结合。加大政府支持力度，创设政策环境，规范办学行为，监控办学质量；充分借助市场机制，有效配置教师教育资源，实现可持续发展，提供优质服务。④促进合作与鼓励竞争相结合。教师网联成员既要联合协作，又要公平竞争；既要遵守规范，又要保持各自的优势和特色。⑤政府、学校和教师个人行为相结合。明确政府、学校和教师的责任与义务，充分调动各方面积极性，形成教师培训的激励机制、培训成本补偿机制与经费投入保障机制。⑥教师继续教育与教育人事制度改革、教育教学改革及实施中小学现代远程教育工程紧密结合。

教师网联计划坚持“总体规划，分步实施，重点突破，全面推进”的方针，积极扎实有效地加以推进。具体实施工作分三个阶段。

第一阶段：由北京师范大学、华东师范大学、东北师范大学、华中师范大学、西南师范大学、陕西师范大学、福建师范大学、华南师范大学等经教育部批准现代远程教育试点的师范大学，与中央广播电视大学、中央电化教育馆、中国教育电视台和高等教育出版社组建“教师网联”，初步形成共建共享优质教育资源的教师教育协作组织，大力开展各种层次和规格的教师学历教育和非学历培训，建立“教师网联”的管理规范和技术标准，促进资源整合。

第二阶段：“教师网联”扩大到具备条件的省属师范院校和其他举办教师教育的高等学校，广泛动员社会力量，在更大范围整合教师教育资源，进一步完善“教师网联”的管理制度与运行机制，基本形成以区域教师学习与资源中心为支撑的公共服务体系。

第三阶段：全面落实“教师网联”总体规划，实现“教师网联”总体目标，各种教育形式衔接与沟通，形成具有时代特征和中国特色的教师终身学习体系。

第二节　综合性大学中的教师教育

一、综合性大学举办教师教育的背景

1999 年 6 月，第三次全国教育工作会议颁布的《中共中央国务院关于深化教育改革全面推进素质教育的决定》提出：“加强和改革师范教育，大力提高师资培养质量。调整院校的层次和布局，鼓励综合性高等学校和非师范类高等学校参与培养、培训中小学教师的工作，探索在有条件的综合性高等学校中试办师范学院。”[①] 这是一个重大的转折，它意味着中国正式奏响了中国百年师范教育史上第二次、新中国历史上第一次非师范高校尤其是综合性大学进军师范教育的号角，师范院校垄断教师教育的局面正在被彻底打破，正在逐步形成以师范大学为排头兵，以师范学院为主体，各种高等学校广泛参与的师范与非师范院校相互融合、相互促进的教师教育体系。据 2002 年的统计，在全国 1 396 所普通高等学校，其中招收师范生的全日制本、专科学校有 475 所，包括高等师范学校 183 所、教育学院 34 所、综合大学 115 所。[②] 2003 年 11 月 11 日至 12 日，近百所举办教师教育的非师范院校在厦门召开了“全国非师范院校教师教育工作研讨会”，成立了“全国非师范院校教师教育工作协作会”，通过了《非师范院校积极参与教师教育行动宣言》，其中指出：“我国教师教育已经进入了一个从数量满足向质量提高转变的历史新时期。实现这种转变，鼓励师范院校综合化和综合大学参与教师教育，是世界教师教育发展的共同趋势，也是我国经济社会和教育发展的客观要求。”“非师范院校正在成为我国教师教育的一支重要力量。独立

① 中共中央国务院关于深化教育改革全面推进素质教育的决定 [EB/OL]. http://www.moe.edu.cn/.

② 王建磐. 中国教师教育：现状、问题与趋势 [J]. 教师教育研究，2004 (9).

设置的师范院校体系为我国的教师教育作出了重大的历史贡献，并且在今后一段时间内仍然是我国教师教育的主要力量；另一方面，在高等教育结构调整和教师供求关系不断发生变化的背景下，举办教师教育的非师范院校数量不断增加，规模不断扩大，优势日益显现，并将在教师教育工作中发挥越来越重要的作用。”① 到2004年，我国举办教师教育的非师范院校已达到三百多所。②

二、综合性大学举办教师教育的优势

（1）综合性大学规模较大，人数较多，学科门类齐全，学科间渗透性强、融合性好，能够吸引优秀师范生源，并且可以避免原来师范类院校学科设置相对简单、人数相对较少、规模效益不合理、办学效益差的状况，有利于在更为广阔的学科背景下培养学生。

（2）综合性大学科研实力强，学术氛围好，学术底蕴浓厚，能够提高教师教育的专业性，弥补原有师范院校培养学生专业性差的弊端，为提高教师教育质量提供了良好的学术背景。学术氛围的优势在提高学生多方面的能力和培养复合型人才方面具有重要的作用，特别是在培养师范类学生科研素质方面能够发挥有效的作用。

（3）综合性大学具有较强的内部调节功能，举办教师教育具有较大的灵活性，能根据社会需求的变化，不断调整专业设置、招生规模，不但能够在培养优秀师资方面主动灵活地适应社会发展的要求，而且不影响学校的生存和发展。

（4）综合性大学师资力量雄厚，有不少高水平的人才和著名的专家教授，这不仅可以吸引优秀生源，而且为提高教师教育质量提供了强大的教育人力资源。

三、综合性大学举办教师教育的主要模式

（一）我国举办教师教育的综合性大学的主要类型

目前，我国举办教师教育的综合性大学主要有三种类型：

第一种是外延型综合性大学，即原来为师范院校的高校在原来的基础上增加非师范专业，成为综合性大学。例如，北京师范大学、华东师范大学等在保持原有师范性的基础上已逐步发展成拥有文、理、工、农、医等各学科门类相对齐全的综合性大学。

第二种是自生型综合性大学。一些综合性大学在创办之初就成立了教育学院或师范学院，承担教师教育的任务；也有一些是以前没有教师教育的综合性大学通过增设教育学院或师范学院成为具有举办教师教育功能的综合性大学。这些大

① 非师范院校积极参与教师教育行动宣言［EB/OL］. http：//www. moe. edu. cn/.

② 袁贵仁. 在2005年度教师教育工作会议上的讲话［EB/OL］. http：//www. moe. edu. cn/.

学大多是在国家鼓励综合性大学举办教师教育政策出台后成立教育学院或师范学院，开始举办教师教育的，如北京大学、中山大学等就属于这类院校。

第三种是合并型综合性大学，即一些师范院校与其他专业院校合并成综合性大学，具备举办教师教育的功能。例如，西南大学就是由原来的西南师范大学和西南农业大学合并而成，2000年新成立的广州大学就是由原来的广州师范学院、广州高等师范专科学校、广州教育学院、华南建设学院（西院）和原来的广州大学合并而成的。

（二）国外综合性大学举办教师教育的主要模式

国外综合性大学举办教师教育比较流行的模式有以下两种：

1.“3+1”模式

所谓“3+1”模式，就是学生在综合性大学里先用3年时间修完本专业课程，获得学士学位后，再接受为期1年的教育专业训练，获得教育学士学位，并取得教师资格。目前，我国也有高校采取这种模式培养师资。

2.“4+1”模式

所谓“4+1”模式，就是学生在综合性大学里先用4年时间修完本专业课程，获得学士学位后，再接受1年的教育专业训练（如英国的研究生教育、日本的教员培训课程）或其他教育类课程，以获得教师资格。这些国家在综合性大学里设置了教育学院、教育学部或教育学系等机构，负责教师教育专业的教学和师资培训。在我国，目前很少有学校采用这种模式培养师资。

（三）我国综合性大学举办教师教育的主要模式

自从我国大力提倡推进教师教育改革以来，无论是综合性大学还是高等师范院校都进行了积极的改革探索，创造出了各自的教师教育模式。依不同的分类标准，现有的教师教育模式可以有不同的类型。在这里，我们就两种主要分类下的教师教育模式作一简要介绍。

1. 根据教师教育的组织结构和领导管理体制的不同进行的分类及模式①

（1）相对独立模式。

这种模式主要存在于合并型综合性大学之中。原有独立设置的师范院校参与合并后，成为综合性大学中的二级学院，其非师范专业则划归相关院系，保持相对完整的教师教育实体。从理论上讲，这种模式能体现出学术性和师范性的统一，但从实际看，这种模式并不能有效地改变原有教师教育的封闭性。

（2）开放型模式。

这种模式是把原师范学院内的文理专业按学科性质，和全校相同、相关的学科专业合并在一起，同时保持师范学院的建制，或改称为教育学院。该机构具有五大职能：全校师范生专业课的教学职能；教育类专业的办学职能；教学质量的

① 周险峰，钟毅平．关于合并型综合性大学教师教育的几点思考［J］．现代大学教育，2003（4）．

指导、监控职能；对师范生的招生、培养、管理、就业等实行统一管理的职能；统一组织教育科学研究与培训职能。该种模式能够强化教学职能和教育科研的职能，有利于教师教育专业化水平，同时它还充分利用了综合性大学的文理学科群、应用技术学科群、教育学科群共同培养普教型师资、职教型师资、成教型师资，走大教师教育之路。当然，这一模式的运作还需要许多相关条件来保证。

（3）课程管理主导型模式。

该模式取消师范学院的建制，把师范类专业以系或班的形式分散于大学的各相关学院。师范类专业课的教学职能和教育类专业的办学职能由相关学院的教育系或由学校教育科学研究院（所）承担。师范教育的管理职能纳入学校教务处，指定分管领导，主要通过课程设置和教学计划的管理突出教师教育的特色。该模式有利于打破师范和非师范的界限，便于非师范学生辅修师范专业课程。但是，由于该模式没有设置教师教育归口管理机构，易削弱其师范性。

2. 根据教师教育的时段或师范生在不同的时间段所接受的教师教育内容的不同进行的分类及模式

（1）“3 +1”模式。

所谓“3 +1”模式，就是在综合性大学里，学生用 3 年时间修完本专业课程，再接受 1 年教育专业训练，获得教育学学士学位，取得教师资格。

在我国，最早试验“3 +1”模式的是宁波大学和扬州大学。经过几年的研究与实践，他们形成的共识是：“3 +1”模式是指教师教育实行并轨招生后，首先让学生进入专业学院完成平台教学，这个平台教学包括公共平台、学科平台以及专业平台，其课程大概占学分总数的 3/4，剩下的 1/4 则是作为一个教师培养所必须的教育理论与教育技能课程，这些学分通过分流进入教育学院学习后完成。在实际操作中，也不一定在时间上把 3 年与 1 年截然分开，而是需要 1 年时间实现教师类课程与非教师类课程的并存与过渡。

“3 +1”模式的价值在于：第一，它能满足基础教育课程改革的需要；第二，它能满足教师专业化的需要；第三，它有助于解决教师教育的学术性与专业性的矛盾。因此，试验者认为，作为一所综合性大学，完全可以也应该运用“3 +1”模式来实现教师教育大学化的发展战略。①

（2）“4 +1”模式。

所谓“4 +1”模式，即在综合性大学里，学生用 4 年时间修完本专业课程，获得本专业的学士学位，再接受 1 年的教育专业训练，以获得教师资格。

（3）“4 +2”模式。

所谓“4 +2”模式，就是学生在 4 年本科学习期间，完全按照综合性大学的培养模式接受本专业的训练；本科学习结束后，志愿从事教师工作的学生经过一

---

① 曹屯裕. 试论综合性大学教师教育的发展战略［J］. 宁波大学学报（教育科学版），2002（6）.

定的筛选程序，进入到教育学院攻读教育学硕士学位。在为期两年的时间里，主要学习教育学、心理学、学科教学法的相关课程和进行大量的教学实践，同时研修部分本专业的研究生课程，并撰写与中学学科教学相关的学位论文。毕业后，学生担任重点中学的高中教师。它以培养硕士研究生学历层次的中学教师为目的。在近期内，它的基本目的是为中心城市的高中（特别是重点中学）培养骨干教师。

北京师范大学在“4 +2”教师教育模式探索方面走在了全国的前列，其教育学院院长张斌贤教授认为，这种学士后教师培养模式的实践意义主要在于：第一，它反映了我国教师教育体制改革和高等师范院校改革的基本趋势；第二，它适应了我国教师培养模式的改革需要；第三，它适应了教师教育课程和改革的需要；第四，它为教师职业发展奠定了坚实的基础。[①] 但也有人认为，这种模式虽然充分地兼顾了学术性和师范性，但是它有超出我国现阶段发展水平之嫌，可以视之为一种我国综合大学举办教师教育的未来模式。[②]

（4）“4 +3”模式。

所谓“4 +3”模式，是指学生学完 4 年的专业课程之后，考取本专业 3 年制硕士研究生，获得硕士学位和教师资格。此模式为非师范生本硕贯通培养模式。[③]

四、台湾地区综合性大学举办教师教育的主要举措与特征

尽管综合性大学举办教师教育已成为中国大陆地区教师教育发展的必然趋势，但是它毕竟是一个新生事物，在发展过程中也面临着不少的困惑和问题。中国的台湾地区在综合性大学举办教师教育方面走在了中国大陆的前面，该地区的举措，应该为中国大陆地区综合性大学举办教师教育提供有益的借鉴。

（一）台湾地区综合性大学教育学程的基本情况

1994 年以前，台湾的中小学教师都由独立建制的师范院校培养。随着师资培育多元化成为世界潮流，台湾于 1994 年公布《师资培育法》，其中第四条规定：“师资及其他教育专业人员之培育，由师范院校、设有教育院、系、所或教育学程之大学校院实施之。”[④] 这一法规的出台标志着台湾的教师教育开始走向开放化、多元化。之后，台湾地区的综合性大学纷纷设立教育学程，承担起培养优质师资的工作。

1．台湾地区综合性大学教育学程的目标

台湾综合性大学教育学程的设立旨在为教育事业培养品学兼优、术德兼备的

---

① 黄蔚．“4 +2”模式下的教师是啥样［N］．中国教育报．转引自 http：//www. edu. cn/20040227/3099961. shtml.

② 周险峰，钟毅平．关于合并型综合性大学教师教育的几点思考［J］．现代大学教育，2003（4）．

③ 杜弋鹏．北师大不再单独招师范生［N］．光明日报，2003 －04 －11，第 3 版．

④ 陈永和．浅谈教师专业的配套措施［J］．台湾教育，1999（2）．

专业化教师，提高教育质量，进而寻求民众素质的极大提升。例如，台湾中山大学教育学程的目标是培养具有“博雅、科技整合又富人文素养及深厚教育热忱与理想”之师资。此外，为配合师资培养多样化，该校教育学程“更结合本校资源，积极建立教师支持系统，协助地区办理地方教育辅导工作，致力于改善及提升教学环境与品质”①。台湾大学教育学程旨在培养“有独立判断、专业自主之能力”“有理性沟通及解决实际教育问题之能力”“有高度学科专门知识”“具敬业之精神与态度”“具端庄之仪态与言行”“能善用社区资源”的良师。② 台湾中正大学教育学程则提出要为中等学校培育具备“扎实的专门学科知能”“充实的教育基础及教育研究知能”“熟练的教学实务及班级经营知能”“娴熟的咨商与辅导知能”，以及“在变迁社会中，具备积极创新与修德泽人的教育使命感”的高素质师资。③

2. 师范生源的遴选

台湾综合性大学的教育学程对生源条件有严格规定，必须是学科专业成绩良好、在校就读一年或两年以上者才可申报就读教育学程。其遴选过程科学、全面，不但考核学生的专业知识，而且用一系列的测验量表对学生的心理素质、个人特质等进行测量，以保证选拔出来的学生具备成为良师的各种素质及潜能。

台湾中山大学教育学程为确保学生具备“良好的学科知识素养和人格特质”，规定师范生的遴选资格为“大学部学生在校就读一年以上者，其前一学期学业成绩在全班学生数前50%以内者，或硕、博士班研究生”④。该校的教育学程还“以幽默创造、幽默能力和批判思考等心理测验量表，以及教育时事测验，作为遴选学程学生之依据”⑤，从综合素质和潜能方面对生源进行筛选。台湾大学教育学程对师范生的甄选标准为“第一，参加教育学程的学生必须撰写个人自传与自己对当前中等师资的看法，以思考自己的兴趣、意愿，并且要求获得两位讲师级以上的大学教师的推荐函”，“第二，要通过由心理系编制的‘个人特质量表’”，“第三，参加‘教育常识测验’”⑥。

3. 教育学程的课程体系

台湾教育主管部门制定的《各类教育学程之科目及学分》中规定：“中等学校教师教育学程必选修共26个教育学分，并且为教育基础课程、教育方法学课程、教育实习课程。”⑦ 各综合性大学教育学程在此基础上有根据自身情况做的

① 参见郑英耀．中山大学教育学程简介［J］．台湾教育，1999（2）．

② 参见李嗣涔．台湾中等学校教育学程之设立与展望——以台湾大学为例［J］．台湾教育，1999（2）．

③ 参见梁福镇．国立中正大学教育学程中心的现状与展望［J］．台湾教育，1999（2）．

④ 同②．

⑤ 同②．

⑥ 同③．

⑦ 李嗣涔．台湾中等学校教育学程之设立与展望——以台湾大学为例［J］．台湾教育，1999（2）．

具体的课程安排，在安排上重视课程的整合，重视教学的逻辑性和连贯性，理论基础与教学实务并重。例如，台湾大学教育学程为使学生修习教育专业课程避免学科化、学分化，提出“使学生的课程修习，能够依照教育基础课程、教育方法学课程、分科教材教法、教学实习（一）、教学实习（二）循序渐进，以顾及学生学习的起点行为及课程内容的逻辑一致性”①。表6－1是台湾大学教育学程必选修科目的设置。

表6－1　台湾大学教育学程必选修科目分类表

学理取向		实务取向	
科目	学分	科目	学分
一、教育基础课程		一、教育方法学课程	
1. 教育概论	2	1. 教育政策与法令	2
2. 教育心理学	2	2. 校园现实与青少年文化	2
3. 教育社会学	2	3. 教育测验与评量	2
4. 教育哲学	2	4. 教育与学校行政	2
5. 教育人类学	2	5. 教学媒体	2
6. 青少年心理学	2	6. 两性教育	2
7. 中国教育史	2	7. 环境教育	2
8. 教育经济学	2	8. 人本教育理论与实践	3
9. 现代教育思潮	2	9. 教学方法研究	2
10. 发展心理学	2	10. 班级经营	2
		11. 数学解题与数学的研习	2
二、教育方法学课程		二、教育实习课程	
11. 辅导原理与实务	2	1. 分科教材教法	3
12. 教育原理	2	2. 教学实习（一）	2
13. 人本教育	2	3. 教学实习（二）	2
14. 伦理学	2	4. 沟通训练与实习	2

4. 教育学程的组织架构

台湾综合性大学的教育学程作为教师教育专门机构，构建了逻辑严密的组织架构。大多教育学程设有专责单位——教育学程中心，它隶属于教务处，往往既是行政单位，又是教学研究单位，还是实习辅导单位。其下有分管教师教育各项工作的委员会及办事组。

台湾中山大学于1995年由共同科督导成立教育学程，并应业务需要，共同科下设教育学程专责单位——教育学程中心，设主任一人。1998年成立教育研究所，将教育研究所及教育学程中心同时纳归于社会科学院之下，并由教育研究所所长兼任教育学程中心主任。

① 李嗣涔．台湾中等学校教育学程之设立与展望——以台湾大学为例［J］．台湾教育，1999（2）．

图6－1是台湾大学教育学程的组织架构图①，直观地呈现出台湾综合性大学教育学程的组织架构情况。

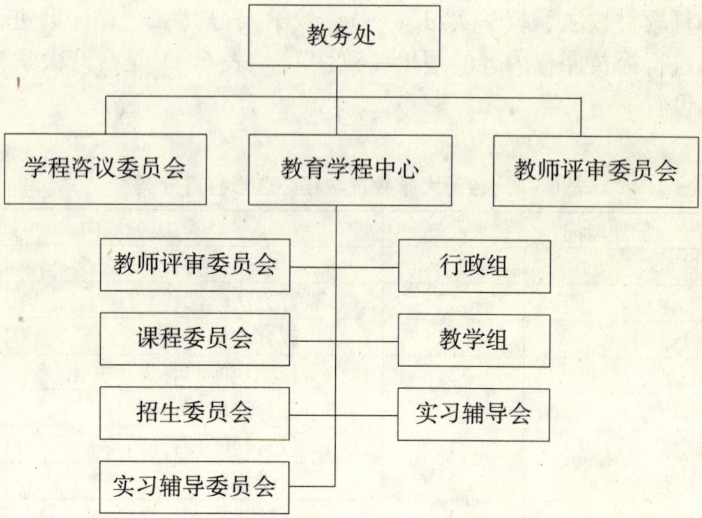

图6－1　台湾大学教务处教育学程组织架构图

5. 教育实习

重视教育实习，是台湾综合性大学举办教师教育的一大特色。台湾综合性大学教育学程通常安排本科毕业后的一年时间进行教育实习，非常重视与教育实习相配合的教育实习课程。教育实习课程一般分为两门课，即分科教材教法和教学实习，各占2个学分，也有学校“另设校内必修课程‘教学媒体’‘电脑与教学’和‘教学设计’等，增加实务性的教学课程”②。实习指导方面，教育学程对实习指导教师进行严格选拔，由教育学程的实习指导教师和实习学校的实习指导教师共同指导学生的实习。教育学程负责安排学生的教育实习，但是并不保证每一个实习教师都能在其实习学校工作，能否留校继续工作需视其实习效果而定，这样做避免了实习的形式化。

台湾大学教育学程明确规定：“修毕师资职前教育课程经过初检的实习教师，必须到教育实习机构教育实习一年，成绩及格后经过复检后方可取得合格教师资格。”③ 教育实习内容包括四个方面：教学实习、导师实习、行政实习和研习活动。为确保实习取得良好效果，教育学程采用以下实习方式：①循序渐进，即由导入而观摩，由观摩而实做，由实做而反省统整；②主从区分，即以教学及导师

① 李嗣涔．台湾中等学校教育学程之设立与展望——以台湾大学为例［J］．台湾教育，1999（2）．
② 谢琇玲．教师专业社会化与教育学程的实施研析［J］．台湾教育，1999（2）．
③ 同②．

活动为主，以行政及研习活动为辅；③学、做、思并重，即除了强调实习教师向实习辅导教师观摩学习和实做演练外，亦应留给实习教师反省思考，以整合其实习经验和心得的空间。另外，台湾大学教育学程还自行编发《台湾大学教育实习辅导通讯》，成为沟通教育实习机构与大学、实习教师与学生的重要桥梁。台湾中山大学规定，教育学程的学生应经教育实习一年，成绩及格，并经教师资格复检合格后，才可取得合格教师证书。

（二）台湾综合性大学举办教师教育的主要特征及其对大陆的借鉴

1. 科学遴选教师教育的生源

台湾地区综合性大学的教育学程十分重视对生源的遴选。首先对申请在教育学程学习的师范生资格作了严格规定，一般要求在本科就读一年或两年以上且成绩优异者方可报名要求进入教育学程学习。报名之后，教育学程还要对报考学生的心理状况、个人特质、兴趣意愿以及对教育常识的了解等各方面情况进行测验和测量，确保进入教育学程学习的学生具备成为良师的潜在素质。

大陆师范生的生源来自报考师范院校或综合性大学中的师范类院（系）的高中毕业生，而唯一的选拔途径是高考。一旦通过高考，进入高校的大门，学生便被定向为教师。而我们知道，高中毕业生年龄小、阅历不足，他们对自己往往没有清楚的认识，而且由于尚未接受专业学习，他们不知道如何给自己定位，也不清楚自己的意愿所在，更加不知道自己是否适合教师职业。因此，一部分师范生在学习一段时间之后，发现自己对教育缺乏兴趣，进而会影响专业学习，毕业后很难成为合格的教师。所以，大陆的教师教育也可以加强师范类学生的面试环节，并尝试在修完学科课程或者在本科高年级有意向从事教师职业的学生中选拔师范类学生。遴选时不能以学生的学科专业成绩为唯一标准，还应结合一系列的心理测试、意向测试等，对学生进行全面的考核，使选出的学生学科知识过硬、自我意识较强、对自己的事业发展有明确的方向和规划。

2. 建立多元、开放的教师教育体制

台湾综合性大学教育学程的出现，使得综合性大学有机会进入师资培养的行列。更为重要的是，台湾各教育学程均受到了所在综合性大学的重视，依托综合性大学的综合优势，真正发挥了其作为教师教育专门机构的重要作用。

目前，大陆地区的综合性大学正在积极地参与教师教育，为此，学校领导管理者应认真地看待教师教育及其机构在大学中的地位和作用，而不可将其仅仅视为响应政策或应付形势的可有可无的部分，要进一步挖掘综合性大学举办教师教育的优势，发挥综合性大学在教师教育中的独特作用。另外，每一所综合性大学因其办学历史、办学基础及所处地域等方面的不同而呈现出各种差异性，这些差异性决定了综合性大学举办教师教育模式的多样化。我们应该借鉴台湾综合性大学设立教育学程的做法，形成开放、竞争的教师教育环境。在开放的教师教育体系中，传统师范院校也要加大改革力度和创新力度，形成多元的教师教育体制，这将有效地带动大陆教师教育整体水平的提高。

推进教师教育一体化要以课程建设为载体，建构职前培养与职后培训的有机整体。职前培养应面向基础教育改革与发展需要，重视教育专业课程设置。职后培训应加强针对性和实效性，了解社会之所需开发课程。可以举办各种在职教师培训班，一方面提高教师的理论修养，一方面探讨实际中的问题、困惑，促进教师的课堂教学。另外，还要尽快建设教师发展学校。

3. 突出教师教育中的师范性特色

师范性指“师范教育在培养和培训师资的过程中，在教育理念、课程设置、教育教学、组织管理和科学研究等方面所体现出来的有别于其他各级各类教育的独有的、基本的属性或特性”①。师范性是教师教育的根本所在。

台湾综合性大学教育学程的教师教育具有明显的师范性特色，主要表现在两个方面：首先，教育学程实行学科专业教育与教师专业教育相对分离的教师教育模式。学生在修习完学科专业课程之后，再集中修习教育专业课程。其次，各教育学程尤其重视教育实习，为了确保教育实习真正收到实效，教育学程做好了各方面的准备：在实习时间上，师范类学生二年级始就不间断地学习教学实习课程；在实习指导上，严格选拔实习指导教师，加强指导教师与学生、实习学校的联系；在实习基地建设上，大学的教育学程本着互惠的原则，与中小学建立稳定的实习合作关系。例如，台湾的中山大学“订定《对特约实习学校教师适用本校资源优惠办法》，对本校毕业之教育学程学生实习所在之特约实习学校校长、主任及实际担任辅导之辅导教师，给同于本校教职员权限之‘办理图书馆阅览证’‘使用网球场及游泳池’‘来宾通行证’及‘使用本校 e-mail 信箱’等优惠措施”②。这些对于长期以来师范性不够凸显的大陆教师教育具有一定的启发意义。

目前大陆对师范生的培养仍采用传统的专业课程加教育类课程的混合培养模式。学生花四年的时间学习两个专业，结果往往是学生专业性不足，师范性也不具优势。为使教师教育师范性得以凸显，我们可以借鉴台湾的做法，进行分阶段的培养模式，即首先用两年时间进行学科知识的学习，接下来的两年时间集中进行教育理论与能力的教师专业性培养。

作为教师教育课程中重要的实践环节，大陆教师教育的教育实习并没有收到良好的预期效果，常常由于时间短、指导不足、选择教育实习学校困难等原因而流于形式。大陆教育实习时间通常仅为六个星期，这与台湾教育学程安排的一年的教育实习时间相比显然太短，应适当延长教育实习的时间。另外，大陆的教师教育缺乏与教育实习相配合的实务性课程，除了现有的分科教材教法外，应在三

① 张寿松. 谈一流师范教育的创建［J］. 高教研究与实践，2004（3）.

② 郑英耀. 中山大学教育学程简介［J］. 台湾教育，1999（2）.

年级始开设一些教学实习课程，让学生较早地接触教学实践，使平时的见习与最后的集中实习相结合。

大陆的高等院校往往让实习学期没有教学任务或刚分配来的年轻教师担任实习指导教师。指导教师本身缺乏教育实习的指导能力和经验，导致实习成效不大。因而，大陆高校必须重视实习指导教师的选拔，一名优秀的实习指导教师应具备较好的学术修养、熟悉学科教材教法、了解中小学实际情况、具有较丰富的教学实践经验。在实习基地时，也应本着双方获益的原则，让实习合作关系的建立成为双方共同发展的推动力量。中小学保证教育实习的顺利进行，师范院校则向作为实习基地的中小学提供力所能及的服务，如师资补充、网络资源共享等，这样才能使教育实习基地不断地巩固。

4. 强化教育类课程的设置

教育类课程是体现教师教育的特色所在，是促进师范生由“学”到“教”的转变。它旨在帮助教师运用适当的方法去引导学生有效地掌握知识、锻炼能力、提高素质。台湾综合性大学教育学程的教育类课程一般由教育基础课程、教育方法学课程、教育实习课程组成，形成了高标准的教育类课程体系。

相比之下，大陆教师教育的教育类课程现今仍然是比较滞后的，课程科目少，内容陈旧、教条主义，脱离实际。这种局面使得教师教育毕业生不能很好地掌握教育理论知识，并且无法形成教育教学的技能和技巧。为此，新时期的教师教育应努力建构科学、合理的教育类课程体系，确保并提高教师教育的质量，促进教师专业发展。关于教育类课程的具体设置，有学者提出至少应有四个方面的知识体系：一是教育哲学和教育基本理论；二是教与学的心理学；三是学生辅导技巧，包括学生的心理辅导、道德辅导、情绪辅导、人格辅导等方法和技巧；四是教育科学方法的一般知识。① 我们认为，教育类课程要为师范生提供作为教师应该具备的教育科学、心理科学和教育管理科学等教育知识，培养他们的教育教学能力、科研能力、学校或班级管理能力、教育人际沟通能力等。这类课程总的可分为理论课程和实操课程两大类，前者包括教育学原理、普通心理学、教育心理学、课程论、教学论、德育论、教育管理学、教育评价学、中外教育史、教育哲学、教育社会学、教育法学、基础教育改革专题、教育技术学、教育文化学、教育经济学、学习理论、特殊儿童教育概论、教育新理念等课程，后者则包括学科教学法、现代教育技术及应用、教学设计、校本课程及其开发、教育统计与测量、青少年心理发展、心理咨询与健康教育、班级管理、教师教学行为训练、现代教学艺术、教育科研方法、教育论文写作等课程。上述课程中有必修与选修的区分。除了上述课程之外，在教育过程中还要不定期地从中小学聘请资深的校

① 叶忠，王家云. 基础教育师资需求新变化与高师教育改革［J］. 内蒙古师范大学学报，2003（2）.

长、优秀教师、有关专家，以讲座的形式帮助学生及时了解并且思考我国基础教育发展的前沿、动态、问题和先进经验等。教育类课程的设置要能够根据社会发展及教育改革和发展的新形势，及时地进行调整。

第三节　作为“一体化”教师教育组成部分的校本培训

一、“校本培训”释义

校本培训于20世纪70年代中期最先在英、美等国产生。当时，这些国家的教师培训工作主要由大学或教师机构进行集中训练。这种培训方式虽然能够提高教师的理论修养，但是容易导致教育理论与教育实践的脱节。一般性的教育理论在复杂的教育实践、教育问题面前往往显得苍白无力，而且教师主要是被动学习，自主性得不到发挥，因此培训效果很不理想。为了改变这种状况，各国开始重视学校在教师的在职培训及教师专业发展过程中的作用，逐渐形成了以中小学为中心的教师在职培训模式。这一模式试行之后，在提高教师教育理论水平和教学实践技能，特别是提高教师解决问题的能力方面产生了明显的效果。因此，英、美等国普遍认为，教师的在职培训应该从教师的实际和学校的需要出发，以学校为中心，通过学校与大学和其他培训机构的合作，以提高教师教学的质量，促进教师持续的专业发展。

我国的教师校本培训起步于20世纪90年代后期。随着校本培训成效的显现，人们认识到中小学校不仅是培养学生的场所，更是培训教师、促进教师专业发展的基地。1999年，教育部在《关于实施“中小学教师继续教育工程”的意见》中明确指出“中小学是教师继续教育的重要基地……各中小学都要制定本校教师培训计划，建立教师培训档案，组织多种形式的校本培训”。从当前我国教师教育一体化的发展趋势来看，我们认为，校本培训已成为教师教育的必要组成部分，缺少了校本培训的所谓一体化教师教育，实际上是不完整的教师教育。

目前，人们对于校本培训概念的认识并未统一，这主要表现在两个方面：

首先，在概念的使用上，有数种相关词语在同时使用。如校本培训；校本教师进修（继续教育）；校本教师教育；校本的教师专业发展（成长）；以学校为中心（定向）的在职培训；以学校为基地的在职培训；以中小学为基地的师资培训等。相应地，英语中对此概念也有不同的表达。如 school-based in-service training；school-based in-service education and training of teachers；school-based teacher education；school-based teacher development（growth）；school-based teacher training 等。上述概念表达中，“校本教师教育”是指以学校为中心的职前培养与职后培训为一体的教师教育模式①，“以中小学为基地的师资培训”是指20世纪80年代在英国兴起的旨在加强师资培训机构与中小学之间的伙伴关系，充分发挥中小学在培训师范生中的作用的教师职前培养模式②，因而它们具有较为明确的限定范围，其他几种表述实际上都是指校本教师的在职培训或发展。同样的内涵却有多种表述，正表明人们对这一概念认识的多样性或不确定性。

其次，在定义的描述与内涵的理解上存在着不同的看法。例如：

“按照欧洲教师教育协会的有关界定，校本培训是指源于学校发展的需要，由学校发起和规划的，旨在满足学校每个教师的工作需要的校内培训活动。”③这个定义强调的是以学校为基地、以学校为培训主体、以满足教师个体发展需求为目标的教师培训活动。

校本培训“是一种以任职学校为基地辅之以大学或师资培训机构提供必要课程和人员而开展的师资培训模式”④。它主张从学校教育教学发展的实际和需求出发，由大学或师资培训机构提供必要的指导和支持，在教师任职学校开展教师的在职培训工作。

校本培训“是在开展继续教育工作中，以教师任职学校为主阵地，以教师互教互学为基本形式，在岗业余自学的一种进修模式”⑤。这一界定着眼于教师的互教互学以及自我学习的培训形式。

校本培训指的是“学校根据自己的发展规划，在对学校教师的现状与潜力进行系统评估的基础上，充分利用校内外的各种资源，通过自行规划设计或与专业研究机构、研究人员合作等方式开展的旨在满足学校需要及教师需求的培训活动”⑥。它注重的是在教师培训中学校以及教师自身潜力的挖掘、校内外资源的充分利用。

从对“校本培训”概念的各种界定中可以看出，人们对教师教育的新形式的认识不仅是多样的，而且也存在一些偏差。如把校本培训理解为完全在中小学进行的封闭式的自主培训活动，忽视师资培训机构的作用以及校外资源的有效利用，把校本培训与其他形式的培训隔离开来或对立起来；或把它仅仅理解为教师的一种在岗自修行为，甚至把校本培训等同于学校日常的教研活动等，这种偏离校本培训本质的理解将会导致校本培训实践的严重局限。有鉴于此，我们必须首先从概念上正确分析、界定、认识校本培训。

校本培训实际上是由“校本”与“培训”两个概念组合而成的。在此，将

① 王少非．校本教师教育的国际经验及其对我们的启示［J］．全球教育展望，2001（7）．
② 赵中建．以中小学为基地的师资培训［J］．高等师范教育研究，1994（2）．
③ 郑金洲．走向“校本”：学校教育发展的取向［J］．高等师范教育研究，1999（2）．
④ 莫晓东，顾通达．浅谈教师继续教育的“校本”模式［J］．高等师范教育研究，1999（2）．
⑤ 余维文．发挥校本培训功能的思考［J］．广西教育，2000-07-08．
⑥ 张国胜．校本培训——继续教育模式的创新［J］．教育探索，2001（11）．

分别加以阐述：

（一）校本

对于校本培训的理解关键在于把握“校本”的内涵。在这方面，已有不少学者作了精辟的分析。综合各家观点，可知“校本”实际上主要包括三层含义：

1．为了学校

校本培训的根本目的就在于促进学校以及学校中教师的发展。因此，它应以推动学校教育的改革与发展、解决学校和教师在教育教学工作中所面临的各种问题、促进教师的专业发展为基本点。

2．在学校中

学校自身的问题应在学校中加以解决，即由了解学校问题并处于学校问题之中的校领导和教师理论联系实际地共同发现问题、探讨问题、解决问题。同时，教师也应在任职的学校与课堂中谋求他们的专业发展，因而任职学校就成为培训教师的主战场，进而达成教师培训的时空统一，即教学时间、学习时间、研究时间的同一与教学实践空间、学习空间和自我发展空间的同一。但“在学校中”并不意味着完全拘泥于学校场地的自我封闭式的行为，特别是对于那些规模小、师资与设备条件差的学校来说是无法依靠自身力量解决教育教学实践中所存在的各种问题并承担和独自完成教师培训的重任的。实际上，完全局限于校内、由学校和教师自主发起与组织实施的“以学校为基地”的在职培训模式已被实践证明是难以全面提高培训效果的，因此它在风行一时后，很快就被淡化了。随后，便兴起了“以学校为中心（定向）”的在职培训模式，即由培训中心根据本地区所有中小学存在的问题，以及各学校和教师的实际需要制订培训计划，然后将计划发到各个中小学，分批轮训，同时还调动校内外各方面的力量协助实施。但由于“以学校为基地”和“以学校为中心”的在职培训模式各有特定的价值和用途，所以它们在英美等国家通常是互相结合，同时兼用的。①

概而言之，“在学校中”强调的是以学校为中心和主体、以促进教师教学研究统一为原则、以充分利用校内的各项资源为基础的教师培训与发展，同时有效整合校外的各种资源，如教育行政部门的支持、各级师资培训机构的指导与协助、其他学校的合作等。

3．基于学校

有关教师培训的所有计划和活动都必须从学校和教师的实际需求出发。因此，传统的以“国本”“官本”为主的教师培训的权力必须下放，让学校和教师享有充分的自主权，成为以校为本的培训主体，自主发起、组织、实施各种形式的培训活动，以满足学校和教师的实际需求，达成学校和教师的共同发展。基于学校，也意味着以学校特色为本，即从校情出发，充分挖掘校内的各种有利资

① 参见易长发．外国中学教师继续教育培训模式例析［J］．比较教育研究，1999（3）．

源，寻求能够展现本校优势、形成本校特色、利于本校个性发展的培训模式，以免陷入脱离实际、盲目服从、机械模仿、流于形式的弊端，致使培训难以取得实效。

（二）培训

以学校为本的培训有其特定的内涵，它的意蕴亦可从三方面来理解：

1. 培训是一种教师在职的并持续整个教师生涯的培养和训练的过程

从词义上看，培训是指“培养训练。由于现代教育事业的发展，办学形式多样化，培训与培养分化，培养趋向于专职造就新生力量；培训多指在职、在业人员的专门训练或短期再教育，如工人岗位培训、农业技术培训、师资培训等”①。教师的培训主要是在任职期间，通过接受师资培训机构的指导与帮助以及自我持续进行的学习、实践与研究等活动来完成的。

2. 培训是一种复杂的过程和功能

美国的教师培训专家约翰·麦金太尔与玛丽·约翰·奥黑尔（D. John McIntyre & Mary John O'Hair）认为，培训对教师特别是新教师是至关重要的。因为心理学和职业发展的最新研究表明，成人早期督导的缺失将成为一个阻碍，相当于儿童期父母的缺失，必须开发成功的培训项目来确保教师的成功，而这又要求首先要发现教师的需求并制订满足教师需求的培训计划及其关键训练原则。为此，两位学者对培训的概念及其应遵循的关键原则作出如下界定②：①培训是一种复杂的过程和功能；②培训包括支持、帮助和指导；③培训要求时间和有效的交流；④培训应该促进被培训者的自我信任和依赖；⑤培训比教师就职更重要；⑥培训项目应该包括当地学区与高等教育学院、州教育部和教师合作团体的合作；⑦培训项目的结构应该与学区目标一致；⑧培训项目应该被评价；⑨督导应按相同的准则来选择；⑩督导应被培训以及给予工作奖励。

3. 培训是教师专业发展的过程

在许多教育工作者意识中，培训是教职员发展的代名词。从这个意义上说，校本培训实际上就是校本的教师专业发展。但笔者并不赞同用“校本的教师专业发展”来取代“校本培训”的概念。虽然培训强调管理、督导与技能训练，但它也注重态度的改变以及同事或学习者之间的支持、交流与合作，尤其在以教师发展为本的校本培训中，教师自主进行的学习、反思与研究等各种培训活动，会更利于学会解决工作中的各种问题，有效地达成专业的发展。因此，教师的发展需要切合实际的培训，培训能够更好地促进教师的专业发展。

从上述对“校本”与“培训”两个概念的具体分析中，我们可以得出如下结论：校本培训是指在教育行政部门和师资培训机构的指导与支持下，由学校发

① 顾明远. 教育大辞典·第一卷［Z］. 上海：上海教育出版社，1990. 4.

② ［美］约翰·麦金太尔，玛丽·约翰·奥黑尔. 教师角色［M］. 丁怡，马玲等译. 北京：中国轻工业出版社，2002. 333～334.

起与组织，以学校教育教学发展和改革所面临的各种实际问题为中心，充分利用校内外的各种资源，注重教师教、学、研的时空统一，有效实现教师专业发展的一种教师教育活动或模式。它对于充分利用广泛的教育资源，提高教师教育的时效性，促进教师专业发展，满足不同教师的教育需求等具有十分重要的意义。校本培训的根本目标在于解决学校教育教学工作所面临的各种实际问题，提高教师的教育教学实践能力与科研能力，真正促进教师的专业发展。

二、校本培训的主要特点

（一）实践性

以实践为导向是校本培训的重要特征。校本培训产生的主要前提就是为了消除院校培训中理论与实践脱节的弊端，因而，它的立足点就在于为了实践发展，在实践中设计和开展校内的各项培训活动。首先，培训的课程（内容）是根据学校所面临的实际需要和问题，为了提高教师教育教学工作的实践技能来设计和安排的。其次，培训的活动融合在教师的教育教学实践工作之中，不脱离本校、本岗、本职，在工作中学习，在学习中工作，学以致用。再次，对受训者的评价是以其在实践中的行为表现或通过行为体现出来的能力为依据的。

（二）自主性

在校本培训中，学校和教师的主体性都得到了升华。首先，学校具有教师继续教育的发言权与决策权。学校已不仅仅是大学和师资培训机构的消费者，只管接纳和使用教师，却不管教师的培训和发展。学校同样担负着培训教师的职责，并且在教师的成长过程中扮演着更具影响力的重要角色。学校可以自主规划、设计、组织和开展教师的各项培训活动，以更好地适应教师专业发展的需求。当然，教育行政部门、院校培训机构仍然充当管理者、培训者的角色，但它们已不是培训的主体，只是依据校本教师培训的需要提供相应的政策与资源的支持、专家的指导、课程的培训等辅助性工作，扮演好合作伙伴的角色。其次，在校本培训中，教师被认为有权也应积极参与进修计划的制订。培训是以教师为本、以教师发展为目的的，因而强调教师的自主参与意识、自我选择机会和自我教育能力，从“被动接受式进修”转向“主动参与式进修”，变“要我培训”为“我要培训”。

（三）针对性

每所学校都是一个独特的组织，具有不同的校园文化、发展水平、实际问题、预期目标与师资状况等；而每个教师也都是一个独特的个体，具有不同的观念、能力、个性与需求等。因此，一项适合某所学校和教师的在职进修计划对于另一所学校和教师来说可能是不适用的。于是，教师培训的适切性、针对性问题就凸显出来。实践表明，教师教学实践的复杂性使脱离学校和教师实际的非校本培训难以适合不同学校和教师的发展需求，只有以学校为中心的教师进修提高了，才能真正做到按需施教、因材施教，以更好地满足各个学校及其教师的发展愿望和需求，真正改进教师教学的质量，提高教师的实践技能。

（四）多样性

校本培训在密切结合学校教育实践的基础上，不断向着多样性和开放性转变，这突出地表现在课程教材与培训形式的灵活多样性上。首先，由于基础教育课程决策的分权化，使基础教育的课程教材开始走向国家、地方与学校三种课程相结合的体制。在这种背景下，特别是随着校本管理的深入，教师培训的课程教材也将逐渐打破国家一统、师资培训机构大权独揽的体制，使中小学获得更多的自主权与选择权，即中小学也可以根据自己的实际需要自主选择培训教材、开发校本培训课程，并以此开展和推进校内的培训活动，提高其实效。其次，校本培训可根据学校的资源与条件以及教师的具体情况和要求，采取灵活多样的形式进行，如专题报告会、课题研究、师傅带徒弟、个案分析、互相观摩与学习、校际交流、参与课程改革与开发、个人自修等。

（五）全员性

以往的培训模式由于时间、地点和经费的限制，学校只能把培训作为一种资格、奖励或摊派给予少数教师，而大多数教师无缘享受正规培训。校本培训则可以通过统筹安排，很好地解决工学矛盾，使全体教职员工都能在工作岗位上享受、参与各种形式的校内培训活动，形成一个全员学习的“学习型社区”，更好地提高教职员工的素质，促进学校教育教学工作的发展。

（六）互动性

学生只有在教师集体的共同努力与影响下才能真正地成长起来，因此教师之间的合作与互动至关重要，而这种合作与互动在校本培训中将得到有效的体现与发挥。通过参与校本培训，同一所学校或相邻学校的教师们，由于共同的职业和目标，更易于形成彼此间的互动，即互相交流、沟通、学习，彼此分享知识与经验，共同探讨与解决问题等，由此也促进了教师群体团结合作精神的培育和发扬，使教育质量和教师素质都能得到有效的提高。

（七）全程性

以学校为中心的在职进修，可以随时、随地地按需进行，培训贯穿于学校教育教学工作的全过程，贯穿于学校改革与发展的全过程，贯穿于教师职业生涯的全过程，顺应终身学习的要求。

（八）经济性

校本培训可以节省大笔经费，降低时间与精力的消耗，可以减轻学校和教师的负担，更好地提高培训的效率，特别是在贫困地区教育经费紧张、教师收入不高、交通不便的情况下，具有很大的现实意义。同时，它也可以充分挖掘学校内部的潜力，通过对人、财、物、时间、信息和空间等资源的合理组合，有效解决全员培训所带来的人力、物力与财力不足的问题，充分发挥学校在教师继续教育中的导向、管理、监控、评估等重要功能。

三、校本培训的模式

（一）校本培训的内容

目前，研究者关于校本培训的内容形成了不同的观点。① 有人根据所在地的校本培训实践，将校本培训归纳成五种类型：一是学校教育理念、教育技术的培训；二是本校特色教育、科研成果的培训；三是区域民俗文化、历史遗产的培训；四是学科事业知识、基本技能的培训；五是优秀教学研究、案例研究的培训。也有人认为校本培训计划中教师培训的内容是由中小学根据自身的实际状况设计的，其内容应主要集中于教师胜任教学甚至是革新教学的各种能力，包括有关教育理论的学习、知识与技能的拓展、教学实践过程中实际问题的解决能力、专业研究能力的培养等。还有人将培训课程建构成五大模块：①现代教学理论、教育思想、职业道德修养；②现代教学方法、教学模式、名家教学风格；③教师教育教学的基本技能和能力；④现代教育技术；⑤学科最新的基本理论及教改信息。

我们认为，校本培训内容的选择主要是以问题为中心的教师培训。培训的内容主要是着眼于学校改革发展、教育教学、教师自身发展中所遇到的实际问题，通过各种形式的培训从而达到解决问题、促进教师专业发展的目的。从教师专业发展的角度来说，凡是有助于教师专业发展，而且在其他教育和培训阶段内教师没有学习，或者经过了一定的学习但是还需要扩展、深入学习和巩固，以及在学习和教育教学工作中需要充实的新知识、技能等，都是教师校本培训的内容。

（二）校本培训模式与院校培训模式的差异

校本培训模式是相对于传统的院校培训模式而言的，因此，要准确而深刻地把握校本培训模式的特征，就必须首先对这两种培训模式加以区分。通过比较与分析，可知校本培训模式与院校培训模式之间存在着明显的差异，如表 6－2 所示：

表 6－2　校本培训模式与院校培训模式的区别

	校本培训	院校培训
性质	属于“发展式”培训。培训活动是为学校内部教师各方面发展的需要而策划的，通过识别学校、小组与个人的需要来设计活动，并应需求的变化而不断调整和改进。	属于“补偿式”培训。一是学历的补偿，二是知识、技术与方法的补偿或针对某些普遍性问题而进行的补救性培训，虽能解决一些问题，但无法应对学校和教师的特殊需要与具体问题。

① 施莉．我国教师校本培训研究综述［J/OL］．http：//www.edu.cn/20030109/3075639.shtml．

（续上表）

	校本培训	院校培训
理念	培训活动置于学校和教师的实践中，随时随地渗透在教师真实的教学情境中，形式灵活多样，培训基层化、全程化。	主张让教师回到大学和师资培训机构接受集中培训，形式多为课堂演讲，单调而封闭，教师以“学生”身份被动适应。
管理	属于“内控式”管理。学校有较大的继续教育自主权，成为培训的发起者和组织者，因“校”制宜地促进教师的专业发展。教师培训不再是一种外在的负担，而是一种使学校更好发展的内在激励机制。	属于“外控式”管理。规划与管理都是由教育行政部门倡导及主持，以大学和师资培训机构为主体具体实施，教师少有参与机会，且脱离学校实际和工作岗位，因而缺乏积极性，致使培训常常流于形式。
目的	来源于学校实际和学校需要，以促进学校和教师发展为根本目的。	来自有关行政部门的一般要求和本地区普遍存在的问题，要求解决的问题有一般性和特殊性的区别。
内容	一般以“问题”为中心，着眼于课程、教法、管理与师生关系中的“问题解决”。	一般以“学科”为中心，着眼于专业知识的深化与巩固。
动机	培训活动切合教师的需要，学用结合，参加者重视内在报酬，把握专业成长机会，故无须依赖外在报酬激发和维持他们的参加动机。	主办者为提高参加者的动机，多以外在报酬为鼓励，如晋升、加薪、减少工作量等，结果导致参加者的内在动机递减。

上述比较分析，虽然更多地是在阐明校本培训的优势，而彰显出院校培训的弊端，但我们并不因此就否定院校培训，或者试图以此“一元”替代彼“一元”。实际上，这两种培训模式是各有优缺点的。因此，我们还应从校本培训的不足与院校培训的优势来进一步剖析二者的差异。

校本培训存在着一些局限，主要表现为[①]：①校本培训质量与效果受校长素质因素制约。在校本培训中，校长是校本培训的第一责任人，拥有较大的自主权。因此，校长个人素质的不同，不同学校的培训质量和效果也不同。而校长对教师培训的态度、观念与工作方式的失误，也可能使校本培训的方案、计划、内容、时间安排等方面出现随意性、封闭性或无效性。②校本培训受本校教师群体和学校条件的制约。校本培训在学校本身条件好、发展水平高、校内外资源丰富、教师群体素质高且有名师或骨干教师的学校更容易实施并取得良好效果，但在各方面条件都比较差的乡镇特别是农村地区的学校难以开展。③校本培训难以统一组织管理。校本培训是以基层学校为单位的培训，虽然灵活，但又是一种松散性的培训，各所学校的培训时间、空间不同，培训计划、内容很不一致。因

① 参见施德东. 校本培训开展之研究［J］. 丽水师范专科学校学报，2002（4）.

此，对上级主管部门和师资培训机构来说，很难统一管理和监督指导，出现一些偏差也不可能及时得到纠正，进而影响其职能的有效发挥。④校本培训层次相对较低。校本培训虽然方便、简单、易行、紧贴实际，但限于学校条件与水平，很难跟上教育理论发展的前沿、及时更新教育观念、深化巩固专业知识、提升教育理论研究的水平，致使校本培训的层次相对较低，多数局限在教学、教研、集体备课的范围之内，如果再缺乏有效的管理，就会与一般的教学教研活动没有区别，久而久之，必然会影响教师参加培训的积极性。⑤校本培训难以评价。对于校本培训效果的评价如何实施，又怎样与教师的工作和利益相结合，目前还没有有效的方法，存在着较多问题，如“谁来评”“怎样评”“评什么”都缺乏明确而具体的标准，自然难以发挥评价对于校本培训的导向与激励功能。因此，造成一些继续教育意识薄弱的教师缺少督促动力，而对一些学历和职称都已达标、专业水准较高的教师，也易失去继续参与乃至终身校本学习的激励动力。这个问题如果得不到妥善解决，将会影响校本培训的前景。

院校培训亦有校本培训所无法比拟的优势，主要表现为：①院校培训层次高。大学与师资培训机构具有师资雄厚、教学设施齐全而先进、培训经验丰富、学科前沿性知识和信息占有率高以及校园文化底蕴丰实深厚等优势，使教师培训起点高、水平高，是中小学教师队伍达到高学历化的必由之路。同时，它对于教师更新教育观念、系统学习或及时更新专业知识、提高专业技能技巧、丰富文化修养等都有明显的效果。②院校培训理论优势强。虽然院校培训脱离中小学实际，造成理论与实践的二元分离，但院校培训具有强大的理论优势却是不可否认的事实。学校的教育实践要以理论为先导，教师教学与科研能力的提高也要以深厚的理论修养为前提。因此，教师培训必须奠定在坚实的理论基础之上。而院校以其较强的教育科研实力、丰富的理论研究成果、较高的学科与教育理论水准等优势，可以很好地促使教师掌握新理论、新方法、新技术，提高其专业发展的水准以及解决教育教学理论和实践问题的能力。

正是由于校本培训与院校培训各有优势与局限，使这两种培训模式之间形成一种特殊的关系，不是对立，而是优势互补。院校培训需要借助校本培训使理论与实践密切结合并充分发挥其效果；校本培训也需得到大学及师资培训机构的指导和支持，才能更好地开展。同时，二者之间的差异也表明，它们各有自己的适用范围，“各种较高层次的，具有综合性、前瞻性、学术性、研究性、学历性的培训，由大学和专门培训机构担纲比较适宜；紧贴中小学教育教学情境的、常规的、经常性的全员培训，校本培训可能更有利于教师的成长”[①]。因此，校本培训与院校培训将紧密地结合在一起，共同成为教师继续教育开放体系中不可缺少

---

① 教育部师范教育司. 更新培训观念 变革培训模式——中小学教师继续教育学习提要 [M]. 长春：东北师范大学出版社，2001. 54.

和替代的、优势互补的培训模式。

（三）校本培训的主要模式

校本培训的价值追求表现在三个方面：一是促进学校的发展；二是实现教师的发展；三是解决教育教学工作中所面临的各种实际问题。校本培训模式的构建可以这三方面为视角具体展开。

1. 以学校发展为视角的校本培训模式

以学校发展为视角，着眼点在于学校发展需求的满足，即以学校整体水平的提升、学校特色的发挥、教育教学问题的解决与目标的达成、学生的健康成长为前提进行教师的培训，以提高教师的素质。不同时期、不同地区的学校有着不同的发展水平与需求，更有着不同的培训条件，因而校本培训需要从学校自身条件、可用资源（包括校内与校外）、发展方向、师资水平、实践需求等方面来确定培训的目标、制订培训的计划、采取培训的形式、安排培训的内容、进行培训的评估，以更好地提高培训的质量。

在这方面，湖北省十堰市校本培训实验课题组所构建的“三型十环”模式是较为成熟和可行的。①

“三型十环”校本培训模式是遵循“因校制宜”“因师施教”的原则，并依据学校的办学水平及教师素质状况，将中小学划分为欠发展型、发展型、优先发展型三种类型。每种类型的学校构成相对独立的一种小模式，其中包括四个基本的培训环节。三种类型学校的培训模式有机地连接在一起，构成一个“学习——岗练——考评——分层——研训——师导——定向——专修——独创——发展”螺旋式向上推进的大模式。

模式Ⅰ　学习——岗练——考评——分层

这种模式适合偏远农村学校和办学条件差（主要是师资水平低）的欠发展型学校。这些学校的校本培训以补课为主，培训内容主要是师德修养、教育专业知识、教学基本功、新课程标准新教材及计算机初级技术，目标是培养适应新课程教学要求的合格教师。

欠发展型学校校本培训模式运作的基本程序是：确定目标（周期目标）→分散自学→集中培训→岗位练兵→分类指导→考核评价→分层建组（分优、中、差三组）→确定新目标。

欠发展型学校培训模式的运行，原则上每五年一个周期。一个周期结束，经评价被确定为合格的教师可进入模式Ⅱ的培训，其他教师仍进行本模式的第二周期培训。

模式Ⅱ　分层——研训——师导——定向

① 参见湖北省十堰市中小学教师继续教育校本培训实验课题组. 校本培训“三型十环”模式的构建——十堰市校本培训课题实验报告［J］. 中小学教师培训，2001（12）.

这种模式适合大部分教师（或学科）接受过院校集中培训的普通学校，即发展型学校，此类学校约占中小学总数的60%～70%。培训的主要内容是新的教育理念和创新教学方法、信息技术（高级）、课题研究等，目标是培养适应素质教育需要的现代型教师。

发展型学校校本培训运作的基本程序是：分层建组→提出目标→分组教学→课题研究→分类师导→教学技能综合考核→反思总结→重新分层确定新目标。

发展型学校校本培训模式的运行，原则上每五年一个周期。周期结束，经评价被评估确定为合格的教师可进入模式Ⅲ的培训，其他教师仍进行本模式的第二周期培训。

模式Ⅲ　定向——专修——独创——发展

这种模式适合市县区重点学校、实验学校、示范学校等优先发展型学校。培训内容在发展型学校培训内容的基础上增加课题实验和专业特长培训，目标是培养研究型、专家型的教师。

优先发展型学校校本培训模式运作的基本程序是：分类定向→专题研修（确定重点课题进行研修或送培专修或外出挂职锻炼）→课题结项→成果展示→专家诊断→反思总结→确定新的发展方向。

优先发展型学校培训模式的运行，原则上每五年一个周期。周期结束，调整培训方案，确定新的目标，进行第二个周期的培训。

2. 以教师发展为视角的校本培训模式

研究教师专业发展的规律、把握教师专业发展的阶段及其特征、根据教师专业发展不同阶段的任务与需求开展培训活动是校本培训成功的重要保证。围绕教师专业发展，可构建的具体的校本培训模式主要有：

（1）师徒帮带模式。

研究表明，“师徒帮带式”是教师胜任阶段一种很好的促进其专业发展的方式，实际上，“向有经验的老教师学习”也是青年教师进修提高的首选方式。[①] 新教师任教后的胜任阶段是其职业发展的关键期，面临着许多问题与困难，必须有人帮助他们度过难关。因此，让专业素养优良的老教师与新入校的教师结成一帮一的师徒关系，从各方面对新教师予以帮助和指导，使新教师尽快适应角色和环境的要求，胜任教育教学工作就显得十分必要了。

（2）观摩交流模式。

这一模式强调教师之间的相互学习，共同提高。教师可以从其他教师那里学到更多的知识和技能，教师间的交互作用能够提供技术的、心理的支持，教师可以一起拟订教学计划书，共享教学技巧，相互观摩，从而改进教学。因此，通过外出考察、互相听课与评课、骨干教师示范指导、参与社区的文化教育活动，以

---

① 倪传荣等. 骨干教师队伍建设研究［M］. 沈阳：沈阳出版社，2000. 218.

及学校间轮流主办研讨会、相互交流经验、共同探讨需要解决的问题等方式，扩大教师的视野，激发教师的灵感，丰富教师的经验，提升教师的专业素养。

（3）专题讲座模式。

根据教师发展的需要与教育教学改革的需要，聘请高校教师、校外优秀教师、本校骨干教师举办定期或不定期的专题讲座、学术报告、现场指导等，遵循“缺什么，补什么”的原则进行“按需施教”，让全体教师集中参加，以便及时获得各种教改新信息，学习、研讨新理论与新方法，不断更新与丰富自我。这种方式信息量大，紧密结合学校的工作与教师的需要，效果颇佳。

（4）全员岗位练功模式。

这是长春市开创的一种以学校为主阵地的全员培训模式。[①] 它针对教师提高教育教学技能的基本需要，在培训机构的指导、学校的组织与健全的考评机制下，让教师在教学岗位上主要通过自学自练的方式，边实践、边学习、边研究、边提高。培训的内容主要包括三方面，即教学基本功训练、教育教学综合技能训练与素质教育操作能力训练，这实际上也是三种不同层次或不同发展阶段的训练。目前，这种全员岗位练功模式已在长春地区各学校广泛展开，并取得了明显的成效。

（5）自主学习模式。

自主学习是教师专业成长的基本途径，它赋予教师真正的主体地位，亦使教师能真正满足个性化发展的需求。自主学习要求教师首先要准确诊断自我学习的需求，然后将学习需求转化为知识、理解、技能、态度、价值观等具体的学习目标，根据学习目标选择学习内容与有效的学习策略，学会自我评价，并与他人建立融洽的合作关系。

自主学习不仅是教师终身学习、不断发展自我的必然要求，而且，现代信息技术与成人教育本身的发展也为教师的自主学习提供了必要的条件，因此，它已成为教师校本发展的重要形式。当然，教师的自主学习并不是完全孤立进行的，它也需要导师、专家、同伴与领导的支持和帮助，同时，把自学与研究、交流、运用等结合起来会使学习效率更高。

3. 以问题解决为视角的校本培训模式

在学校发展和教师发展的过程中出现的问题主要有两大类：一是学校管理、教育教学实践方面的问题；二是教师教育教学水平提高方面的问题。在当前新一轮课程改革的背景下，我国学校和教师将遇到更多甚至可能是层出不穷的问题，因而发现问题、分析问题、解决问题必将成为教师培训的中心。

以问题为中心的校本培训模式，着眼点在于从学校和教师所面临的各种实际问题出发，有针对性地开展培训活动，最终达到解决问题、改进教育教学工作的

① 姚继业，陈邦峰．教师继续教育模式与机制研究［M］．沈阳：沈阳出版社，2000. 168～177.

目的。它的基本要求是：首先，培训者要从理论的讲解者或传授者的角色转为培训活动的设计者、促进者和点评者，受训者则从被动的接受者转为培训过程的积极参与者和实践者；其次，培训基于教师工作的真实环境，在培训方式上，注重教师问题意识的启迪，鼓励教师积极思考、努力探索，踊跃发表自己的见解，使每一位教师都能在提出问题、研讨问题、解决问题的过程中得到应有的发展。在具体的培训实践中，这种培训模式可通过以下几种方式展开：

（1）案例剖析式。

案例是从教育教学实践中提炼出来的实例，在被描述的具体情境中一般都包含着一个或多个疑难问题，同时也可能包含解决这些问题的方法。从对案例的概念分析中，可推知案例剖析实际上就是发现问题、理解问题与解决问题的过程。因此，案例剖析式的校本培训，就是在学校的真实环境中，搜集、整理案例，对其进行交互式讨论、开放式探究和多角度解读，以促进教师将所学所知的教育理论、教育观念转化为解决教育教学实际问题所需的教育教学技能和行为，逐步达到教师培训的目标。同时，由于案例培训强调培训者与受训者之间的交往与互动，注重受训者的思考、表达和创见，因而也为教师提供了一个发挥自身创造性、展现自我能力和个性的机会，更好地激发了教师主动学习、努力探索的积极性。

实践证明，案例剖析式培训是一种很有效的解决问题、发展能力的培训方式。

（2）校本课程开发式。

校本课程的开发，实际上是一个不断地研究与解决课程问题的过程。教师参与校本课程的开发，是教师研究与解决各种课程问题（如怎样设计与评价课程目标、怎样选择课程内容、怎样实施新课程以及怎样组织学生更有效地学习各门课程等），并不断发展自身专业能力的有效而现实的途径。课程的发展就是教师的发展，教师参与校本课程的开发，不仅可以获得相应的专家指导，逐步形成课程意识并提高自己的课程理论修养，而且可以获得更多的实践锻炼和技能提高的机会，亦能在校内外的各种交流中开阔视野、反思自我、探究合作。同时，“教师参与校本课程开发，也会改变学校教师在职培训中传统的、单一的‘听课’——接受性学习的模式，建立起‘接受性’（提高学历、聆听讲座、学习技术）、‘分享性’（校内交流、校外考察）和‘研究性’（编制教材、研究学生、发现自己）学习相结合的‘学者型教师’的培训模式”①。

（3）行动研究式。

行动研究是一种以问题为中心的研究方式，即从教育教学实践中的问题出发，按照“问题—计划—行动—观察—反思”这一互联互动的螺旋式渐进的程

① 胥永华．试论校本课程开发中教师能力提高的途径［J］．中小学教师培训，2002（2）．

序，使教师在探索解决问题的方法的过程中，逐步加深对自己和自己所从事的实践的理解，在经验中学习，在研究中获取实践性知识，达到既发展自我又改进实践的目的。因此，学校应创造条件激励教师开展行动研究，教师则应以明确而自觉的研究意识与态度，在教育教学实践中努力开展课程、教学、学生教育等问题的研究，以行促思，以思促学，以学促教，通过研究与行动（即课堂教学）、理论与实践、独立研究与合作研究、教师学习与专家指导等多方面、多层次的结合，不断提高教师的研究能力与教育教学能力。

四、校本培训的保障

校本培训作为一体化教师教育体系中的一个重要组成部分，本身是由多种要素所构成的，其实施也涉及多种因素和关系，因此，要使其高效、有序地运作，就必须建立一个完善的保障机制。具体而言，校本培训的保障机制主要体现在三个方面：

（一）制度保障

将校本培训制度化，使校本培训能够有章可循、有序而行，这是校本培训得以顺利实施并取得成效的重要举措。首先，国家要重视教师的校本培训，把它立为教师教育的基本策略，对校本培训的地位、作用与实施原则等作出明确的规定。“发展中国家近10年来实施校本进修的最主要经验就是以强有力的政府政策作为保障”①，也只有这样才能真正确立校本培训在教师教育中的地位，提高学校和教师参与校本培训的主动性和积极性。其次，建立校长责任制，明确规定校长在校本培训中的权力与责任，使校长真正承担起组织与开展校本培训的职责。再次，完善校内培训制度，主要包括校本培训规划以及校本培训的考勤、学分登记审核、奖惩、档案管理与考核评价等一系列章程，使校本培训真正落到实处。

（二）资源保障

校本培训活动的实现，必须有资源供给方面的有力保障，必须考虑“资源是否充足”和“使用是否有效”这两个问题。校本培训的资源保障主要包括以下几方面：

1．培训师资

校本培训需要一支既懂理论又懂实践的培训人员，它的组成者应以学校的优秀教师、骨干教师为主体，也可吸纳培训机构的专家、教育科研机构的学者等参与其中。从目前的实际情况来看，校本培训的师资无论从数量还是从质量上都难以满足校本培训发展的需要，因而必须重视校本培训师资队伍的建设。

2．经费

校本培训虽然是一种比较经济的培训模式，但仍需大量的资金支持，因此经

① 李其龙，陈永明．教师教育课程的国际比较［M］．北京：教育科学出版社，2002. 370.

费的保障是至关重要的。在经费的分配与筹措方面，不同的国家有不同的做法。有的国家如英国、丹麦、瑞典、荷兰等是把培训经费直接分配给学校，让学校享有经费的决策权；有些国家则完全由学校自筹经费。根据我国的具体情况，校本培训的经费采取国家分配、学校自筹与教师自付相结合的方式将更为切实可行。

3. 物质设施

校本培训是以教师在校内参与各种培训活动以及自我学习和研究为主的，所以学校必须具备相应的物质条件，如图书资料、微格教学设施、各种教学仪器与软件等，特别要加强现代远程教育网络的建设，使教师通过因特网、校园网获取、交流、利用各种信息，及时了解、掌握最新的教育教学信息，促使教师与时俱进，不断提升专业发展的能力与水平。

4. 课程与教材

要使培训活动切合实际并突出学校的特色，学校就应开发自己的培训课程，还要有针对性地选择、改编、扩充或新编培训教材或讲义（包括文本的、音像资料、光盘等），以满足学校培训发展的需要。

5. 时间

时间是一种特殊的资源，既无法储存，又没有替代品，更不能倒流。因此，要提高培训的效率，必须十分珍惜时间、合理分配时间、科学运用时间，赢得了时间就是提高了效率。同时，时间也是一种投资，国家、学校和教师个人都应注重时间投入，让教师有充分的时间保障进行专业的学习、研究与发展。在这方面，国外的经验是非常值得我们借鉴的。例如，“在瑞典，‘学习日’长期以来让教师一年有五天时间接受培训。但最近扩展到一年有104个小时进行‘能力发展’和学校发展。……日本的教师每周四下午在学校放学后可以参加在职培训和教育。他们在从业的那一年还花费大量的时间进行校外（30天）和校内（60天）培训。……卢森堡、德国、瑞士的多数专业发展是自愿的”①。

（三）理论与技术的保障

校本培训必须有系统的理论为指导，因此，应对校本培训的性质、实施策略、管理方式以及评价体系等进行专门研究，以更好地指导实施者的实践。同时，校本培训也涉及很多技术性问题，如怎样制订校本培训规划、怎样开发培训课程、怎样指导教师进行教育研究、怎样建立校园网络系统等，这些都需要得到支持与帮助。总之，校本培训需要理论与技术的保障，而这正是大学和研究机构的长项，因此，学校的校本培训必须谋求大学和研究机构的指导与合作，以提供理论的、技术的乃至心理的支持，也只有这样才能避免校本培训走向封闭化、实用化与简单化，进而真正提高校本培训的质量。

---

① 张俐蓉．八国教师专业发展之比较［J/OL］．http：//www.tianhe.org.cn/guangzhou/effschweb05/content/e025htm.

【本章小结】

1. 中国的师范教育经历了百余年的发展，形成了固定的培养模式，具有封闭性、计划性、垄断性、师范性、终结性等特点。新中国成立后的五十多年间，独立设置的师范教育体系在我国教育的改革发展中具有重要的功绩，但其存在的问题也日益突出。为此，改革传统的师范教育势在必行，改革的举措主要包括：教师教育专业化、实施“一体化”教师教育和全国教师教育网络联盟计划等。

2. 综合性大学举办教师教育是我国近期教师教育改革的一个创新。综合性大学举办教师教育具有其独特的优势，对于提高教师专业发展水平，为国家培养大批优秀师资具有不可替代的作用。目前我国综合性大学举办教师教育的主要模式，从教师教育的组织结构和领导管理体制方面划分有相对独立模式、开放型模式、课程管理主导型模式等，从师范生在不同的时间段所接受的教师教育内容的不同方面划分有“3+1”模式、“4+1”模式、“4+2”模式、“4+3”模式等。

3. 中国的台湾地区在综合性大学举办教师教育方面走在了中国大陆的前面，该地区综合性大学的教育学程在目标设置、师范生遴选、课程体系、组织架构、教育实习等方面的做法，都可为大陆提供有益的借鉴。

4. 从当前我国教师教育一体化的发展趋势来看，校本培训已成为教师教育的必要组成部分。校本培训是指在教育行政部门和师资培训机构的指导与支持下，由学校发起与组织，以学校教育教学发展和改革所面临的各种实际问题为中心，充分利用校内外的各种资源，注重教师教、学、研的时空统一，有效实现教师专业发展的一种教师教育活动或模式。它具有实践性、自主性、针对性、多样性、全员性、互动性、全程性、经济性等特点，其根本目标在于解决学校教育教学工作所面临的各种实际问题，提高教师的教育教学实践能力与科研能力，真正促进教师的专业发展。校本培训的模式有以学校发展为视角的校本培训模式、以教师发展为视角的校本培训模式和以问题解决为视角的校本培训模式。实施有效的校本培训，需要制度、资源、理论与技术等方面的保障。

参考文献

1. 中国大百科全书·社会学［Z］. 北京：中国大百科全书出版社，1991.

2. 国家职业分类大典和职业资格工作委员会. 中华人民共和国职业分类大典［Z］. 北京：中国劳动社会保障出版社，1999.

3. 中国大百科全书·教育［Z］. 北京：中国大百科全书出版社，1985.

4. 顾明远. 教育大辞典·增订合编本［Z］. 上海：上海教育出版社，1998.

5. 梁忠义. 实用教育辞典［Z］. 长春：吉林教育出版社，1989.

6. 胡森. 国际教育百科全书·第2卷［Z］. 贵阳：贵州教育出版社，1991.

7. 邓金. 培格曼最新国际教师百科全书［Z］. 教育与科普研究所编译. 北京：学苑出版社，1989.

8. 中央教育科学研究所比较教育研究室编译. 简明国际教育百科全书·教学［Z］. 北京：教育科学出版社，1990.

9. 杨清. 简明心理学辞典［Z］. 长春：吉林人民出版社，1985.

10. 贺麟. 文化与人生［M］. 北京：商务印书馆，1996.

11. 王荣发. 现代职业伦理学［M］. 上海：华东理工大学出版社，1998.

12. 许纪霖. 另一种启蒙［M］. 广州：花城出版社，1999.

13. 孙笑侠，夏立安. 法理学导论［M］. 北京：高等教育出版社，2004.

14. 张文显. 法哲学范畴研究［M］. 北京：中国政法大学出版社，2001.

15. 王海明. 新伦理学［M］. 北京：商务印书馆，2001.

16. 李步云. 法理学［M］. 北京：经济科学出版社，2001.

17. 夏勇. 人权概念的起源［M］. 北京：中国政法大学出版社，1992.

18. 韩明德，石茂生. 法理学［M］. 郑州：郑州大学出版社，2004.

19. 孙国华，朱景文. 法理学［M］. 北京：中国人民大学出版社，1999.

20. 厉以贤. 学习社会的理念与建设［M］. 成都：四川教育出版社，2003.

21. 郑杭生. 社会学概论新修［M］. 北京：中国人民大学出版社，2003.

22. 吴兆颐. 如何创建学习型社区［M］. 北京：人民出版社，2001.

23. 冯玉珍. 理性的悲哀与欢乐［M］. 北京：人民出版社，1993.

24. 董泽芳. 人力资源开发与管理［M］. 武汉：华中师范大学出版社，2000.

25. 王一敏. 当代青年的职业选择与指导［M］. 上海：上海教育出版社，1998.

26. 陈婴婴．职业结构与流动［M］．北京：东方出版社，1995.

27. 张再生．职业的生涯管理［M］．北京：经济管理出版社，2000.

28. 刘佛年．中国教育的未来［M］．合肥：安徽教育出版社，1997.

29. 瞿葆奎，郑金洲．中国教育研究新进展·2003［M］．上海：华东师范大学出版社，2005.

30. 叶澜．教育概论［M］．北京：人民教育出版社，1991.

31. 全国十二所重点师范大学．教育学基础［M］．北京：教育科学出版社，2002.

32. 林崇德．教育的智慧：写给中小学教师［M］．北京：开明出版社，1999.

33. 劳凯声．教育法学［M］．沈阳：辽宁大学出版社，2000.

34. 黄崴．教育法学［M］．广州：广东高等教育出版社，2002.

35. 冯增俊等．WTO与中国教育［M］．广州：中山大学出版社，2002.

36. 吴遵民．现代国际终身教育论［M］．上海：上海教育出版社，1999.

37. 高志敏等．终身教育、终身学习与学习化社会［M］．上海：华东师范大学出版社，2005.

38. 郑金洲．教育通论［M］．上海：华东师范大学出版社，2000.

39. 雷鸣强．教育功效观——一个教育原理的新视角［M］．长沙：湖南师范大学出版社，1999.

40. 郭元祥．生活与教育——回归生活世界的基础教育论纲［M］．武汉：华中师范大学出版社，2002.

41. 谢维和．教育活动的社会学分析［M］．北京：教育科学出版社，2000.

42. 教育部基础教育司．走进新课程——与课程实施者对话［M］．北京：北京师范大学出版社，2002.

43. 黄甫全，王本陆．现代教学论学程［M］．北京：教育科学出版社，1998.

44. 黄向阳．德育原理［M］．上海：华东师范大学出版社，2000.

45. 刘铁芳．守望教育［M］．上海：华东师范大学出版社，2004.

46. 张玉华．校本培训研究与操作［M］．上海：上海教育出版社，2003.

47. 杨之岭，林兵，苏渭昌．中国师范教育［M］．北京：北京大学出版社．1989.

48. 刘问岫．当代中国师范教育［M］．北京：教育科学出版社，1993.

49. 赵中建．全球教育发展的历史轨迹——国际教育大会60年建议书［M］．北京：教育科学出版社，1999.

50. 教育部师范教育司．教师专业化的理论与实践（修订版）［M］．北京：人民教育出版社，2003.

51. 叶澜等．教师角色与教师发展新探［M］．北京：教育科学出版社，2001.

52. 陈桂生．师道实话［M］．上海：华东师范大学出版社，2004.

53. 傅道春．新课程中教师行为的变化［M］．北京：首都师范大学出版社，2001.

54. 傅道春．教师的成长与发展［M］．北京：教育科学出版社，2001.

55. 黄甫全．新课程中的教师角色与教师培训［M］．北京：人民教育出版社，2003.

56. 刘捷．专业化：挑战 21 世纪的教师［M］．北京：教育科学出版社，2002.

57. 陈永明．现代教师论［M］．上海：上海教育出版社，1999.

58. 陈永明等．教师教育研究［M］．上海：华东师范大学出版社，2003.

59. 朱金香等．教师职业伦理学［M］．北京：经济科学出版社，1999.

60. 阮成武．主体性教师学［M］．合肥：安徽大学出版社，2005.

61. 钟祖荣．现代教师学导论——教师专业发展指导［M］．北京：中央广播电视大学出版社，2001.

62. 朱宁波．中小学教师专业发展的理论与实践［M］．长春：吉林人民出版社，2002.

63. 台湾师范教育学会．教育专业［M］．台北：台湾师大书苑有限公司，1992.

64. 饶见维．教师专业发展——理论与实务［M］．台北：五南图书出版公司，1995.

65. 丘美华，董华欣．生涯发展与辅导［M］．台北：心理出版社，1997.

66. 皮连生．学与教的心理学［M］．上海：华东师范大学出版社，2003.

67. 张大均．教育心理学［M］．北京：人民教育出版社，1995.

68. 陈家麟．学校心理教育［M］．北京：教育科学出版社，1995.

69. 卢家楣．以情优教——理论与实证研究［M］．上海：上海人民出版社，2002.

70. 董宝良．陶行知教育论著选［M］．北京：人民教育出版社，1991.

71. 马秋帆．梁漱溟教育论著选［M］．北京：人民教育出版社，1994.

72. 戴本博等．外国教育史（中）［M］．北京：人民教育出版社，1990.

73. 张焕庭．西方资产阶级教育论著选［M］．北京：人民教育出版社，1979.

74.《外国教育丛书》编辑组．师范教育的现状和趋势［M］．北京：人民教育出版社，1979.

75. 黄崴．教师教育体制：国际比较研究［M］．广州：广东高等教育出版社，2003.
76. 吴文侃，杨汉清．比较教育学［M］．北京：人民教育出版社，1998.
77. 徐辉．当代国外基础教育改革［M］．重庆：西南师范大学出版社，2001.
78. 联合国教科文组织国际教育发展委员会．学会生存——教育世界的今天和明天［M］．北京：教育科学出版社，1996.
79. 联合国教科文组织总部中文科．教育——财富蕴藏其中：国际21世纪教育委员会报告［M］．北京：教育科学出版社，1996.
80. ［美］里尔登等．职业生涯发展与规划［M］．侯志瑾，伍新春等译．北京：高等教育出版社，2005.
81. ［美］戴维·波普诺．社会学［M］．李强等译．北京：中国人民大学出版社，1999.
82. ［日］青井和夫．社会学原理［M］．刘振英译．北京：华夏出版社，2002.
83. ［美］蒂洛．伦理学理论与实践［M］．孟庆时等译．北京：北京大学出版社，1985.
84. ［古希腊］亚里士多德．伦理学［M］．北京：商务印书馆，1982.
85. ［德］康德．法的形而上学原理——权利的科学［M］．沈叔平译．北京：商务印书馆，1991.
86. ［德］胡塞尔．欧洲科学的危机和超越论的现象学［M］．王炳文译．北京：商务印书馆，2001.
87. ［德］包尔生．伦理学体系［M］．何怀宏，廖申白译．北京：中国社会科学出版社，1988.
88. ［德］伽达默尔．真理与方法［M］．洪汉鼎译．上海：上海译文出版社，1999.
89. ［美］施恩．职业的有效管理［M］．仇海清译．北京：三联书店，1992.
90. ［美］斯蒂芬·P. 罗宾斯．管理学［M］．黄卫伟等译．北京：中国人民大学出版社，1997.
91. ［捷克］夸美纽斯．大教学论［M］．傅任敢译．北京：人民教育出版社，1985.
92. ［瑞士］皮亚杰．教育科学与儿童心理学［M］．傅统先译．北京：文化教育出版社，1981.
93. ［美］约翰·杜威．民主主义与教育［M］．王承绪译．北京：人民教育出版社，2001.
94. ［美］约翰·杜威．杜威教育论著选［M］．赵祥麟，王承绪译．上海：

华东师范大学出版社，1981.

95. ［美］约翰·杜威．我们怎样思维［M］．姜文阅译．北京：人民教育出版社，1991.

96. ［苏］瓦·阿·苏霍姆林斯基．和青年校长的谈话［M］．赵玮等译．上海：上海教育出版社，1983.

97. ［美］约翰·麦金太尔，玛丽·约翰·奥黑尔．教师角色［M］．丁怡，马玲等译．北京：中国轻工业出版社，2002.

98. ［美］费奥斯坦，费尔普斯．教师新概念：教师教育理论与实践［M］．王建平等译．北京：中国轻工业出版社，2002.

99. ［美］费斯勒，克里斯坦森．教师职业生涯周期——教师专业发展指导［M］．董丽敏，高耀明等译．北京：中国轻工业出版社，2005.

100. ［日］筑波大学教育学研究会．现代教育学基础［M］．钟启泉译．上海：上海教育出版社，1986.

101. ［日］佐藤学．课程与教师［M］．钟启泉译．北京：教育科学出版社，2003.

102. James A. Banks，Cherry A. Mcgee（1989）. *Multicultural Education*：*Issue and Perspective*. London：Allyn and Bacon.

103. Fosnot，C. T，Enquiring Teachers（1989）. *Enquiring Learner*. New York：Teachers College Press.

104. Jersild，Arthur（1955）. *When Teachers Face Themselves*. New York：Teachers College Press.

105. T. Husen & T. N. Postlethwaite（Eds.）（1994）. *The International Encyclopedia of Education*（2nd ed.）. New York：Pergamon.

后记

本书是蔡笑岳教授主持的教育部“十五”规划重点课题“新课程师资培训策略与有效模式研究与实验”的子课题“沿海经济发达地区中心城市教师专业发展推进策略与模式研究”的研究成果之一。

顺应国际社会教师专业化运动的潮流，我国自20世纪80年代以来开展了关于教师专业发展的广泛研究，并在短时间内取得了丰硕的成果。然而，成果的背后，也还有不少存留的问题需要我们作深入的思考和探讨。关于这一点，已在本书的“导论”部分进行了分析。这些问题，有的是教师专业发展实践中产生的新问题，有的是长期应该引起关注但并没有进入研究视野的老话题，也有的是关于教师专业发展的基本理论问题。对这些问题的认识和研究，直接影响着我国教师专业发展的实践成效，因此它们都是十分重要的问题。

有了上述的认识，便有了本书的架构。首先，它不是一本关于教师专业发展的教材，因此，它不就教师专业发展的概念、目标、内容、途径等基本问题作详尽、系统的阐述。当然，这并不是说本书就没有教育教学的价值。对于教师在职的培训和提高来说，本书有较好的实用性。其次，它不是一本关于教师专业发展某一问题的专论，因此，它不就教师专业发展的某一方面进行鞭辟入里的探讨，并提出与众不同的新结论。当然，这也并不是说本书就没有理论研究的价值。对于想就教师专业发展的某一问题进行专门研究的人士来说，本书有较好的参考性。

本书只是就目前我国教师专业发展研究中存留的若干问题从理论的层面进行探讨，一是阐释关于教师专业发展的一些新理念，二是就目前含糊的或者尚未定论的问题进行辨析和讨论，提出我们的浅见。希望这种探赜索隐能够抛砖引玉，引起有志于教师专业发展研究人士的关注和进一步的探索；也希望书中部分清晰而正确的观点，能够对广大第一线中小学教师正确理解和把握教师专业发展问题有一点帮助的作用，不至于使他们在专业发展的道路上陷入迷途。

本书由王卫东任主编并编写提纲，经分头撰写，最后由王卫东修改和定稿。各章的撰写人员是：导论，王卫东；第一章，孙小梅；第二章，王卫东、张翅；第三章，王卫东、常淑芳；第四章，郑亚楠；第五章，王卫东、刘琦艳；第六章，王卫东、田秋华。

感谢蔡笑岳教授给了我们这次难得的学习和研究机会。

感谢暨南大学出版社的领导和编辑的大力支持，使得这本书能够与读者见面。

感谢所有在我们学习和探索的过程中关心、支持、帮助我们的人。

本书是我们研究教师专业发展问题初始阶段的一个成果。研究对象本身的复杂性和作者学力之不逮，可能是本书产生这样或那样错漏的主要原因。作为本书的主编，我愿意承担应负的一切责任，并恭请方家同仁不吝赐教。

王卫东

2007 年 3 月